LES FLEURS DU MAL

LIRE ET VOIR LES CLASSIQUES

collection dirigée par Claude AZIZA

CHARLES BAUDELAIRE

LES FLEURS DU MAL

suivies de

PETITS POÈMES EN PROSE
CURIOSITÉS ESTHÉTIQUES
L'ART ROMANTIQUE
JOURNAUX INTIMES

(extraits)

LA FANFARLO

Préface et commentaires de
Robert SCTRICK

PRESSES POCKET

Le dossier iconographique a été réalisé par
Sylvie MARCOVITCH

© Presses Pocket, 1989, pour la préface, les commentaires et le dossier iconographique

ISBN 2-266-01092-1

LES FLEURS DU MAL

PRÉFACE

PRÉFACE

Le romantisme, à examiner sa persistance jusque chez ses détracteurs, fut assurément plus qu'une école littéraire en France : une des tendances les plus incoercibles de la création poétique, installée bien au-delà du manifeste que constituèrent les *Méditations* de Lamartine, en 1820. Une bonne génération après, et la même année, la France du second Empire donne les deux œuvres les plus ambiguës du XIX[e] siècle, le sommet de l'antilyrisme en matière de roman, où le moi se contient derrière le masque froid d'une chronique – c'est *Madame Bovary;* le paroxysme du drame humain prenant simultanément les aspects du cynisme provocateur et de la demande d'amour, pudeur et révolte mêlées – ce sont *les Fleurs du mal.*

Il semble qu'on ne pouvait donc se situer que par rapport au romantisme, à ses outrances surtout, en 1857. Certes, Musset avait déjà raillé les plaintes de ces « pleurards à nacelles », visant probablement moins son aîné, l'auteur du *Lac,* que ses imitateurs innombrables. De fait, le romantisme contenait tout, on le sait maintenant, les pleurs et l'ironie sur les pleurs. Il n'était point de thème lyrique qu'on n'eût exploité à fond, jusqu'à le renverser : la souffrance, surtout celle de l'amour incompris, celle du péché qui pèse inexorablement sur votre destinée, celle qu'on ressent devant un ciel vide et noir irrémédiablement sourd à votre complainte. Tout, non : il restait une voie à ouvrir, que Baudelaire devait inaugurer, la seule désormais qu'allait fouler la poésie alors qu'on aurait pu la croire morte avec Racine, si l'on aime les vers, ou avec

Chateaubriand, si l'on préfère la prose, mais de toute façon avant que l'avènement de la bourgeoisie des boutiquiers ou des coloniaux ne contraigne ceux qui avaient quelque chose à dire à se réfugier dans le froid silence du dandysme ou, pire, dans quelque engagement militant. Cette voie, ce serait la poésie même.

Baudelaire n'échappe pas à son siècle : il est significatif qu'il ne parle jamais de « génie », mais du *poète,* quand il se désigne, que ses poèmes ne mentionnent pas l'Art, mais la Beauté, ou plus concrètement encore les *vers,* cette magnifique ambiguïté de la langue française qui insère dans le Temps dévorateur l'instant d'exaltation où la création croit qu'elle fait œuvre éternelle. C'est là que réside le passage du romantisme à Baudelaire : victime du temps, il ne veut pas le voir « suspendre son vol », ou se mettre au-dessus de l'Histoire; il réimporte le tragique dans la poésie, là où, au mieux, elle n'était que dramatique. Avec Baudelaire, l'âme prend un autre poids, une autre consistance, et au lieu de se définir par ses états, qui sont comme des accidents, beaux si le soleil brille, et tristes s'il pleut, elle redevient une substance, comme on avait perdu de vue qu'elle pouvait être, depuis Pascal, quelque chose d'inconnaissable et de présent, qui dirige les mots et que les mots contournent.

Il n'y paraît peut-être pas à première vue, mais cela est de grande conséquence : le poète romantique est essentiellement tourné vers autrui, il aime la foule; tous ont écrit pour le théâtre, ont aimé une actrice, ont parfois figuré sur la scène de l'Histoire. Ne posant pas la question du « qui suis-je? », Baudelaire n'a pas besoin de se mirer dans la foule qui lui renverra une image à laquelle il ne croit pas, d'emblée. Prostitution serait son mot, pour qualifier une quête de cette sorte. Mais le dandy, qu'en faire? C'est une des contradictions de cet homme complexe; elle tombe si l'on en fait un stoïcisme d'aristocrate, qui en se parant se sépare, loin de s'offrir. C'est l'orgueil de la solitude, la mortification et l'ascèse du corps que procure l'artifice. Personnage pour tromper la vacillation de la personne!

Peu enclin à la macération, Baudelaire tente de combler par l'esthétique ce manque de certitude, comme d'autres ont rempli le gouffre par une exaspération de la logique ou de la foi. Sa vraie originalité de poète fut de réfléchir sur la poésie comme exigence, on pourrait risquer : de réfléchir cette exigence. Un peu comme les poètes de la Renaissance furent les premiers à comprendre et à prôner que ce qu'on n'a pas besoin de dire en vers se dirait en prose, et proposent une « Défense et illustration » de la poésie, Baudelaire s'impose à nous comme l'auteur toujours recommencé d'un « Art poétique ». N'y cherchons pas de préceptes de composition, ni les lois du genre : l'auteur de *l'Albatros* est bien trop individualiste pour faire volontairement école ou pour réformer. Mais l'exigence de poésie est aussi exigence de *la* poésie, et c'est cela qui, chez l'auteur des *Fleurs du mal,* rend ce son si particulier : ce que la poésie exige de son servant fait de lui un serf aliéné. La Muse avait déjà élu domicile dans le discours romantique, mais c'était pour effleurer de ses ailes bienveillantes un poète chagriné. Avec Baudelaire, le sentiment devient passion, et l'on sait que dans leurs causes comme dans leurs effets, les deux maux sont distincts. Il n'a pas choisi le moindre, mais le plus irrémédiable : celui de la « malédiction » qui vous poursuit depuis la naissance, et fait de la destinée ce carcan que de vains soubresauts secouent, convulsions plus que luttes, à tout prendre, comme sera chez Mallarmé l'agonie du cygne emprisonné dans les glaces. Pour définir ce mal de vivre, qui n'a même pas de nom en français, et qui se laisse dire de façon visqueuse dans ce vocable viscéral, le *spleen,* qui n'est autre chose que la *rate* des Grecs, il écrit à sa mère, Mme Aupick : « *Ce que je sens, c'est un immense découragement, une sensation d'isolement insupportable, une peur perpétuelle d'un malheur vague, une défiance complète de mes forces, une absence totale de désirs, une impossibilité de trouver un amusement quelconque.* »

Amusement : on n'est pas très loin du terme que Pascal même employait pour décrire la vie sociale et ses sollici-

tations, qu'il voyait comme l'évitement du seul problème digne d'être posé, celui de notre grâce, distribuée à notre insu; pour cela, Pascal disait *divertissement*. Sans cette idée que la morale n'est rien que le conformisme du bourgeois repu et qu'aucune préoccupation spirituelle ne vient troubler, on ne comprendrait point ce qu'il est convenu d'appeler le « caïnisme » de Baudelaire, du nom d'un de ses héros, présent dans le Christ même, mais dans le Christ qui fustige l'argent et récuse l'ordre du monde. Caïn, Satan, le Poète, trois noms pour un exilé : ils *n'ont* rien.

Tout ce relief en creux qui marque la poésie baudelairienne d'un sceau reconnaissable participe plus ou moins de ce thème du manque. Les sensations chez lui s'enrichissent et se superposent, dit-on. Voire! Il semble au contraire que cette polyphonie sensuelle soit liée à l'incapacité d'en fixer aucune dans son essence : qui dirait que Baudelaire est un auditif, ou un visuel, ou un olfactif, lorsqu'on a compris que c'est tout le contraire de la statue du « sensualiste » Condillac, ce mythe où se stratifient jusqu'à l'unité les diverses informations venant du dehors? Chez Baudelaire, rien de tel : les musiques se caressent, les parfums dessinent des îles, les grottes effleurées du soleil rendent des sons d'orgue comme faisait, paraît-il, dans l'Égypte antique la statue de Memnon.

Ce *donjuanisme* de la sensation n'est-il pas le symptôme d'une incapacité à fixer un émerveillement pour lui-même et à construire, par réceptivité étagée, dans une succession de bonheurs, une image complexe rassemblant des données éparses? Cela ne signifie-t-il pas que ce que l'on éprouve, loin de vous marquer pour de bon, vous renvoie indéfiniment au cycle des objets perdus, comme fait le Désir lui-même, que rien ne comble à part ce ressort perpétuellement tendu vers un ailleurs? C'est peut-être ainsi qu'il faut lire les « Correspondances » : non comme des métaphores où s'associeraient des mots et des registres, mais comme une dynamique, somme toute douloureuse. Parfois, cette quête prend un tour agressif : pensez au poète

romantique qui, dans la contemplation de la nature, a fait la somme de ces bonheurs particuliers que sont une fleur éclose, une brise parfumée, un bruit cadencé de rames sous une lune bien ronde et presque humaine, pensez au geste du semeur si lourd de promesses et si profondément engagé dans une histoire que rien, sauf accident, ne viendra troubler. Puis relisez l'invective baudelairienne derrière le refus à peine poli qu'il donne à un éditeur : « *Vous me demandes des vers pour votre petit volume, des vers sur la nature, n'est-ce pas? sur les bois, les grands chênes, la verdure, les insectes – le soleil sans doute? Mais vous savez bien que je suis incapable de m'attendrir sur les végétaux, et que mon âme est rebelle à cette singulière religion nouvelle qui aura toujours, ce me semble, pour tout être spirituel, je ne sais quoi de schocking. Je ne croirai jamais que l'âme des Dieux habite dans les plantes et, quand même elle y habiterait, je m'en soucierais médiocrement et considérerais la mienne comme d'un bien plus haut prix que celle des légumes sanctifiés.* »

C'est la réponse d'un citadin, et peut-être d'un contemporain d'Haussmann, qui voit surtout la vie dans les modèles géométriques des carrefours et des avenues. Il est vrai qu'on est de son temps. Mais il y a plus profond. C'est Caïn qui est à l'origine de la civilisation urbaine, il est « maudit par le sol qui ne lui donnera plus sa force ». Et puis, c'est la fascination de la stérilité, du minéral, qui induit ce refus de la luxuriance grouillante de la nature.

« *Je suis belle, ô mortels, comme un rêve de pierre...* »

fait-il dire à la Beauté. Et voici l'un de ses émois érotiques favoris :

« *Quand il jette en dansant son bruit vif et moqueur,*
Ce monde rayonnant de métal et de pierre
Me ravit en extase, et j'aime à la fureur
Les choses où le son se mêle à la lumière. »

Baudelaire doit à Vigny sans doute l'idée que la Pensée est une pierre, comme elle, dure et brillante. Mais il ajoute à cette intuition toute la dimension de la transmutation, il dynamise l'image par une alchimie du mûrissement, des entrailles et de l'intériorisation, en un mot. Il aime *la mer* comme un minéral en mouvement, le chat comme une houle, avec ses yeux qui sont pierre et pensée, et la femme comme un félin, pour peu qu'elle soit brillante, inaccessible et froide, comme la Géante. Il eût aimé

« *Dormir nonchalamment à l'ombre de ses seins*
Comme un hameau paisible au pied d'une montagne. »

Nous tenons peut-être, sinon la racine, du moins le tronc visible du culte baudelairien de la froideur : celle qui s'acquiert *contre* la vie et qui projette sur l'autre un regard pétrifiant. Est-ce une manière de laver autrui de ce péché gluant? En tout cas (*Fleurs du mal,* poème XXIII), le comble de la misère physique suscite l'image de la gloire plastique, évoque l'Ange. Et de là vient aussi le fétichisme du parfum et de la chevelure, qui sont aux confins de l'insaisissable forme, l'ailleurs dans un présent. Une sexualité qui s'empare des attributs et se réfugie dans l'imaginaire est, chez tout autre, une perversion. Chez le poète, elle est sublimation. Dans ce « stupide XIX[e] siècle » (le mot est de Léon Daudet), Baudelaire, notre contemporain, est-ce si paradoxal? Pour la majeure partie d'entre nous, aujourd'hui, il est acquis que la sensualité est une fabrication de la culture, quelque chose d'élaboré : peut-être a-t-il fallu attendre Freud pour que le grand débat se tranche. Il était, ce litige, entre Sade et Rousseau. Baudelaire est moderne parce que avec lui s'évacue pour longtemps l'idée rousseauiste que tout le travail du « cœur » se fait contre la société méchante, afin de retrouver l'immédiateté du pur, de la fusion avec le monde, de l'extase. Rousseau voulait la transparence. Le Divin Marquis est tout dans l'artifice.

Baudelaire est proche de notre sensibilité. Gardons-nous de tomber dans le schéma connu où on l'enferme vite : « Il a inauguré quelque chose. » Comme si sa gloire était seulement d'avoir permis cette formidable libération poétique qui passe par Mallarmé, Verlaine et Rimbaud pour aboutir au surréalisme. Non, c'est le rendre prisonnier de ces cadres historiques dont le mérite principal est de poser quelque part un père, pour lui faire une belle tombe, froide et dure à jamais. La modernité de Baudelaire n'est pas là, et son actualité est considérable.

Au moins, nous autres lecteurs de cette fin du XXᵉ siècle sommes persuadés d'une chose, même si nous le disons – mais est-ce mieux?, avec moins de rhétorique que l'auteur de *Mon cœur mis à nu* : l'homme est double. Certes, qu'il plaise aux uns de rapporter cette duplicité à l'âme et au corps, ces partenaires d'un duel incertain, ou aux autres de la circonscrire dans des programmes tout démythifiés, qui tranchera, puisque c'est affaire de foi. Écoutons l'opinion de Baudelaire : « *Il y a dans tout homme, à toute heure, deux postulations simultanées, l'une vers Dieu, l'autre vers Satan. L'invocation à Dieu, ou spiritualité, est un désir de monter en grade; celle de Satan, ou animalité, est une joie de descendre. C'est à cette dernière que doivent être rapportées les amours pour les femmes et les conversations intimes avec les animaux, chiens, chats, etc. Les joies qui dérivent de ces deux amours sont adaptées à la nature de ces deux amours.* »

Lui non plus n'a pas su trancher. Mais il parie, et dans une certaine mesure, pour le choix le plus noble, et d'où il sort le plus grandi : la Douleur, seul résidu de notre affrontement à l'impossible Vie. Nous dirions, avec cette inflation des mots dont nous souffrons, la misère, la pulsion de mort, le désarroi de l'impuissante hystérie, où la gravité d'un enjeu insaisissable se déguise en évasions futiles et pourtant nécessaires, le jeu du monde. L'hystérie ne serait-elle pas le trait que partagent les sensibilités

modernes, où s'étalent le visible, le gestuel, l'exhibition, là
où le discours ne peut plus apporter d'aide et de réponse?
Aujourd'hui avec plus de violences peut-être, mais c'est
que l'on ne connaît plus le prix du « Recueillement ».

A se recueillir, Baudelaire a consacré son choix, de
façon mystique ou peu s'en faut. A cette différence près, il
est bien d'aujourd'hui. Hommes du regard, et du regard
d'autrui, nous avons fait le procès (et le deuil) de cette
utopie : l'authenticité. Avec Rousseau, qui en appel a
perdu contre Sade. On peut le regretter, mais c'est ainsi : à
force de vouloir se fondre dans l'extase et de poursuivre la
pureté indicible, Rousseau niait l'intérêt des mots, et de
façon éloquente, somme toute, il allait exposer son conflit
avec les institutions. Il ne désirait rien tant que de regagner
l'âge d'avant l'Œdipe, et, pourquoi pas, régresser au ventre
maternel. Pour Sade, les mots sont tout le plaisir, le tout du
plaisir : ses constructions intellectuelles s'acharnent à
évacuer l'émotion, et mettent au rancart l'illusion de la
transparence pour lui substituer l'opacité signifiante du
corps. L'athéisme si scandaleux de Sade n'est que l'envers
d'une autre religion où le cannibalisme aurait sa place :
s'agréger, par une sorte d'assimilation digestive, la per-
sonne de l'autre et, loin d'y voir l'obstacle, la prendre pour
aliment de son être propre. Comme fait somme toute la
Nature.

Baudelaire est de ce côté-là, dans sa modernité. Per-
sonne ne nierait plus de nos jours que l'homme soit un pur
produit de la culture, une élaboration permanente. Sa
sensualité? Elle se conquiert. Bien plus, il y entre cette
composante essentielle, celle de la finitude douloureuse,
cette idée de la mort, qui, non contente de ramener au
périssable chacun de nos instants de plaisir, fonde même
en quelque sorte la légitimité du *jouir*. L'animal ne le sait
pas : à l'abri de toute perversion, il est aussi, en contre-
partie, étranger à la conscience de sa volupté. Baudelaire
ne parle pas en termes d'instincts, en quoi il est plus
cohérent que Sade. Mais comme son prédécesseur en
érotique, il sait que le plaisir est *artifice*. De là vient ce

discours second que les deux tiennent, un peu comme les
Grecs du monde honérique à la guerre, encourageant leur
javelot ou parlant à leurs flèches, faisant du combat une
scène. C'est affaire de tempérament : pour beaucoup,
l'action n'est rien sans le décorum où le sujet peut se
reconnaître et se déployer grandi. La rhétorique du
comportement n'est pas un saupoudrage esthétique, c'est
la condition même de la prise de conscience. Sans rituel,
point de pensée.

C'est le romantisme qui avait brouillé les cartes : par sa
sentimentalité avant tout, et puis par cette surabondance
de vie, pulsion généreuse et positive qui affecte toutes les
apparences de la tristesse. Les appétits y restent immenses,
le narcissisme intact, mais on pleure sur cette vie infligée
où nul ne nous comprend sinon la douce Nature. Retrou-
vant sa vocation initiale dans le partage des idéaux, le
romantisme va vers les opprimés. Résolument imperméa-
ble à toute préoccupation de l'« utile », Baudelaire reste
rebelle à toute mission. C'est sa dignité de poète. Avec
Baudelaire, on est incontestablement ramené à soi.
Comme tous ceux qui ont parlé à partir d'un inaccessible
lieu (Freud appelait l'inconscient « l'autre scène »), il est
dans la filiation des maudits.

NOTICE BIOGRAPHIQUE

C'est le 9 avril 1821 que naît Charles-Pierre Baudelaire, à Paris, rue Hautefeuille. Il fait donc partie de la génération qui succède aux puissants créateurs que sont Balzac, Hugo ou Delacroix. Avec Leconte de Lisle, Fromentin, Flaubert, Renan, Courbet et bien d'autres, Baudelaire appartient à ces artistes qui, comme honteux de venir après les grands maîtres, vont remplacer la grandeur par le cynisme, la révolte par le mépris.

Sur sa famille, d'origine champenoise, bien des légendes, peu de certitudes. Son père, François Baudelaire, aurait été prêtre et se serait défroqué sous la Révolution. Le poète aurait hérité de lui l'âme tourmentée d'un janséniste en proie au remords. En fait, une seule certitude : Charles est ce qu'on nomme « un enfant de vieux », du moins si l'on songe que son père est né en 1759. C'est un homme du XVIIIe siècle, lecteur des philosophes, amateur de peinture et peintre lui-même dans le style galant des petits-maîtres médiocres (lettre à sa mère du 30 décembre 1857). Précepteur, avant la Révolution, chez le duc de Praslin, il est devenu, sous l'Empire, un fonctionnaire important au Sénat. Il a hôtel particulier et mobilier bourgeois. Il épouse, pour faire une fin, une jeune fille de vingt-six ans; il en a soixante. Coquette, on dirait aujourd'hui « sophistiquée », Caroline Archimbaut-Dufaÿs, s'est, sans doute, vite consolée d'un veuvage précoce (en 1827), puisque, le 8 novembre 1828, elle épouse le chef de bataillon Jacques Aupick, dont l'âge (il est né en 1789) est plus assorti au sien.

Enfant hypersensible, habitué par son père à vivre dans un passé déjà artificiel, le jeune Baudelaire a dû reporter sur sa mère un trop-plein de tendresse, transformé bien vite, après son remariage, en une amère frustration. C'est près d'elle que le jeune enfant a eu sans doute la première révélation de cet artifice

qu'il préférera à la nature. « Qu'est-ce que l'enfant aime si passionnément dans sa mère (...), écrit-il à Poulet-Malassis le 23 avril 1860? Il aime donc sa mère (...) pour le chatouillement agréable du satin et de la fourrure, pour le parfum de la gorge et des cheveux, pour le cliquetis des bijoux, pour le jeu des rubans... »

Pourtant il faut se garder de faire du jeune Charles un révolté emmuré dans une solitude boudeuse. Cette nouvelle vie, en compagnie d'un homme promu à un bel avenir (il deviendra général, gouverneur de Paris, ambassadeur, sénateur), et bientôt d'un demi-frère, Alphonse, n'est pas désagréable, du moins si l'on en juge par une lettre de 1833 adressée à son demi-frère. La fêlure viendra sans doute plus tard, dans la prise de conscience d'une duplicité – au sens premier du terme – intérieure, dans l'impossibilité de trouver en son être une unité. Nervosité excessive, imagination débridée (« Étant enfant, je voulais être tantôt pape, mais pape militaire, tantôt comédien. Jouissance que je tirais de ces deux hallucinations. » *Mon cœur mis à nu*), sensibilité exacerbée. Il aime passionnément sa mère (« Il y a eu dans mon enfance une époque d'amour passionné pour toi ») et souffre de la promiscuité au collège royal de Lyon, dès 1833, puis au lycée Louis-le-Grand, en 1836 (« Sentiment de la solitude, dès mon enfance, malgré la famille et au milieu des camarades surtout. – Sentiment de destinée éternellement solitaire. Cependant goût très vif de la vie et du plaisir. » *Mon cœur mis à nu*). Malgré ses succès scolaires (en 1837, en seconde, il obtient le deuxième prix de vers latins au concours général), le jeune homme se sent de plus en plus déchiré entre l'univers social, familial, scolaire et des aspirations confuses. Après un voyage dans les Pyrénées, en famille, en 1837, la rupture est presque consommée : il est exclu du lycée en avril 1839. Son succès au baccalauréat la même année ne change en rien son refus obstiné de « faire carrière » : il ne sera pas attaché d'ambassade, comme le veut sa famille. Il va, au contraire, avoir de mauvaises fréquentations : de jeunes poètes, comme Gustave Le Vavasseur et Ernest Prarond, et des prostituées, comme Sarah la louchette. Il s'est bien inscrit à l'école de Droit, mais hante plutôt la pension Bailly, rue des Fossés-Saint-Jacques, lieu de rendez-vous de l'école normande, quelques jeunes rimailleurs qui aiment à s'encanailler.

Pourtant la fissure est moins avec sa famille qu'entre les deux parties de lui-même. Le remords est contre son choix même. La

haine du général Aupick ne sera sans doute qu'un moyen de se donner le change... et de le donner aux autres. Il voit trop clair en lui. D'où son élégance raffinée, son dandysme qui n'est qu'un masque (cf. le poème « le Masque » dans *les Fleurs du mal*). « Un gilet très long, des manchettes intactes, une légère canne à petite pomme d'or à la main », il fréquente les bas-fonds. Cela, c'est pour contenter le comédien qu'il porte en lui et dont on voit le reflet dans le personnage de Samuel Cramer dans *la Fanfarlo* (1847).

C'est le moment aussi où se forme son moi littéraire. Il se nourrit de Sainte-Beuve, se complaît à la lecture de *Joseph Delorme* et de *Volupté,* dont la morbidité l'enchante, à celle de *René* et des sulfureuses héroïnes de Sade, Justine et Juliette. Ajoutons à cela un goût pour les visionnaires comme Swedenborg, les « fantastiqueurs » comme Hoffmann, Mathurin et Lewis.

Pour tenter d'arracher son beau-fils à la délétère influence de la littérature, le général Aupick le fait embarquer à Bordeaux sur un navire qui part pour Calcutta (9 juin 1841). Le jeune homme ne dépassera pas l'île Maurice; il aura eu le temps d'en rapporter un goût très vif pour la couleur ardente et les beaux corps souples. L'ennui qu'il éprouve dans l'île se mêlera inextricablement au thème du souvenir oriental, du paradis perdu, des parfums exotiques, de la torpeur sensuelle. Si l'on y ajoute l'image obsédante de la mer, on retrouve là l'essentiel de son inspiration poétique.

Majeur à son retour en France (en 1842), Baudelaire prend possession de la fortune de son père et s'installe dans l'île Saint-Louis, au 17, quai d'Anjou. C'est là qu'il reçoit des peintres, comme Fernand de Boisdenier, son voisin, des écrivains, comme Théophile Gautier, de belles dames, comme Mme Sabatier. Très vite, il s'endette chez un marchand de tableaux, Arondel. Très vite (1842), il se livre à des extravagances, dont une liaison avec une mulâtresse, qui fait de la figuration au théâtre de la Porte Saint-Antoine, Jeanne Duval. Très vite aussi (1843), il écrit des vers.

C'est beaucoup pour sa très bourgeoise famille. On ne va pas le laisser dissiper ainsi le patrimoine; on décide de le doter d'un conseil judiciaire en la personne de Mᵉ Ancelle, notaire à Neuilly. Ainsi le poète des *Fleurs du mal* traînera son existence en éternel assisté!

Dès lors, Baudelaire ne cesse d'écrire : il fait de la critique

d'art, compose des poèmes, une nouvelle : *la Fanfarlo* où il se dépeint lui-même. Puis va commencer cette errance de logement en logement (on ne compte pas moins de quarante-quatre adresses!) qui durera jusqu'à sa mort. La misère, sans doute. Mais aussi, le désir d'évasion, la soif d'oubli du monde et de soi-même. Revient sans cesse dans ses lettres un besoin de sommeil, un besoin de nier tout ce qu'il y a de honteux chez lui. Ainsi il écrit à sa mère, le 26 mars 1853 : « Il y a des moments où il me prend le désir de dormir infiniment, mais je ne peux pas dormir parce que je pense toujours. » Mot terrible, caractéristique de cette double volonté contradictoire : se détruire et être. Peut-être, se détruire pour être.

Pauvre vie de malade et d'intoxiqué. L'estomac détraqué par le laudanum, il se plaint d'étouffement, de vomissements (lettre à Ancelle, le 10 janvier 1850); il a « abominablement mal aux nerfs à en crier » (lettre à Mme Sabatier).

Et puis, en contrepoids nécessaire, il éprouve un désir de jouissance, de gloire et de puissance (lettre à sa mère du 4 novembre 1856). Et de révolte aussi : il lit des socialistes comme Quinet, Lamennais, Leroux. En 1848, il est sur les barricades où peut-être il a fait le coup de feu. Il se lance dans le journalisme, est rédacteur au *Salut public* (1848), puis au *Représentant de l'Indre* (la même année). Brève tentative. Il retourne à la littérature, rédige *les Paradis artificiels* (1851), traduit Edgar Poe, dont le génie a tant de points communs avec le sien (1852, 1854, 1856).

Et puis, dès 1851, une première ébauche des *Fleurs du mal* : onze poèmes présentés comme faisant partie d'un recueil, *les Limbes*.

Entre-temps, la vie va : le général Aupick est en poste à l'étranger (Constantinople, Madrid), Baudelaire se débat entre les affres de la création, sa passion charnelle pour Jeanne Duval et celle, plus éthérée, pour Mme Sabatier (elle ne sera à lui, comme on disait à l'époque, qu'en 1857). Un point d'ancrage cependant dans son existence : la solide amitié qui le lie à l'éditeur Poulet-Malassis, un des rares à croire au génie du poète.

L'année 1857 est une année faste : mort du général Aupick, abandon de Mme Sabatier, publication des *Fleurs du mal* (on trouvera en annexe tous les détails là-dessus). Et le procès (cf. le dossier littéraire final) qui se termine par la fameuse condamnation du procureur Pinard.

Cet ouvrage des *Fleurs du mal*, méconnu de la plupart des écrivains contemporains (voyez le contresens de Sainte-Beuve, d'habitude mieux inspiré, qui le considère comme une pagode située à l'extrémité du « Kamtchatka romantique »), est en fait le plus intime et le plus personnel qui soit.

Il semble que désormais Baudelaire ait dit tout ce qu'il avait à dire. Il lui reste dix ans à vivre. Il a encore des ambitions : il est candidat à l'Académie, au fauteuil de Lacordaire (en 1861)... Il a encore des ennuis avec cette société qu'il méprise et qui le rejette : il est arrêté pour dettes (1862) et doit bientôt se réfugier en Belgique (1864). Il espère y être mieux compris qu'à Paris. La violence de ses écrits contre les Belges sera à la hauteur de sa déception.

Sa santé, déjà bien délabrée, se détériore complètement. Déjà en 1862, le 23 janvier, il note dans *Fusées :* « Aujourd'hui, j'ai subi un singulier avertissement, j'ai senti passer sur moi le vent de l'aile de l'imbécillité. » Certes il commence à publier ses poèmes en prose (*le Spleen de Paris*, 1864), certes la nouvelle génération le reconnaît pour maître (article très élogieux de Verlaine, dans *l'Art*, 1865), mais ses troubles cardiaques et digestifs s'aggravent. En mars 1866, à Namur, Baudelaire est saisi d'un malaise dans une église : ce sont les premiers symptômes d'aphasie et d'hémiplégie. Son côté droit se paralyse, sa parole devient confuse. Le 2 juillet, Baudelaire, encore lucide, est ramené par sa mère à Paris. Le 4, il entre à la maison de santé du docteur Duval, rue du Dôme... avec la participation du ministère de l'Instruction publique aux frais de pension!

Il vivra encore un an, toujours lucide, presque muet. Un récit célèbre de Jules Vallès (cf. dossier littéraire), nous le montre égrenant une litanie de « crénom ». Il meurt le 31 août 1867. Quelques amis l'accompagnent au cimetière du Montparnasse où il est inhumé auprès du général Aupick.

LES FLEURS DU MAL

AU POËTE IMPECCABLE

AU PARFAIT MAGICIEN ÈS LETTRES FRANÇAISES
À MON TRÈS-CHER ET TRÈS-VÉNÉRÉ

MAÎTRE ET AMI

THÉOPHILE GAUTIER

AVEC LES SENTIMENTS
DE LA PLUS PROFONDE HUMILITÉ

JE DÉDIE
CES FLEURS MALADIVES

C. B.

AU LECTEUR

La sottise, l'erreur, le péché, la lésine,
Occupent nos esprits et travaillent nos corps,
Et nous alimentons nos aimables remords,
Comme les mendiants nourrissent leur vermine.

Nos péchés sont têtus, nos repentirs sont lâches;
Nous nous faisons payer grassement nos aveux,
Et nous rentrons gaiement dans le chemin bourbeux,
Croyant par de vils pleurs laver toutes nos taches.

Sur l'oreiller du mal c'est Satan Trismégiste[1]
Qui berce longuement notre esprit enchanté,
Et le riche métal de notre volonté
Est tout vaporisé par ce savant chimiste.

C'est le Diable qui tient les fils qui nous remuent!
Aux objets répugnants nous trouvons des appas;
Chaque jour vers l'Enfer nous descendons d'un pas,
Sans horreur, à travers des ténèbres qui puent.

Ainsi qu'un débauché pauvre qui baise et mange
Le sein martyrisé d'une antique catin,
Nous volons au passage un plaisir clandestin
Que nous pressons bien fort comme une vieille orange.

1. Se disait d'Hermès dans la mythologie classique, et l'épithète
signifiait « trois fois grand ».

Serré, fourmillant, comme un million d'helminthes[2],
Dans nos cerveaux ribote un peuple de Démons,
Et, quand nous respirons, la Mort dans nos poumons
Descend, fleuve invisible, avec de sourdes plaintes.

Si le viol, le poison, le poignard, l'incendie,
N'ont pas encor brodé de leurs plaisants dessins
Le canevas banal de nos piteux destins,
C'est que notre âme, hélas! n'est pas assez hardie.

Mais parmi les chacals, les panthères, les lices[3],
Les singes, les scorpions, les vautours, les serpents,
Les monstres glapissants, hurlants, grognants, rampants,
Dans la ménagerie infâme de nos vices,

Il en est un plus laid, plus méchant, plus immonde!
Quoiqu'il ne pousse ni grands gestes ni grands cris,
Il ferait volontiers de la terre un débris
Et dans un bâillement avalerait le monde;

C'est l'Ennui! – l'œil chargé d'un pleur involontaire,
Il rêve d'échafauds en fumant son houka[4].
Tu le connais, lecteur, ce monstre délicat,
– Hypocrite lecteur, – mon semblable, – mon frère!

2. Nom générique des vers parasites.
3. Chien de chasse femelle.
4. Sorte de pipe orientale où la fumée qu'on aspire traverse une eau parfumée.

SPLEEN ET IDÉAL

I

BÉNÉDICTION

Lorsque, par un décret des puissances suprêmes,
Le Poëte apparaît en ce monde ennuyé,
Sa mère épouvantée et pleine de blasphèmes
Crispe ses poings vers Dieu, qui la prend en pitié :

– « Ah! que n'ai-je mis bas tout un nœud de vipères,
Plutôt que de nourrir cette dérision!
Maudite soit la nuit aux plaisirs éphémères
Où mon ventre a conçu mon expiation!

Puisque tu m'as choisie entre toutes les femmes
Pour être le dégoût de mon triste mari,
Et que je ne puis pas rejeter dans les flammes,
Comme un billet d'amour, ce monstre rabougri,

Je ferai rejaillir ta haine qui m'accable
Sur l'instrument maudit de tes méchancetés,
Et je tordrai si bien cet arbre misérable,
Qu'il ne pourra pousser ses boutons empestés! »

Elle ravale ainsi l'écume de sa haine,
Et, ne comprenant pas les desseins éternels,
Elle-même prépare au fond de la Géhenne
Les bûchers consacrés aux crimes maternels.

Pourtant, sous la tutelle invisible d'un Ange,
L'Enfant déshérité s'enivre de soleil,
Et dans tout ce qu'il boit et dans tout ce qu'il mange
Retrouve l'ambroisie et le nectar vermeil.

Il joue avec le vent, cause avec le nuage,
Et s'enivre en chantant du chemin de la croix;
Et l'Esprit qui le suit dans son pèlerinage
Pleure de le voir gai comme un oiseau des bois.

Tous ceux qu'il veut aimer l'observant avec crainte,
Ou bien, s'enhardissant de sa tranquillité,
Cherchent à qui saura lui tirer une plainte,
Et font sur lui l'essai de leur férocité.

Dans le pain et le vin destinés à sa bouche
Ils mêlent de la cendre avec d'impurs crachats;
Avec hypocrisie ils jettent ce qu'il touche,
Et s'accusent d'avoir mis leurs pieds dans ses pas.

Sa femme va criant sur les places publiques :
« Puisqu'il me trouve assez belle pour m'adorer,
Je ferai le métier des idoles antiques,
Et comme elles je veux me faire redorer;

Et je me soûlerai de nard, d'encens, de myrrhe,
De génuflexions, de viandes et de vins,
Pour savoir si je puis dans un cœur qui m'admire
Usurper en riant les hommages divins!

Et, quand je m'ennuierai de ces farces impies,
Je poserai sur lui ma frêle et forte main;
Et mes ongles, pareils aux ongles des harpies,
Sauront jusqu'à son cœur se frayer un chemin.

Comme un tout jeune oiseau qui tremble et qui palpite,
J'arracherai ce cœur tout rouge de son sein,
Et, pour rassasier ma bête favorite,
Je le lui jetterai par terre avec dédain! »

Vers le Ciel, où son œil voit un trône splendide,
Le Poëte serein lève ses bras pieux,
Et les vastes éclairs de son esprit lucide
Lui dérobent l'aspect des peuples furieux :

— « Soyez béni, mon Dieu, qui donnez la souffrance
Comme un divin remède à nos impuretés
Et comme la meilleure et la plus pure essence
Qui prépare les forts aux saintes voluptés!

Je sais que vous gardez une place au Poëte
Dans les rangs bienheureux des saintes Légions,
Et que vous l'invitez à l'éternelle fête
Des Trônes, des Vertus, des Dominations.

Je sais que la douleur est la noblesse unique
Où ne mordront jamais la terre et les enfers,
Et qu'il faut pour tresser ma couronne mystique
Imposer tous les temps et tous les univers.

Mais les bijoux perdus de l'antique Palmyre [1],
Les métaux inconnus, les perles de la mer,
Par votre main montés, ne pourraient pas suffire
A ce beau diadème éblouissant et clair;

Car il ne sera fait que de pure lumière,
Puisée au foyer saint des rayons primitifs,
Et dont les yeux mortels, dans leur splendeur entière,
Ne sont que des miroirs obscurcis et plaintifs! »

1. Cité de l'antique Syrie, riche et puissante.

II

L'ALBATROS

Souvent, pour s'amuser, les hommes d'équipage
Prennent des albatros, vastes oiseaux des mers,
Qui suivent, indolents compagnons de voyage,
Le navire glissant sur les gouffres amers.

A peine les ont-ils déposés sur les planches,
Que ces rois de l'azur, maladroits et honteux,
Laissent piteusement leurs grandes ailes blanches
Comme des avirons traîner à côté d'eux.

Ce voyageur ailé, comme il est gauche et veule!
Lui, naguère si beau, qu'il est comique et laid!
L'un agace son bec avec un brûle-gueule,
L'autre mime, en boitant, l'infirme qui volait!

Le Poëte est semblable au prince des nuées
Qui hante la tempête et se rit de l'archer;
Exilé sur le sol au milieu des huées,
Ses ailes de géant l'empêchent de marcher.

III

ÉLÉVATION

Au-dessus des étangs, au-dessus des vallées,
Des montagnes, des bois, des nuages, des mers,
Par delà le soleil, par delà les éthers,
Par delà les confins des sphères étoilées,

Mon esprit, tu te meus avec agilité,
Et, comme un bon nageur qui se pâme dans l'onde,
Tu sillonnes gaiement l'immensité profonde
Avec une indicible et mâle volupté.

Envole-toi bien loin de ces miasmes morbides;
Va te purifier dans l'air supérieur,
Et bois, comme une pure et divine liqueur,
Le feu clair qui remplit les espaces limpides.

Derrière les ennuis et les vastes chagrins
Qui chargent de leur poids l'existence brumeuse,
Heureux celui qui peut d'une aile vigoureuse
S'élancer vers les champs lumineux et sereins!

Celui dont les pensers, comme des alouettes,
Vers les cieux le matin prennent un libre essor,
– Qui plane sur la vie, et comprend sans effort
Le langage des fleurs et des choses muettes!

IV

CORRESPONDANCES

La Nature est un temple où de vivants piliers
Laissent parfois sortir de confuses paroles;
L'homme y passe à travers des forêts de symboles
Qui l'observent avec des regards familiers.

Comme de longs échos qui de loin se confondent
Dans une ténébreuse et profonde unité,
Vaste comme la nuit et comme la clarté,
Les parfums, les couleurs et les sons se répondent.

Il est des parfums frais comme des chairs d'enfants,
Doux comme les hautbois, verts comme les prairies,
– Et d'autres, corrompus, riches et triomphants,

Ayant l'expansion des choses infinies,
Comme l'ambre, le musc, le benjoin et l'encens,
Qui chantent les transports de l'esprit et des sens.

V

J'AIME le souvenir de ces époques nues,
Dont Phœbus se plaisait à dorer les statues.
Alors l'homme et la femme en leur agilité
Jouissaient sans mensonge et sans anxiété,
Et, le ciel amoureux leur caressant l'échine,
Exerçaient la santé de leur noble machine.
Cybèle[1] alors, fertile en produits généreux,
Ne trouvait point ses fils un poids trop onéreux,
Mais, louve au cœur gonflé de tendresses communes,
Abreuvait l'univers à ses tétines brunes.
L'homme, élégant, robuste et fort, avait le droit
D'être fier des beautés qui le nommaient leur roi;
Fruits purs de tout outrage et vierges de gerçures,
Dont la chair lisse et ferme appelait les morsures!

Le Poëte aujourd'hui, quand il veut concevoir
Ces natives grandeurs, aux lieux où se font voir
La nudité de l'homme et celle de la femme,
Sent un froid ténébreux envelopper son âme
Devant ce noir tableau plein d'épouvantement.
O monstruosités pleurant leur vêtement!
O ridicules troncs! torses dignes des masques!
O pauvres corps tordus, maigres, ventrus ou flasques,
Que le dieu de l'Utile, implacable et serein,
Enfants, emmaillota dans ses langes d'airain!
Et vous, femmes, hélas! pâles comme des cierges,
Que ronge et que nourrit la débauche, et vous, vierges,
Du vice maternel traînant l'hérédité
Et toutes les hideurs de la fécondité!

Nous avons, il est vrai, nations corrompues,
Aux peuples anciens des beautés inconnues :
Des visages rongés par les chancres du cœur,
Et comme qui dirait des beautés de langueur;

1. Dans la mythologie grecque, déesse de la Terre et des moissons.

Mais ces inventions de nos muses tardives
N'empêcheront jamais les races maladives
De rendre à la jeunesse un hommage profond,
– A la sainte jeunèsse, à l'air simple, au doux front,
A l'œil limpide et clair ainsi qu'une eau courante,
Et qui va répandant sur tout, insouciante
Comme l'azur du ciel, les oiseaux et les fleurs,
Ses parfums, ses chansons et ses douces chaleurs!

VI

LES PHARES

Rubens[1], fleuve d'oubli, jardin de la paresse,
Oreiller de chair fraîche où l'on ne peut aimer,
Mais où la vie afflue et s'agite sans cesse,
Comme l'air dans le ciel et la mer dans la mer;

Léonard de Vinci[2], miroir profond et sombre,
Où des anges charmants, avec un doux souris
Tout chargé de mystère, apparaissent à l'ombre
Des glaciers et des pins qui ferment leur pays;

Rembrandt[3], triste hôpital tout rempli de murmures,
Et d'un grand crucifix décoré seulement,
Où la prière en pleurs s'exhale des ordures,
Et d'un rayon d'hiver traversé brusquement;

Michel-Ange[4], lieu vague où l'on voit des Hercules
Se mêler à des Christs, et se lever tout droits
Des fantômes puissants qui dans les crépuscules
Déchirent leur suaire en étirant leurs doigts;

1. Peintre flamand, 1577-1640.
2. Peintre de la Renaissance italienne, 1452-1519.
3. Peintre hollandais, 1606-1669.
4. Sculpteur et peintre italien, 1475-1564.

Colères de boxeur, impudences de faune,
Toi qui sus ramasser la beauté des goujats,
Grand cœur gonflé d'orgueil, homme débile et jaune,
Puget[5], mélancolique empereur des forçats;

Watteau[6], ce carnaval où bien des cœurs illustres,
Comme des papillons, errent en flamboyant,
Décors frais et légers éclairés par des lustres
Qui versent la folie à ce bal tournoyant;

Goya[7], cauchemar plein de choses inconnues,
De fœtus qu'on fait cuire au milieu des sabbats,
De vieilles au miroir et d'enfants toutes nues,
Pour tenter les démons ajustant bien leurs bas;

Delacroix[8], lac de sang hanté des mauvais anges,
Ombragé par un bois de sapins toujours vert,
Où, sous un ciel chagrin, des fanfares étranges
Passent, comme un soupir étouffé de Weber[9];

Ces malédictions, ces blasphèmes, ces plaintes,
Ces extases, ces cris, ces pleurs, ces *Te Deum*,
Sont un écho redit par mille labyrinthes;
C'est pour les cœurs mortels un divin opium!

C'est un cri répété par mille sentinelles,
Un ordre renvoyé par mille porte-voix;
C'est un phare allumé sur mille citadelles,
Un appel de chasseurs perdus dans les grands bois!

Car c'est vraiment, Seigneur, le meilleur témoignage
Que nous puissions donner de notre dignité
Que cet ardent sanglot qui roule d'âge en âge
Et vient mourir au bord de votre éternité!

5. Sculpteur français, 1620-1694.
6. Peintre français, 1684-1721.
7. Peintre espagnol, 1746-1828.
8. Peintre romantique français, 1798-1863.
9. Compositeur romantique allemand, 1786-1826.

VII

LA MUSE MALADE

Ma pauvre muse, hélas! qu'as-tu donc ce matin?
Tes yeux creux sont peuplés de visions nocturnes,
Et je vois tour à tour réfléchis sur ton teint
La folie et l'horreur, froides et taciturnes.

Le succube verdâtre et le rose lutin
T'ont-ils versé la peur et l'amour de leurs urnes?
Le cauchemar, d'un poing despotique et mutin,
T'a-t-il noyée au fond d'un fabuleux Minturnes?[1]

Je voudrais qu'exhalant l'odeur de la santé
Ton sein de pensers forts fût toujours fréquenté,
Et que ton sang chrétien coulât à flots rythmiques.

Comme les sons nombreux des syllabes antiques,
Où règnent tour à tour le père des chansons,
Phœbus et le grand Pan, le seigneur des moissons.

1. Ville voisine de la Rome antique; les marais qui la bordent servirent de refuge à Marius proscrit.

VIII

LA MUSE VÉNALE

O muse de mon cœur, amante des palais,
Auras-tu, quand Janvier lâchera ses Borées[1],
Durant les noirs ennuis des neigeuses soirées,
Un tison pour chauffer tes deux pieds violets?

1. Borée personnifiait le vent du Nord dans la mythologie.

Ranimeras-tu donc tes épaules marbrées
Aux nocturnes rayons qui percent les volets?
Sentant ta bourse à sec autant que ton palais,
Récolteras-tu l'or des voûtes azurées?

Il te faut, pour gagner ton pain de chaque soir,
Comme un enfant de chœur, jouer de l'encensoir,
Chanter des *Te Deum* auxquels tu ne crois guère,

Ou, saltimbanque à jeun, étaler tes appas
Et ton rire trempé de pleurs qu'on ne voit pas,
Pour faire épanouir la rate du vulgaire.

IX

LE MAUVAIS MOINE

Les cloîtres anciens sur leurs grandes murailles
Étalaient en tableaux la sainte Vérité,
Dont l'effet, réchauffant les pieuses entrailles,
Tempérait la froideur de leur austérité.

En ces temps où du Christ florissaient les semailles,
Plus d'un illustre moine, aujourd'hui peu cité,
Prenant pour atelier le champ des funérailles,
Glorifiait la Mort avec simplicité.

— Mon âme est un tombeau que, mauvais cénobite[1],
Depuis l'éternité je parcours et j'habite;
Rien n'embellit les murs de ce cloître odieux.

O moine fainéant! quand saurai-je donc faire
Du spectacle vivant de ma triste misère
Le travail de mes mains et l'amour de mes yeux?

1. Moine appartenant à une communauté.

X

L'ENNEMI

MA jeunesse ne fut qu'un ténébreux orage,
Traversé çà et là par de brillants soleils;
Le tonnerre et la pluie ont fait un tel ravage,
Qu'il reste en mon jardin bien peu de fruits vermeils.

Voilà que j'ai touché l'automne des idées,
Et qu'il faut employer la pelle et les râteaux
Pour rassembler à neuf les terres inondées,
Où l'eau creuse des trous grands comme des tombeaux.

Et qui sait si les fleurs nouvelles que je rêve
Trouveront dans ce sol lavé comme une grève
Le mystique aliment qui ferait leur vigueur?

– O douleur! ô douleur! Le Temps mange la vie,
Et l'obscur Ennemi qui nous ronge le cœur
Du sang que nous perdons croît et se fortifie!

XI

LE GUIGNON

POUR soulever un poids si lourd,
Sisyphe[1], il faudrait ton courage!
Bien qu'on ait du cœur à l'ouvrage,
L'Art est long et le Temps est court.

1. Personnage fabuleux, condamné selon la légende à faire toujours gravir à un rocher une pente qu'il dévalait dès qu'il était parvenu au sommet.

Loin des sépultures célèbres
Vers un cimetière isolé,
Mon cœur, comme un tambour voilé,
Va battant des marches funèbres.

– Maint joyau dort enseveli
Dans les ténèbres et l'oubli,
Bien loin des pioches et des sondes;

Mainte fleur épanche à regret
Son parfum doux comme un secret
Dans les solitudes profondes.

XII

LA VIE ANTÉRIEURE

J'AI longtemps habité sous de vastes portiques
Que les soleils marins teignaient de mille feux,
Et que leurs grands piliers, droits et majestueux,
Rendaient pareils, le soir, aux grottes basaltiques.

Les houles, en roulant les images des cieux,
Mêlaient d'une façon solennelle et mystique
Les tout-puissants accords de leur riche musique
Aux couleurs du couchant reflété par mes yeux.

C'est là que j'ai vécu dans les voluptés calmes,
Au milieu de l'azur, des vagues, des splendeurs
Et des esclaves nus, tout imprégnés d'odeurs,

Qui me rafraîchissaient le front avec des palmes,
Et dont l'unique soin était d'approfondir
Le secret douloureux qui me faisait languir.

XIII

BOHÉMIENS EN VOYAGE

La tribu prophétique aux prunelles ardentes
Hier s'est mise en route, emportant ses petits
Sur son dos, ou livrant à leurs fiers appétits
Le trésor toujours prêt des mamelles pendantes.

Les hommes vont à pied sous leurs armes luisantes
Le long des chariots où les leurs sont blottis,
Promenant sur le ciel des yeux appesantis
Par le morne regret des chimères absentes.

Du fond de son réduit sablonneux, le grillon,
Les regardant passer, redouble sa chanson;
Cybèle[1], qui les aime, augmente ses verdures,

Fait couler le rocher et fleurir le désert
Devant ces voyageurs, pour lesquels est ouvert
L'empire familier des ténèbres futures.

XIV

L'HOMME ET LA MER

Homme libre, toujours tu chériras la mer!
La mer est ton miroir; tu contemples ton âme
Dans le déroulement infini de sa lame,
Et ton esprit n'est pas un gouffre moins amer.

1. Déesse de la Terre et des moissons.

Tu te plais à plonger au sein de ton image;
Tu l'embrasses des yeux et des bras, et ton cœur
Se distrait quelquefois de sa propre rumeur
Au bruit de cette plainte indomptable et sauvage.

Vous êtes tous les deux ténébreux et discrets :
Homme, nul n'a sondé le fond de tes abîmes,
O mer, nul ne connaît tes richesses intimes,
Tant vous êtes jaloux de garder vos secrets!

Et cependant voilà des siècles innombrables
Que vous vous combattez sans pitié ni remord,
Tellement vous aimez le carnage et la mort,
O lutteurs éternels, ô frères implacables!

XV

DON JUAN AUX ENFERS

QUAND Don Juan descendit vers l'onde souterraine
Et lorsqu'il eut donné son obole à Charon[1],
Un sombre mendiant, l'œil fier comme Antisthène[2],
D'un bras vengeur et fort saisit chaque aviron.

Montrant leurs seins pendants et leurs robes ouvertes,
Des femmes se tordaient sous le noir firmament,
Et, comme un grand troupeau de victimes offertes,
Derrière lui traînaient un long mugissement.

Sganarelle en riant lui réclamait ses gages,
Tandis que don Luis avec un doigt tremblant
Montrait à tous les morts errant sur les rivages
Le fils audacieux qui railla son front blanc.

1. Batelier légendaire des enfers, ou séjour des morts.
2. Philosophe de l'Antiquité (− 444, − 365) : moraliste cynique, il
méprisait l'argent et les biens matériels.

Frissonnant sous son deuil, la chaste et maigre Elvire,
Près de l'époux perfide et qui fut son amant,
Semblait lui réclamer un suprême sourire
Où brillât la douceur de son premier serment.

Tout droit dans son armure, un grand homme de pierre
Se tenait à la barre et coupait le flot noir;
Mais le calme héros, courbé sur sa rapière,
Regardait le sillage et ne daignait rien voir.

XVI

CHÂTIMENT DE L'ORGUEIL

En ces temps merveilleux où la Théologie
Fleurit avec le plus de sève et d'énergie,
On raconte qu'un jour un docteur des plus grands,
—Après avoir forcé les cœurs indifférents;
Les avoir remués dans leurs profondeurs noires;
Après avoir franchi vers les célestes gloires
Des chemins singuliers à lui-même inconnus,
Où les purs Esprits seuls peut-être étaient venus, —
Comme un homme monté trop haut, pris de panique,
S'écria, transporté d'un orgueil satanique :
« Jésus, petit Jésus! je t'ai poussé bien haut!
Mais, si j'avais voulu t'attaquer au défaut
De l'armure, ta honte égalerait ta gloire,
Et tu ne serais plus qu'un fœtus dérisoire! »

Immédiatement sa raison s'en alla.
L'éclat de ce soleil d'un crêpe se voila;
Tout le chaos roula dans cette intelligence,
Temple autrefois vivant, plein d'ordre et d'opulence,
Sous les plafonds duquel tant de pompe avait lui.
Le silence et la nuit s'installèrent en lui,
Comme dans un caveau dont la clef est perdue.

Dès lors il fut semblable aux bêtes de la rue,
Et, quand il s'en allait sans rien voir, à travers
Les champs, sans distinguer les étés des hivers,
Sale, inutile et laid comme une chose usée,
Il faisait des enfants la joie et la risée.

XVII

LA BEAUTÉ

Je suis belle, ô mortels! comme un rêve de pierre,
Et mon sein, où chacun s'est meurtri tour à tour,
Est fait pour inspirer au poëte un amour
Éternel et muet ainsi que la matière.

Je trône dans l'azur comme un sphinx incompris;
J'unis un cœur de neige à la blancheur des cygnes;
Je hais le mouvement qui déplace les lignes,
Et jamais je ne pleure et jamais je ne ris.

Les poëtes, devant mes grandes attitudes,
Que j'ai l'air d'emprunter aux plus fiers monuments,
Consumeront leurs jours en d'austères études;

Car j'ai, pour fasciner ces dociles amants,
De purs miroirs qui font toutes choses plus belles :
Mes yeux, mes larges yeux aux clartés éternelles!

XVIII

L'IDÉAL

Ce ne seront jamais ces beautés de vignettes,
Produits avariés, nés d'un siècle vaurien,
Ces pieds à brodequins, ces doigts à castagnettes,
Qui sauront satisfaire un cœur comme le mien.

Je laisse à Gavarni [1], poëte des chloroses,
Son troupeau gazouillant de beautés d'hôpital,
Car je ne puis trouver parmi ces pâles roses
Une fleur qui ressemble à mon rouge idéal.

Ce qu'il faut à ce cœur profond comme un abîme,
C'est vous, Lady Macbeth, âme puissante au crime,
Rêve d'Eschyle éclos au climat des autans;

Ou bien toi, grande Nuit [2], fille de Michel-Ange,
Qui tords paisiblement dans une pose étrange
Tes appas façonnés aux bouches des Titans [3]!

XIX

LA GÉANTE

Du temps que la Nature en sa verve puissante
Concevait chaque jour des enfants monstrueux,
J'eusse aimé vivre auprès d'une jeune géante,
Comme aux pieds d'une reine un chat voluptueux.

J'eusse aimé voir son corps fleurir avec son âme
Et grandir librement dans ses terribles jeux;
Deviner si son cœur couve une sombre flamme
Aux humides brouillards qui nagent dans ses yeux;

Parcourir à loisir ses magnifiques formes;
Ramper sur le versant de ses genoux énormes,
Et parfois en été, quand les soleils malsains,

1. Dessinateur français, 1804-1866.
2. Statue couchée sculptée par Michel-Ange sur le cénotaphe de Julien de Médicis à Florence.
3. Divinités primitives qui, selon la légende, s'étaient affrontées aux Olympiens qui leur ravirent le pouvoir.

Lasse, la font s'étendre à travers la campagne,
Dormir nonchalamment à l'ombre de ses seins,
Comme un hameau paisible au pied d'une montagne.

XX

LE MASQUE

STATUE ALLÉGORIQUE
DANS LE GOÛT DE LA RENAISSANCE
A Ernest Christophe, statuaire.

CONTEMPLONS ce trésor de grâces florentines;
Dans l'ondulation de ce corps musculeux
L'Élégance et la Force abondent, sœurs divines.
Cette femme, morceau vraiment miraculeux,
Divinement robuste, adorablement mince,
Est faite pour trôner sur les lits somptueux,
Et charmer les loisirs d'un pontife ou d'un prince.

– Aussi, vois ce souris fin et voluptueux
Où la Fatuité promène son extase;
Ce long regard sournois, langoureux et moqueur;
Ce visage mignard, tout encadré de gaze,
Dont chaque trait nous dit avec un air vainqueur :
« La Volupté m'appelle et l'Amour me couronne! »
A cet être doué de tant de majesté
Vois quel charme excitant la gentillesse donne!
Approchons, et tournons autour de sa beauté.

O blasphème de l'art! ô surprise fatale!
La femme au corps divin, promettant le bonheur,
Par le haut se termine en monstre bicéphale!

– Mais non! ce n'est qu'un masque, un décor suborneur,
Ce visage éclairé d'une exquise grimace,
Et, regarde, voici, crispée atrocement,

La véritable tête, et la sincère face
Renversée à l'abri de la face qui ment.
Pauvre grande beauté! le magnifique fleuve
De tes pleurs aboutit dans mon cœur soucieux;
Ton mensonge m'enivre, et mon âme s'abreuve
Aux flots que la Douleur fait jaillir de tes yeux!

– Mais pourquoi pleure-t-elle? Elle, beauté parfaite
Qui mettrait à ses pieds le genre humain vaincu,
Quel mal mystérieux ronge son flanc d'athlète?

– Elle pleure, insensé, parce qu'elle a vécu!
Et parce qu'elle vit! Mais ce qu'elle déplore
Surtout, ce qui la fait frémir jusqu'aux genoux,
C'est que demain, hélas! il faudra vivre encore!
Demain, après-demain et toujours! – comme nous!

XXI

HYMNE À LA BEAUTÉ

Viens-tu du ciel profond ou sors-tu de l'abîme,
O beauté? ton regard, infernal et divin,
Verse confusément le bienfait et le crime,
Et l'on peut pour cela te comparer au vin.

Tu contiens dans ton œil le couchant et l'aurore;
Tu répands des parfums comme un soir orageux;
Tes baisers sont un philtre et ta bouche une amphore
Qui font le héros lâche et l'enfant courageux.

Sors-tu du gouffre noir ou descends-tu des astres?
Le Destin charmé suit tes jupons comme un chien;
Tu sèmes au hasard la joie et les désastres,
Et tu gouvernes tout et ne réponds de rien.

Tu marches sur des morts, Beauté, dont tu te moques;
De tes bijoux l'Horreur n'est pas le moins charmant,
Et le Meurtre, parmi tes plus chères breloques,
Sur ton ventre orgueilleux danse amoureusement.

L'éphémère ébloui vole vers toi, chandelle,
Crépite, flambe et dit : Bénissons ce flambeau!
L'amoureux pantelant incliné sur sa belle
A l'air d'un moribond caressant son tombeau.

Que tu viennes du ciel ou de l'enfer, qu'importe,
O Beauté! monstre énorme, effrayant, ingénu!
Si ton œil, ton souris, ton pied, m'ouvrent la porte
D'un Infini que j'aime et n'ai jamais connu?

De Satan ou de Dieu, qu'importe? Ange ou Sirène,
Qu'importe, si tu rends, – fée aux yeux de velours,
Rythme, parfum, lueur, ô mon unique reine! –
L'univers moins hideux et les instants moins lourds?

XXII

PARFUM EXOTIQUE

QUAND, les deux yeux fermés, en un soir chaud
Je respire l'odeur de ton sein chaleureux, [d'automne,
Je vois se dérouler des rivages heureux
Qu'éblouissent les feux d'un soleil monotone;

Une île paresseuse où la nature donne
Des arbres singuliers et des fruits savoureux;
Des hommes dont le corps est mince et vigoureux;
Et des femmes dont l'œil par sa franchise étonne.

Guidé par ton odeur vers de charmants climats,
Je vois un port rempli de voiles et de mâts
Encor tout fatigués par la vague marine,

Pendant que le parfum des verts tamariniers,
Qui circule dans l'air et m'enfle la narine,
Se mêle dans mon âme au chant des mariniers.

XXIII

LA CHEVELURE

O toison, moutonnant jusque sur l'encolure!
O boucles! O parfum chargé de nonchaloir!
Extase! Pour peupler ce soir l'alcôve obscure
Des souvenirs dormant dans cette chevelure,
Je la veux agiter dans l'air comme un mouchoir!

Là langoureuse Asie et la brûlante Afrique,
Tout un monde lointain, absent, presque défunt,
Vit dans tes profondeurs, forêt aromatique!
Comme d'autres esprits voguent sur la musique,
Le mien, ô mon amour! nage sur ton parfum.

J'irai là-bas où l'arbre et l'homme, pleins de sève,
Se pâment longuement sous l'ardeur des climats;
Fortes tresses, soyez la houle qui m'enlève;
Tu contiens, mer d'ébène, un éblouissant rêve
De voiles, de rameurs, de flammes et de mâts :

Un port retentissant où mon âme peut boire
A grands flots le parfum, le son et la couleur;
Où les vaisseaux, glissant dans l'or et dans la moire,
Ouvrent leurs vastes bras pour embrasser la gloire
D'un ciel pur où frémit l'éternelle chaleur.

Je plongerai ma tête amoureuse d'ivresse
Dans ce noir océan où l'autre est enfermé;
Et mon esprit subtil que le roulis caresse
Saura vous retrouver, ô féconde paresse!
Infinis bercements du loisir embaumé!

Cheveux bleus, pavillon de ténèbres tendues,
Vous me rendez l'azur du ciel immense et rond;
Sur les bords duvetés de vos mèches tordues
Je m'enivre ardemment des senteurs confondues
De l'huile de coco, du musc et du goudron.

Longtemps! toujours! ma main dans ta crinière lourde
Sèmera le rubis, la perle et le saphir,
Afin qu'à mon désir tu ne sois jamais sourde!
N'es-tu pas l'oasis où je rêve, et la gourde
Où je hume à longs traits le vin du souvenir?

XXIV

Je t'adore à l'égal de la voûte nocturne,
O vase de tristesse, ô grande taciturne,
Et t'aime d'autant plus, belle, que tu me fuis,
Et que tu me parais, ornement de mes nuits,
Plus ironiquement accumuler les lieues
Qui séparent mes bras des immensités bleues.

Je m'avance à l'attaque, et je grimpe aux assauts,
Comme après un cadavre un chœur de vermisseaux,
Et je chéris, ô bête implacable et cruelle!
Jusqu'à cette froideur par où tu m'es plus belle!

XXV

Tu mettrais l'univers entier dans ta ruelle,
Femme impure! L'ennui rend ton âme cruelle.
Pour exercer tes dents à ce jeu singulier,
Il te faut chaque jour un cœur au râtelier.
Tes yeux, illuminés ainsi que des boutiques
Et des ifs flamboyants dans les fêtes publiques,
Usent insolemment d'un pouvoir emprunté,
Sans connaître jamais la loi de leur beauté.

Machine aveugle et sourde, en cruautés féconde!
Salutaire instrument, buveur du sang du monde,
Comment n'as-tu pas honte et comment n'as-tu pas
Devant tous les miroirs vu pâlir tes appas?
La grandeur de ce mal où tu te crois savante
Ne t'a donc jamais fait reculer d'épouvante,
Quand la nature, grande en ses desseins cachés,
De toi se sert, ô femme, ô reine des péchés,
– De toi, vil animal, – pour pétrir un génie?

O fangeuse grandeur! sublime ignominie!

XXVI

SED NON SATIATA [1]

Bizarre déité, brune comme les nuits,
Au parfum mélangé de musc et de havane,
Œuvre de quelque obi, le Faust de la savane,
Sorcière au flanc d'ébène, enfant des noirs minuits,

Je préfère au constance [2], à l'opium, aux nuits [2],
L'élixir de ta bouche où l'amour se pavane;
Quand vers toi mes désirs partent en caravane,
Tes yeux sont la citerne où boivent mes ennuis.

Par ces deux grands yeux noirs, soupiraux de ton âme,
O démon sans pitié! verse-moi moins de flamme;
Je ne suis pas le Styx [3] pour t'embrasser neuf fois,

Hélas! et je ne puis, Mégère libertine,
Pour briser ton courage et te mettre aux abois,
Dans l'enfer de ton lit devenir Proserpine [4]!

1. ...*Mais non comblée*, comme écrivit le poète latin Juvénal de la
libertine impératrice Messaline.
2. Vin exotique. Cru de Bourgogne.
3. Fleuve légendaire des enfers, aux nombreux détours.
4. Déesse agricole, femme de Pluton, roi des enfers.

XXVII

Avec ses vêtements ondoyants et nacrés,
Même quand elle marche on croirait qu'elle danse,
Comme ces longs serpents que les jongleurs sacrés
Au bout de leurs bâtons agitent en cadence.

Comme le sable morne et l'azur des déserts,
Insensibles tous deux à l'humaine souffrance,
Comme les longs réseaux de la houle des mers,
Elle se développe avec indifférence.

Ses yeux polis sont faits de minéraux charmants,
Et dans cette nature étrange et symbolique
Où l'ange inviolé se mêle au sphinx antique,

Où tout n'est qu'or, acier, lumière et diamants,
Resplendit à jamais, comme un astre inutile,
La froide majesté de la femme stérile.

XXVIII

LE SERPENT QUI DANSE

Que j'aime voir, chère indolente,
 De ton corps si beau,
Comme une étoffe vacillante,
 Miroiter la peau!

Sur ta chevelure profonde
 Aux âcres parfums,
Mer odorante et vagabonde
 Aux flots bleus et bruns,

Comme un navire qui s'éveille
 Au vent du matin,
Mon âme rêveuse appareille
 Pour un ciel lointain.

Tes yeux, où rien ne se révèle
 De doux ni d'amer,
Sont deux bijoux froids où se mêle
 L'or avec le fer.

A te voir marcher en cadence,
 Belle d'abandon,
On dirait un serpent qui danse
 Au bout d'un bâton.

Sous le fardeau de ta paresse
 Ta tête d'enfant
Se balance avec la mollesse
 D'un jeune éléphant,

Et ton corps se penche et s'allonge
 Comme un fin vaisseau
Qui roule bord sur bord et plonge
 Ses vergues dans l'eau.

Comme un flot grossi par la fonte
 Des glaciers grondants,
Quand l'eau de ta bouche remonte
 Au bord de tes dents,

Je crois boire un vin de Bohême,
 Amer et vainqueur,
Un ciel liquide qui parsème
 D'étoiles mon cœur!

XXIX

UNE CHAROGNE

Rappelez-vous l'objet que nous vîmes, mon âme,
 Ce beau matin d'été si doux :
Au détour d'un sentier une charogne infâme
 Sur un lit semé de cailloux,

Les jambes en l'air, comme une femme lubrique,
 Brûlante et suant les poisons,
Ouvrait d'une façon nonchalante et cynique
 Son ventre plein d'exhalaisons.

Le soleil rayonnait sur cette pourriture,
 Comme afin de la cuire à point,
Et de rendre au centuple à la grande Nature
 Tout ce qu'ensemble elle avait joint.

Et le ciel regardait la carcasse superbe
 Comme une fleur s'épanouir.
La puanteur était si forte, que sur l'herbe
 Vous crûtes vous évanouir.

Les mouches bourdonnaient sur ce ventre putride,
 D'où sortaient de noirs bataillons
De larves, qui coulaient comme un épais liquide
 Le long de ces vivants haillons.

Tout cela descendait, montait comme une vague,
 Ou s'élançait en pétillant;
On eût dit que le corps, enflé d'un souffle vague,
 Vivait en se multipliant.

Et ce monde rendait une étrange musique,
 Comme l'eau courante et le vent,
Ou le grain qu'un vanneur d'un mouvement rythmique
 Agite et tourne dans son van.

Les formes s'effaçaient et n'étaient plus qu'un rêve,
 Une ébauche lente à venir,
Sur la toile oubliée, et que l'artiste achève
 Seulement par le souvenir.

Derrière les rochers une chienne inquiète
 Nous regardait d'un œil fâché,
Épiant le moment de reprendre au squelette
 Le morceau qu'elle avait lâché.

— Et pourtant vous serez semblable à cette ordure,
 A cette horrible infection,
Étoile de mes yeux, soleil de ma nature,
 Vous, mon ange et ma passion!

Oui! telle vous serez, ô la reine des grâces,
 Après les derniers sacrements,
Quand vous irez, sous l'herbe et les floraisons grasses,
 Moisir parmi les ossements.

Alors, ô ma beauté! dites à la vermine
 Qui vous mangera de baisers,
Que j'ai gardé la forme et l'essence divine
 De mes amours décomposés!

XXX

DE PROFUNDIS CLAMAVI [1]

J'IMPLORE ta pitié, Toi, l'unique que j'aime,
Du fond du gouffre obscur où mon cœur est tombé.
C'est un univers morne à l'horizon plombé,
Où nagent dans la nuit l'horreur et le blasphème;

1. Premiers mots d'un psaume de pénitence (CXXIX) ordinairement
dit pour les morts (« Des profondeurs j'ai crié »).

Un soleil sans chaleur plane au-dessus six mois,
Et les six autres mois la nuit couvre la terre;
C'est un pays plus nu que la terre polaire;
– Ni bêtes, ni ruisseaux, ni verdure, ni bois!

Or il n'est pas d'horreur au monde qui surpasse
La froide cruauté de ce soleil de glace
Et cette immense nuit semblable au vieux Chaos [2];

Je jalouse le sort des plus vils animaux
Qui peuvent se plonger dans un sommeil stupide,
Tant l'écheveau du temps lentement se dévide!

2. Personnification de l'espace vide avant la Création.

XXXI

LE VAMPIRE

Toi qui, comme un coup de couteau,
Dans mon cœur plaintif es entrée;
Toi qui, forte comme un troupeau
De démons, vins [1], folle et parée,

De mon esprit humilié
Faire ton lit et ton domaine;
– Infâme à qui je suis lié
Comme le forçat à la chaîne,

Comme au jeu le joueur têtu,
Comme à la bouteille l'ivrogne,
Comme aux vermines la charogne
– Maudite, maudite sois-tu!

1. Passé du verbe.

J'ai prié le glaive rapide
De conquérir ma liberté,
Et j'ai dit au poison perfide
De secourir ma lâcheté.

Hélas! le poison et le glaive
M'ont pris en dédain et m'ont dit :
« Tu n'es pas digne qu'on t'enlève
A ton esclavage maudit,

Imbécile! – de son empire
Si nos efforts te délivraient,
Tes baisers ressusciteraient
Le cadavre de ton vampire! »

XXXII

UNE nuit que j'étais près d'une affreuse Juive,
Comme au long d'un cadavre un cadavre étendu,
Je me pris à songer près de ce corps vendu
A la triste beauté dont mon désir se prive.

Je me représentai sa majesté native,
Son regard de vigueur et de grâces armé,
Ses cheveux qui lui font un casque parfumé,
Et dont le souvenir pour l'amour me ravive.

Car j'eusse avec ferveur baisé ton noble corps,
Et depuis tes pieds frais jusqu'à tes noires tresses
Déroulé le trésor des profondes caresses,

Si, quelque soir, d'un pleur obtenu sans effort
Tu pouvais seulement, ô reine des cruelles!
Obscurcir la splendeur de tes froides prunelles.

XXXIII

REMORDS POSTHUME

Lorsque tu dormiras, ma belle ténébreuse,
Au fond d'un monument construit en marbre noir
Et lorsque tu n'auras pour alcôve et manoir
Qu'un caveau pluvieux et qu'une fosse creuse;

Quand la pierre, opprimant ta poitrine peureuse
Et tes flancs qu'assouplit un charmant nonchaloir,
Empêchera ton cœur de battre et de vouloir,
Et tes pieds de courir leur course aventureuse,

Le tombeau, confident de mon rêve infini
(Car le tombeau toujours comprendra le poëte),
Durant ces grandes nuits d'où le somme est banni,

Te dira : « Que vous sert, courtisane imparfaite,
De n'avoir pas connu ce que pleurent les morts? »
— Et le ver rongera ta peau comme un remords.

XXXIV

LE CHAT

Viens, mon beau chat, sur mon cœur amoureux;
 Retiens les griffes de ta patte,
Et laisse-moi plonger dans tes beaux yeux,
 Mêlés de métal et d'agate.

Lorsque mes doigts caressent à loisir
 Ta tête et ton dos élastique,
Et que ma main s'enivre du plaisir
 De palper ton corps électrique,

Je vois ma femme en esprit. Son regard,
 Comme le tien, aimable bête,
Profond et froid, coupe et fend comme un dard,

 Et, des pieds jusques à la tête,
Un air subtil, un dangereux parfum,
 Nagent autour de son corps brun.

XXXV

DUELLUM [1]

Deux guerriers ont couru l'un sur l'autre; leurs armes
Ont éclaboussé l'air de iueurs et de sang.
Ces jeux, ces cliquetis du fer sont les vacarmes
D'une jeunesse en proie à l'amour vagissant.

Les glaives sont brisés! comme notre jeunesse,
Ma chère! Mais les dents, les ongles acérés,
Vengent bientôt l'épée et la dague traîtresse.
— O fureur des cœurs mûrs par l'amour ulcérés!

Dans le ravin hanté des chats-pards [2] et des onces [3]
Nos héros, s'étreignant méchamment, ont roulé,
Et leur peau fleurira l'aridité des ronces.

— Ce gouffre, c'est l'enfer, de nos amis peuplé!
Roulons-y sans remords, amazone inhumaine,
Afin d'éterniser l'ardeur de notre haine!

1. « Duel », en latin (mais sans le contexte chevaleresque que le français donne à ce mot).
2. Sorte de serval ou chat d'Afrique, dit aussi chat des fourreurs.
3. Félin asiatique habitant les sommets neigeux; c'est aussi le nom de la figuration symbolique (blasons, tapisseries) de la panthère ou du guépard.

XXXVI
LE BALCON

Mère des souvenirs, maîtresse des maîtresses,
O toi, tous mes plaisirs! ô toi, tous mes devoirs!
Tu te rappelleras la beauté des caresses,
La douceur du foyer et le charme des soirs,
Mère des souvenirs, maîtresse des maîtresses!

Les soirs illuminés par l'ardeur du charbon,
Et les soirs au balcon, voilés de vapeurs roses.
Que ton sein m'était doux! que ton cœur m'était bon!
Nous avons dit souvent d'impérissables choses
Les soirs illuminés par l'ardeur du charbon.

Que les soleils sont beaux dans les chaudes soirées!
Que l'espace est profond! que le cœur est puissant!
En me penchant vers toi, reine des adorées,
Je croyais respirer le parfum de ton sang.
Que les soleils sont beaux dans les chaudes soirées!

La nuit s'épaississait ainsi qu'une cloison,
Et mes yeux dans le noir devinaient tes prunelles,
Et je buvais ton souffle, ô douceur! ô poison!
Et tes pieds s'endormaient dans mes mains fraternelles.
La nuit s'épaississait ainsi qu'une cloison.

Je sais l'art d'évoquer les minutes heureuses,
Et revis mon passé blotti dans tes genoux.
Car à quoi bon chercher tes beautés langoureuses
Ailleurs qu'en ton cher corps et qu'en ton cœur si doux?
Je sais l'art d'évoquer les minutes heureuses!

Ces serments, ces parfums, ces baisers infinis,
Renaîtront-ils d'un gouffre interdit à nos sondes,
Comme montent au ciel les soleils rajeunis
Après s'être lavés au fond des mers profondes?
– O serments! ô parfums! ô baisers infinis!

XXXVII

LE POSSÉDÉ

Le soleil s'est couvert d'un crêpe. Comme lui,
O Lune de ma vie! emmitoufle-toi d'ombre;
Dors ou fume à ton gré; sois muette, sois sombre,
Et plonge tout entière au gouffre de l'Ennui;

Je t'aime ainsi! Pourtant, si tu veux aujourd'hui,
Comme un astre éclipsé qui sort de la pénombre,
Te pavaner aux lieux que la Folie encombre,
C'est bien! Charmant poignard, jaillis de ton étui!

Allume ta prunelle à la flamme des lustres!
Allume le désir dans les regards des rustres!
Tout de toi m'est plaisir, morbide ou pétulant;

Sois ce que tu voudras, nuit noire, rouge aurore;
Il n'est pas une fibre en tout mon corps tremblant
Qui ne crie : *O mon cher Belzébuth, je t'adore!*

XXXVIII

UN FANTÔME

I

LES TÉNÈBRES

Dans les caveaux d'insondable tristesse
Où le Destin m'a déjà relégué;
Où jamais n'entre un rayon rose et gai;
Où, seul avec la Nuit, maussade hôtesse,

Je suis comme un peintre qu'un Dieu moqueur
Condamne à peindre, hélas! sur les ténèbres;
Où, cuisinier aux appétits funèbres,
Je fais bouillir et je mange mon cœur,

Par instants brille, et s'allonge, et s'étale
Un spectre fait de grâce et de splendeur.
A sa rêveuse allure orientale,

Quand il atteint sa totale grandeur,
Je reconnais ma belle visiteuse :
C'est Elle! noire et pourtant lumineuse.

II

LE PARFUM

Lecteur, as-tu quelquefois respiré
Avec ivresse et lente gourmandise
Ce grain d'encens qui remplit une église,
Ou d'un sachet le musc invétéré?

Charme profond, magique, dont nous grise
Dans le présent le passé restauré!
Ainsi l'amant sur un corps adoré
Du souvenir cueille la fleur exquise.

De ses cheveux élastiques et lourds,
Vivant sachet, encensoir de l'alcôve,
Une senteur montait, sauvage et fauve,

Et des habits, mousseline ou velours,
Tout imprégnés de sa jeunesse pure,
Se dégageait un parfum de fourrure.

III

LE CADRE

Comme un beau cadre ajoute à la peinture,
Bien qu'elle soit d'un pinceau très vanté,
Je ne sais quoi d'étrange et d'enchanté
En l'isolant de l'immense nature,

Ainsi bijoux, meubles, métaux, dorure,
S'adaptaient juste à sa rare beauté;
Rien n'offusquait sa parfaite clarté,
Et tout semblait lui servir de bordure.

Même on eût dit parfois qu'elle croyait
Que tout voulait l'aimer; elle noyait
Sa nudité voluptueusement

Dans les baisers du satin et du linge,
Et, lente ou brusque, à chaque mouvement
Montrait la grâce enfantine du singe.

IV

LE PORTRAIT

La Maladie et la Mort font des cendres
De tout le feu qui pour nous flamboya.
De ces grands yeux si fervents et si tendres,
De cette bouche où mon cœur se noya,

De ces baisers puissants comme un dictame [1],
De ces transports plus vifs que des rayons,
Que reste-t-il? C'est affreux, ô mon âme!
Rien qu'un dessin fort pâle, aux trois crayons,

1. Nom d'une plante (dite *fraxinelle*) aromatique; désigne génériquement tout baume.

Qui, comme moi, meurt dans la solitude,
Et que le Temps, injurieux vieillard,
Chaque jour frotte avec son aile rude...

Noir assassin de la Vie et de l'Art,
Tu ne tueras jamais dans ma mémoire
Celle qui fut mon plaisir et ma gloire!

XXXIX

Je te donne ces vers afin que si mon nom
Aborde heureusement aux époques lointaines,
Et fait rêver un soir les cervelles humaines,
Vaisseau favorisé par un grand aquilon,

Ta mémoire, pareille aux fables incertaines,
Fatigue le lecteur ainsi qu'un tympanon,
Et par un fraternel et mystique chaînon
Reste comme pendue à mes rimes hautaines;

Être maudit à qui, de l'abîme profond
Jusqu'au plus haut du ciel, rien, hors moi, ne répond!
– O toi qui, comme une ombre à la trace éphémère,

Foules d'un pied léger et d'un regard serein
Les stupides mortels qui t'ont jugée amère,
Statue aux yeux de jais, grand ange au front d'airain!

XL

SEMPER EADEM [1]

« D'où vous vient, disiez-vous, cette tristesse étrange,
Montant comme la mer sur le roc noir et nu? »
– Quand notre cœur a fait une fois sa vendange,
Vivre est un mal. C'est un secret de tous connu,

Une douleur très simple et non mystérieuse,
Et, comme votre joie, éclatante pour tous.
Cessez donc de chercher, ô belle curieuse!
Et, bien que votre voix soit douce, taisez-vous!

Taisez-vous, ignorante! âme toujours ravie!
Bouche au rire enfantin! Plus encor que la Vie,
La Mort nous tient souvent par des liens subtils.

Laissez, laissez mon cœur s'enivrer d'un *mensonge*,
Plonger dans vos beaux yeux comme dans un beau songe,
Et sommeiller longtemps à l'ombre de vos cils!

XLI

TOUT ENTIÈRE

Le Démon, dans ma chambre haute,
Ce matin est venu me voir,
Et, tâchant à me prendre en faute,
Me dit : « Je voudrais bien savoir,

1. « Toujours semblable à elle-même. »

Parmi toutes les belles choses
Dont est fait son enchantement,
Parmi les objets noirs ou roses
Qui composent son corps charmant,

Quel est le plus doux. » – O mon âme!
Tu répondis à l'Abhorré :
« Puisqu'en Elle tout est dictame [1],
Rien ne peut être préféré.

Lorsque tout me ravit, j'ignore
Si quelque chose me séduit.
Elle éblouit comme l'Aurore
Et console comme la Nuit;

Et l'harmonie est trop exquise,
Qui gouverne tout son beau corps,
Pour que l'impuissante analyse
En note les nombreux accords.

O métamorphose mystique
De tous mes sens fondus en un!
Son haleine fait la musique,
Comme sa voix fait le parfum! »

XLII

QUE diras-tu ce soir, pauvre âme solitaire,
Que diras-tu, mon cœur, cœur autrefois flétri,
A la très belle, à la très bonne, à la très chère,
Dont le regard divin t'a soudain refleuri?

1. Voir note p. 63.

– Nous mettrons notre orgueil à chanter ses louanges
Rien ne vaut la douceur de son autorité;
Sa chair spirituelle a le parfum des Anges,
Et son œil nous revêt d'un habit de clarté.

Que ce soit dans la nuit et dans la solitude,
Que ce soit dans la rue et dans la multitude,
Son fantôme dans l'air danse comme un flambeau.

Parfois il parle et dit : « Je suis belle, et j'ordonne
Que pour l'amour de moi vous n'aimiez que le Beau;
Je suis l'Ange gardien, la Muse et la Madone! »

XLIII

LE FLAMBEAU VIVANT

Ils marchent devant moi, ces Yeux pleins de lumières,
Qu'un Ange très savant a sans doute aimantés;
Ils marchent, ces divins frères, qui sont mes frères,
Secouant dans mes yeux leurs feux diamantés.

Me sauvant de tout piège et de tout péché grave,
Ils conduisent mes pas dans la route du Beau;
Ils sont mes serviteurs et je suis leur esclave;
Tout mon être obéit à ce vivant flambeau.

Charmants Yeux, vous brillez de la clarté mystique
Qu'ont les cierges brûlant en plein jour; le soleil
Rougit, mais n'éteint pas leur flamme fantastique;

Ils célèbrent la Mort, vous chantez le Réveil;
Vous marchez en chantant le réveil de mon âme,
Astres dont nul soleil ne peut flétrir la flamme!

XLIV

RÉVERSIBILITÉ

Ange plein de gaieté, connaissez-vous l'angoisse,
La honte, les remords, les sanglots, les ennuis,
Et les vagues terreurs de ces affreuses nuits
Qui compriment le cœur comme un papier qu'on froisse?
Ange plein de gaieté, connaissez-vous l'angoisse?

Ange plein de bonté, connaissez-vous la haine,
Les poings crispés dans l'ombre et les larmes de fiel,
Quand la vengeance bat son infernal rappel,
Et de nos facultés se fait le capitaine?
Ange plein de bonté, connaissez-vous la haine?

Ange plein de santé, connaissez-vous les Fièvres,
Qui, le long des grands murs de l'hospice blafard,
Comme des exilés, s'en vont d'un pied traînard,
Cherchant le soleil rare et remuant les lèvres?
Ange plein de santé, connaissez-vous les Fièvres?

Ange plein de beauté, connaissez-vous les rides,
Et la peur de vieillir, et ce hideux tourment
De lire la secrète horreur du dévouement
Dans des yeux où longtemps burent nos yeux avides?
Ange plein de beauté, connaissez-vous les rides?

Ange plein de bonheur, de joie et de lumières,
David mourant aurait demandé la santé
Aux émanations de ton corps enchanté;
Mais de toi je n'implore, ange, que tes prières,
Ange plein de bonheur, de joie et de lumières!

XLV

CONFESSION

Une fois; une seule, aimable et douce femme,
 A mon bras votre bras poli
S'appuya (sur le fond ténébreux de mon âme
 Ce souvenir n'est point pâli);

Il était tard; ainsi qu'une médaille neuve
 La pleine lune s'étalait,
Et la solennité de la nuit, comme un fleuve,
 Sur Paris dormant ruisselait.

Et le long des maisons, sous les portes cochères,
 Des chats passaient furtivement,
L'oreille au guet, ou bien, comme des ombres chères,
 Nous accompagnaient lentement.

Tout à coup, au milieu de l'intimité libre
 Éclose à la pâle clarté,
De vous, riche et sonore instrument où ne vibre
 Que la radieuse gaieté,

De vous, claire et joyeuse ainsi qu'une fanfare
 Dans le matin étincelant,
Une note plaintive, une note bizarre
 S'échappa, tout en chancelant

Comme une enfant chétive, horrible, sombre, immonde,
 Dont sa famille rougirait,
Et qu'elle aurait longtemps, pour la cacher au monde,
 Dans un caveau mise au secret.

Pauvre ange, elle chantait, votre note criarde :
 « Que rien ici-bas n'est certain,
Et que toujours, avec quelque soin qu'il se farde,
 Se trahit l'égoïsme humain;

Que c'est un dur métier que d'être belle femme,
 Et que c'est le travail banal
De la danseuse folle et froide qui se pâme
 Dans un sourire machinal;

Que bâtir sur les cœurs est une chose sotte;
 Que tout craque, amour et beauté
Jusqu'à ce que l'Oubli les jette dans sa hotte
 Pour les rendre à l'Éternité! »

J'ai souvent évoqué cette lune enchantée,
 Ce silence et cette langueur,
Et cette confidence horrible chuchotée
 Au confessionnal du cœur.

LXVI

L'AUBE SPIRITUELLE

Quand chez les débauchés l'aube blanche et vermeille
Entre en société de l'Idéal rongeur,
Par l'opération d'un mystère vengeur
Dans la brute assoupie un ange se réveille.

Des Cieux Spirituels l'inaccessible azur,
Pour l'homme terrassé qui rêve encore et souffre,
S'ouvre et s'enfonce avec l'attirance du gouffre.
Ainsi, chère Déesse, Être lucide et pur,

Sur les débris fumeux des stupides orgies
Ton souvenir plus clair, plus rose, plus charmant,
A mes yeux agrandis voltige incessamment.

Le soleil a noirci la flamme des bougies;
Ainsi, toujours vainqueur, ton fantôme est pareil,
Âme resplendissante, à l'immortel soleil!

XLVII

HARMONIE DU SOIR

Voici venir les temps où vibrant sur sa tige
Chaque fleur s'évapore ainsi qu'un encensoir;
Les sons et les parfums tournent dans l'air du soir;
Valse mélancolique et langoureux vertige!

Chaque fleur s'évapore ainsi qu'un encensoir;
Le violon frémit comme un cœur qu'on afflige;
Valse mélancolique et langoureux vertige!
Le ciel est triste et beau comme un grand reposoir.

Le violon frémit comme un cœur qu'on afflige,
Un cœur tendre, qui hait le néant vaste et noir!
Le ciel est triste et beau comme un grand reposoir;
Le soleil s'est noyé dans son sang qui se fige.

Un cœur tendre, qui hait le néant vaste et noir,
Du passé lumineux recueille tout vestige!
Le soleil s'est noyé dans son sang qui se fige...
Ton souvenir en moi luit comme un ostensoir!

XLVIII

LE FLACON

Il est de forts parfums pour qui toute matière
Est poreuse. On dirait qu'ils pénètrent le verre.
En ouvrant un coffret venu de l'Orient
Dont la serrure grince et rechigne en criant,

Ou dans une maison déserte quelque armoire
Pleine de l'âcre odeur des temps, poudreuse et noire,

Parfois on trouve un vieux flacon qui se souvient,
D'où jaillit toute vive une âme qui revient.

Mille pensers dormaient, chrysalides funèbres,
Frémissant doucement dans les lourdes ténèbres,
Qui dégagent leur aile et prennent leur essor,
Teintés d'azur, glacés de rose, lamés d'or.

Voilà le souvenir enivrant qui voltige
Dans l'air troublé; les yeux se ferment; le Vertige
Saisit l'âme vaincue et la pousse à deux mains
Vers un gouffre obscurci de miasmes humains;

Il la terrasse au bord d'un gouffre séculaire,
Où, Lazare odorant déchirant son suaire,
Se meut dans son réveil le cadavre spectral
D'un vieil amour ranci, charmant et sépulcral.

Ainsi, quand je serai perdu dans la mémoire
Des hommes, dans le coin d'une sinistre armoire
Quand on m'aura jeté, vieux flacon désolé,
Décrépit, poudreux, sale, abject, visqueux, fêlé,

Je serai ton cercueil, aimable pestilence!
Le témoin de ta force et de ta virulence,
Cher poison préparé par les anges! liqueur
Qui me ronge, ô la vie et la mort de mon cœur!

XLIX

LE POISON

LE vin sait revêtir le plus sordide bouge
 D'un luxe miraculeux,
Et fait surgir plus d'un portique fabuleux
 Dans l'or de sa vapeur rouge,
Comme un soleil couchant dans un ciel nébuleux.

L'opium agrandit ce qui n'a pas de bornes,
 Allonge l'illimité,
Approfondit le temps, creuse la volupté,
 Et de plaisirs noirs et mornes
Remplit l'âme au-delà de sa capacité.

Tout cela ne vaut pas le poison qui découle
 De tes yeux, de tes yeux verts,
Lacs où mon âme tremble et se voit à l'envers...
 Mes songes viennent en foule
Pour se désaltérer à ces gouffres amers.

Tout cela ne vaut pas le terrible prodige
 De ta salive qui mord,
Qui plonge dans l'oubli mon âme sans remord,
 Et, charriant le vertige,
La roule défaillante aux rives de la mort!

L

CIEL BROUILLÉ

On dirait ton regard d'une vapeur couvert;
Ton œil mystérieux (est-il bleu, gris ou vert?)
Alternativement tendre, rêveur, cruel,
Réfléchit l'indolence et la pâleur du ciel.

Tu rappelles ces jours blancs, tièdes et voilés,
Qui font se fondre en pleurs les cœurs ensorcelés,
Quand, agités d'un mal inconnu qui les tord,
Les nerfs trop éveillés raillent l'esprit qui dort.

Tu ressembles parfois à ces beaux horizons
Qu'allument les soleils des brumeuses saisons...
Comme tu resplendis, paysage mouillé
Qu'enflamment les rayons tombant d'un ciel brouillé!

O femme dangereuse, ô séduisants climats!
Adorerai-je aussi ta neige et vos frimas,
Et saurai-je tirer de l'implacable hiver
Des plaisirs plus aigus que la glace et le fer?

LI

LE CHAT

I

Dans ma cervelle se promène,
Ainsi qu'en son appartement,
Un beau chat, fort, doux et charmant.
Quand il miaule, on l'entend à peine,

Tant son timbre est tendre et discret;
Mais que sa voix s'apaise ou gronde,
Elle est toujours riche et profonde.
C'est là son charme et son secret.

Cette voix, qui perle et qui filtre,
Dans mon fonds le plus ténébreux,
Me remplit comme un vers nombreux
Et me réjouit comme un philtre.

Elle endort les plus cruels maux
Et contient toutes les extases;
Pour dire les plus longues phrases,
Elle n'a pas besoin de mots.

Non il n'est pas d'archet qui morde
Sur mon cœur, parfait instrument,
Et fasse plus royalement
Chanter sa plus vibrante corde,

Que ta voix, chat mystérieux,
Chat séraphique, chat étrange,
En qui tout est, comme en un ange,
Aussi subtil qu'harmonieux!

II

De sa fourrure blonde et brune
Sort un parfum si doux, qu'un soir
J'en fus embaumé, pour l'avoir
Caressée une fois, rien qu'une.

C'est l'esprit familier du lieu;
Il juge, il préside, il inspire
Toutes choses dans son empire;
Peut-être est-il fée, est-il dieu?

Quand mes yeux, vers ce chat que j'aime
Tirés comme par un aimant,
Se retournent docilement
Et que je regarde en moi-même,

Je vois avec étonnement
Le feu de ses prunelles pâles,
Clairs fanaux, vivantes opales,
Qui me contemplent fixement.

LII

LE BEAU NAVIRE

JE veux te raconter, ô molle enchanteresse!
Les diverses beautés qui parent ta jeunesse;
 Je veux te peindre ta beauté,
Où l'enfance s'allie à la maturité.

Quand tu vas balayant l'air de ta jupe large,
Tu fais l'effet d'un beau vaisseau qui prend le large,
 Chargé de toile, et va roulant
Suivant un rythme doux, et paresseux, et lent.

Sur ton cou large et rond, sur tes épaules grasses,
Ta tête se pavane avec d'étranges grâces;
 D'un air placide et triomphant
Tu passes ton chemin, majestueuse enfant.

Je veux te raconter, ô molle enchanteresse!
Les diverses beautés qui parent ta jeunesse;
 Je veux te peindre ta beauté,
Où l'enfance s'allie à la maturité.

Ta gorge qui s'avance et qui pousse la moire,
Ta gorge triomphante est une belle armoire
 Dont les panneaux bombés et clairs
Comme les boucliers accrochent des éclairs;

Boucliers provoquants, armés de pointes roses!
Armoire à doux secrets, pleine de bonnes choses,
 De vins, de parfums, de liqueurs
Qui feraient délirer les cerveaux et les cœurs!

Quand tu vas balayant l'air de ta jupe large,
Tu fais l'effet d'un beau vaisseau qui prend le large,
 Chargé de toile, et va roulant
Suivant un rythme doux, et paresseux, et lent.

Tes nobles jambes, sous les volants qu'elles chassent,
Tourmentent les désirs obscurs et les agacent,
 Comme deux sorcières qui font
Tourner un philtre noir dans un vase profond.

Tes bras, qui se joueraient des précoces hercules,
Sont des boas luisants les solides émules,
 Faits pour serrer obstinément,
Comme pour l'imprimer dans ton cœur, ton amant.

Sur ton cou large et rond, sur tes épaules grasses,
Ta tête se pavane avec d'étranges grâces;
 D'un air placide et triomphant
Tu passes ton chemin, majestueuse enfant.

LIII

L'INVITATION AU VOYAGE

 Mon enfant, ma sœur,
 Songe à la douceur
D'aller là-bas vivre ensemble!
 Aimer à loisir,
 Aimer et mourir
Au pays qui te ressemble!
 Les soleils mouillés
 De ces ciels brouillés
Pour mon esprit ont les charmes
 Si mystérieux
 De tes traîtres yeux,
Brillant à travers leurs larmes.

 Là, tout n'est qu'ordre et beauté,
 Luxe, calme et volupté.

 Des meubles luisants,
 Polis par les ans,
Décoreraient notre chambre;
 Les plus rares fleurs
 Mêlant leurs odeurs
Aux vagues senteurs de l'ambre,
 Les riches plafonds,
 Les miroirs profonds,
La splendeur orientale,
 Tout y parlerait
 A l'âme en secret
Sa douce langue natale.

Là, tout n'est qu'ordre et beauté,
Luxe, calme et volupté.

Vois sur ces canaux
Dormir ces vaisseaux
Dont l'humeur est vagabonde;
C'est pour assouvir
Ton moindre désir
Qu'ils viennent du bout du monde.
– Les soleils couchants
Revêtent les champs,
Les canaux, la ville entière,
D'hyacinthe et d'or;
Le monde s'endort
Dans une chaude lumière.

Là, tout n'est qu'ordre et beauté,
Luxe, calme et volupté.

LIV

L'IRRÉPARABLE

Pouvons-nous étouffer le vieux, le long Remords,
 Qui vit, s'agite et se tortille,
Et se nourrit de nous comme le ver des morts,
 Comme du chêne la chenille?
Pouvons-nous étouffer l'implacable Remords?

Dans quel philtre, dans quel vin, dans quelle tisane,
 Noierons-nous ce vieil ennemi,
Destructeur et gourmand comme la courtisane,
 Patient comme la fourmi?
Dans quel philtre? – dans quel vin? – dans quelle
 [tisane?

Dis-le, belle sorcière, oh! dis, si tu le sais,
 A cet esprit comblé d'angoisse
Et pareil au mourant qu'écrasent les blessés,
 Que le sabot du cheval froisse,
Dis-le, belle sorcière, oh! dis, si tu le sais,

A cet agonisant que le loup déjà flaire
 Et que surveille le corbeau,
A ce soldat brisé! s'il faut qu'il désespère
 D'avoir sa croix et son tombeau;
Ce pauvre agonisant que déjà le loup flaire!

Peut-on illuminer un ciel bourbeux et noir?
 Peut-on déchirer des ténèbres
Plus denses que la poix, sans matin et sans soir,
 Sans astres, sans éclairs funèbres?
Peut-on illuminer un ciel bourbeux et noir?

L'Espérance qui brille aux carreaux de l'Auberge
 Est soufflée, est morte à jamais!
Sans lune et sans rayons, trouver où l'on héberge
 Les martyrs d'un chemin mauvais!
Le Diable a tout éteint aux carreaux de l'Auberge!

Adorable sorcière, aimes-tu les damnés?
 Dis, connais-tu l'irrémissible?
Connais-tu le Remords, aux traits empoisonnés,
 A qui notre cœur sert de cible?
Adorable sorcière, aimes-tu les damnés?

L'Irréparable ronge avec sa dent maudite
 Notre âme, piteux monument,
Et souvent il attaque, ainsi que le termite,
 Par la base le bâtiment.
L'Irréparable ronge avec sa dent maudite!

J'ai vu parfois, au fond d'un théâtre banal
 Qu'enflammait l'orchestre sonore,

Une fée allumer dans un ciel infernal
 Une miraculeuse aurore;
J'ai vu parfois au fond d'un théâtre banal

Un être, qui n'était que lumière, or et gaze,
 Terrasser l'énorme Satan;
Mais mon cœur, que jamais ne visite l'extase,
 Est un théâtre où l'on attend
Toujours, toujours en vain, l'Être aux ailes de gaze!

LV

CAUSERIE

Vous êtes un beau ciel d'automne, clair et rose!
Mais la tristesse en moi monte comme la mer,
Et laisse, en refluant, sur ma lèvre morose
Le souvenir cuisant de son limon amer.

— Ta main se glisse en vain sur mon sein qui se pâme;
Ce qu'elle cherche, amie, est un lieu saccagé
Par la griffe et la dent féroce de la femme.
Ne cherchez plus mon cœur; les bêtes l'ont mangé.

Mon cœur est un palais flétri par la cohue;
On s'y soûle, on s'y tue, on s'y prend aux cheveux!
— Un parfum nage autour de votre gorge nue!...

O Beauté, dur fléau des âmes, tu le veux!
Avec tes yeux de feu, brillants comme des fêtes,
Calcine ces lambeaux qu'ont épargnés les bêtes!

LVI

CHANT D'AUTOMNE

I

Bientôt nous plongerons dans les froides ténèbres;
Adieu, vive clarté de nos étés trop courts!
J'entends déjà tomber avec des chocs funèbres
Le bois retentissant sur le pavé des cours.

Tout l'hiver va rentrer dans mon être : colère,
Haine, frissons, horreur, labeur dur et forcé,
Et, comme le soleil dans son enfer polaire,
Mon cœur ne sera plus qu'un bloc rouge et glacé.

J'écoute en frémissant chaque bûche qui tombe;
L'échafaud qu'on bâtit n'a pas d'écho plus sourd.
Mon esprit est pareil à la tour qui succombe
Sous les coups du bélier infatigable et lourd.

Il me semble, bercé par ce choc monotone,
Qu'on cloue en grande hâte un cercueil quelque part.
Pour qui? – C'était hier l'été; voici l'automne!
Ce bruit mystérieux sonne comme un départ.

II

J'aime de vos longs yeux la lumière verdâtre,
Douce beauté, mais tout aujourd'hui m'est amer,
Et rien, ni votre amour, ni le boudoir, ni l'âtre,
Ne me vaut le soleil rayonnant sur la mer.

Et pourtant aimez-moi, tendre cœur! soyez mère,
Même pour un ingrat, même pour un méchant;
Amante ou sœur, soyez la douceur éphémère
D'un glorieux automne ou d'un soleil couchant.

Courte tâche! La tombe attend; elle est avide!
Ah! laissez-moi, mon front posé sur vos genoux,
Goûter, en regrettant l'été blanc et torride,
De l'arrière-saison le rayon jaune et doux!

LVII

À UNE MADONE

EX-VOTO DANS LE GOÛT ESPAGNOL

Je veux bâtir pour toi, Madone, ma maîtresse,
Un autel souterrain au fond de ma détresse,
Et creuser dans le coin le plus noir de mon cœur,
Loin du désir mondain et du regard moqueur,
Une niche, d'azur et d'or tout émaillée,
Où tu te dresseras, Statue émerveillée.
Avec mes Vers polis, treillis d'un pur métal
Savamment constellé de rimes de cristal,
Je ferai pour ta tête une énorme Couronne;
Et dans ma Jalousie, ô mortelle Madone,
Je saurai te tailler un Manteau, de façon
Barbare, roide et lourd, et doublé de soupçon,
Qui, comme une guérite, enfermera tes charmes;
Non de Perles brodé, mais de toutes mes Larmes!
Ta Robe, ce sera mon Désir, frémissant,
Onduleux, mon Désir qui monte et qui descend,
Aux pointes se balance, aux vallons se repose,
Et revêt d'un baiser tout ton corps blanc et rose.
Je te ferai de mon Respect de beaux Souliers
De satin, par tes pieds divins humiliés,
Qui, les emprisonnant dans une molle étreinte,
Comme un moule fidèle en garderont l'empreinte.
Si je ne puis, malgré tout mon art diligent,
Pour Marchepied tailler une Lune d'argent,

Je mettrai le Serpent qui me mord les entrailles
Sous tes talons, afin que tu foules et railles,
Reine victorieuse et féconde en rachats,
Ce monstre tout gonflé de haine et de crachats.
Tu verras mes Pensers, rangés comme les Cierges
Devant l'autel fleuri de la Reine des Vierges,
Étoilant de reflets le plafond peint en bleu,
Te regarder toujours avec des yeux de feu;
Et comme tout en moi te chérit et t'admire,
Tout se fera Benjoin, Encens, Oliban, Myrrhe,
Et sans cesse vers toi, sommet blanc et neigeux,
En Vapeurs montera mon Esprit orageux.

Enfin, pour compléter ton rôle de Marie,
Et pour mêler l'amour avec la barbarie,
Volupté noire! des sept Péchés capitaux,
Bourreau plein de remords, je ferai sept Couteaux
Bien affilés, et comme un jongleur insensible,
Prenant le plus profond de ton amour pour cible,
Je les planterai tous dans ton Cœur pantelant,
Dans ton Cœur sanglotant, dans ton Cœur ruisselant!

LVIII

CHANSON D'APRÈS-MIDI

Quoique tes sourcils méchants
Te donnent un air étrange
Qui n'est pas celui d'un ange,
Sorcière aux yeux alléchants,

Je t'adore, ô ma frivole,
Ma terrible passion!
Avec la dévotion
Du prêtre pour son idole.

Le désert et la forêt
Embaument tes tresses rudes;
Ta tête a les attitudes
De l'énigme et du secret.

Sur ta chair le parfum rôde
Comme autour d'un encensoir;
Tu charmes comme le soir,
Nymphe ténébreuse et chaude.

Ah! les philtres les plus forts
Ne valent pas ta paresse,
Et tu connais la caresse
Qui fait revivre les morts!

Tes hanches sont amoureuses
De ton dos et de tes seins,
Et tu ravis les coussins
Par tes poses langoureuses.

Quelquefois, pour apaiser
Ta rage mystérieuse,
Tu prodigues, sérieuse,
La morsure et le baiser;

Tu me déchires, ma brune,
Avec un rire moqueur,
Et puis tu mets sur mon cœur
Ton œil doux comme la lune.

Sous tes souliers de satin,
Sous tes charmants pieds de soie,
Moi, je mets ma grande joie,
Mon génie et mon destin,

Mon âme par toi guérie,
Par toi, lumière et couleur!
Explosion de chaleur
Dans ma noire Sibérie!

LIX

SISINA [1]

IMAGINEZ Diane [2] en galant équipage,
Parcourant les forêts ou battant les halliers,
Cheveux et gorge au vent, s'enivrant de tapage,
Superbe et défiant les meilleurs cavaliers!

Avez-vous vu Théroigne [3], amante du carnage,
Excitant à l'assaut un peuple sans souliers,
La joue et l'œil en feu, jouant son personnage,
Et montant, sabre au poing, les royaux escaliers?

Telle la Sisina! Mais la douce-guerrière
A l'âme charitable autant que meurtrière;
Son courage, affolé de poudre et de tambours,

Devant les suppliants sait mettre bas les armes,
Et son cœur, ravagé par la flamme, a toujours,
Pour qui s'en montre digne, un réservoir de larmes.

LX

FRANCISCÆ MEÆ LAUDES *

NOVIS te cantabo chordis,
O novelletum quod ludis
In solitudine cordis.

1. Nom travesti d'une inspiratrice.
2. Déesse de la chasse, altière et virile.
3. Héroïne de la Révolution, surnommée « l'Amazone de la liberté ».

Esto sertis implicata,
O femina delicata
Per quam solvuntur peccata!

Sicut beneficum Lethe,
Hauriam oscula de te,
Quæ imbuta es magnete.

Quum vitiorum tempestas
Turbabat omnes semitas,
Apparuisti, Deitas,

Velut stella salutaris
In naufragiis amaris...
Suspendam cor tuis aris!

Piscina plena virtutis,
Fons æternæ juventutis,
Labris vocem redde mutis!

Quod erat spurcum, cremasti;
Quod rudius, exæquasti;
Quod debile, confirmasti.

In fame mea taberna,
In nocte mea lucerna,
Recte me semper guberna.

Adde nunc vires viribus,
Dulce balneum suavibus
Unguentatum odoribus!

Meos circa lumbos mica,
O castitatis lorica,
Aqua tincta seraphica;

Patera gemmis corusca,
Panis salsus, mollis esca,
Divinum vinum, Francisca!

* Voici la traduction de ce poème :

LOUANGES À MA CHÈRE FRANÇOISE

Je te chanterai sur des cordes nouvelles, / Ma chevrette qui t'amuses dans la solitude de mon cœur / Sois ornée de guirlandes, fille délicieuse, par qui les péchés ont rémission! / Comme du Léthé bénéfique, en toi je puiserai des baisers, femme magnétique. / Lorsque l'ouragan des vices me brouillait toutes les voies, tu m'es apparue, Déité, / Comme une étoile salutaire dans les amers naufrages... Je suspendrai mon cœur à tes autels! / Piscine pleine de vertu, source de jouvence éternelle, / Rends la voix à mes lèvres muettes. / Le sordide, tu l'as brûlé, tu l'as aplani, le chancelant, tu l'as affermi. / Auberge pour ma faim, lanterne pour ma nuit, guide-moi toujours sur le droit chemin. / Ajoute maintenant des forces à mes forces, bain suave aux effluves exquis. / Brille autour de mes reins, ô ma cuirasse de vertu, trempée d'eau séraphique; / Hannap rehaussé de gemmes, mon pain et mon sel, ma douce provende, divin breuvage, Françoise.

LXI

À UNE DAME CRÉOLE

Au pays parfumé que le soleil caresse,
J'ai connu, sous un dais d'arbres tout empourprés
Et de palmiers d'où pleut sur les yeux la paresse,
Une dame créole aux charmes ignorés.

Son teint est pâle et chaud; la brune enchanteresse
A dans le cou des airs noblement maniérés;
Grande et svelte en marchant comme une chasseresse,
Son sourire est tranquille et ses yeux assurés.

Si vous alliez, Madame, au vrai pays de gloire,
Sur les bords de la Seine ou de la verte Loire,
Belle digne d'orner les antiques manoirs,

Vous feriez, à l'abri des ombreuses retraites,
Germer mille sonnets dans le cœur des poëtes,
Que vos grands yeux rendraient plus soumis que vos
 [noirs.

LXII

MŒSTA ET ERRABUNDA [1]

Dis-moi, ton cœur, parfois, s'envole-t-il, Agathe,
Loin du noir océan de l'immonde cité,
Vers un autre océan où la splendeur éclate,
Bleu, clair, profond, ainsi que la virginité?
Dis-moi, ton cœur, parfois, s'envole-t-il, Agathe?

La mer, la vaste mer, console nos labeurs!
Quel démon a doté la mer, rauque chanteuse
Qu'accompagne l'immense orgue des vents grondeurs,
De cette fonction sublime de berceuse?
La mer, la vaste mer, console nos labeurs!

Emporte-moi, wagon! enlève-moi, frégate!
Loin! loin! ici la boue est faite de nos pleurs!
— Est-il vrai que parfois le triste cœur d'Agathe
Dise : Loin des remords, des crimes, des douleurs,
Emporte-moi, wagon, enlève-moi, frégate?

Comme vous êtes loin, paradis parfumé,
Où sous un clair azur tout n'est qu'amour et joie,
Où tout ce que l'on aime est digne d'être aimé,
Où dans la volupté pure le cœur se noie!
Comme vous êtes loin, paradis parfumé!

Mais le vert paradis des amours enfantines,
Les courses, les chansons, les baisers, les bouquets,
Les violons vibrant derrière les collines,
Avec les brocs de vin, le soir, dans les bosquets,
— Mais le vert paradis des amours enfantines,

L'innocent paradis, plein de plaisirs furtifs,
Est-il déjà plus loin que l'Inde et que la Chine?
Peut-on le rappeler avec des cris plaintifs,
Et l'animer encor d'une voix argentine,
L'innocent paradis plein de plaisirs furtifs?

1. « Rêveuse et vagabonde. »

LXIII

LE REVENANT

Comme les anges à l'œil fauve,
Je reviendrai dans ton alcôve
Et vers toi glisserai sans bruit
Avec les ombres de la nuit;

Et je te donnerai, ma brune,
Des baisers froids comme la lune
Et des caresses de serpent
Autour d'une fosse rampant.

Quand viendra le matin livide,
Tu trouveras ma place vide,
Où jusqu'au soir il fera froid.

Comme d'autres par la tendresse,
Sur ta vie et sur ta jeunesse,
Moi, je veux régner par l'effroi.

LXIV

SONNET D'AUTOMNE

Ils me disent, tes yeux, clairs comme le cristal :
« Pour toi, bizarre amant, quel est donc mon mérite? »
– Sois charmante et tais-toi! Mon cœur, que tout irrite,
Excepté la candeur de l'antique animal,

Ne veut pas te montrer son secret infernal,
Berceuse dont la main aux longs sommeils m'invite,
Ni sa noire légende avec la flamme écrite.
Je hais la passion et l'esprit me fait mal!

Aimons-nous doucement. L'Amour dans sa guérite,
Ténébreux, embusqué, bande son arc fatal.
Je connais les engins de son vieil arsenal :

Crime horreur et folie! – O pâle marguerite!
Comme moi n'es-tu pas un soleil automnal?
O ma si blanche, ô ma si froide Marguerite?

LXV

TRISTESSES DE LA LUNE

Ce soir, la lune rêve avec plus de paresse;
Ainsi qu'une beauté, sur de nombreux coussins,
Qui d'une main distraite et légère caresse
Avant de s'endormir le contour de ses seins,

Sur le dos satiné des molles avalanches,
Mourante, elle se livre aux longues pâmoisons,
Et promène ses yeux sur les visions blanches
Qui montent dans l'azur comme des floraisons.

Quand parfois sur ce globe, en sa langueur oisive,
Elle laisse filer une larme furtive,
Un poëte pieux, ennemi du sommeil,

Dans le creux de sa main prend cette larme pâle,
Aux reflets irisés comme un fragment d'opale,
Et la met dans son cœur loin des yeux du soleil.

LXVI

LES CHATS

LES amoureux fervents et les savants austères
Aiment également, dans leur mûre saison,
Les chats puissants et doux, orgueil de la maison,
Qui comme eux sont frileux et comme eux sédentaires.

Amis de la science et de la volupté,
Ils cherchent le silence et l'horreur des ténèbres;
L'Érèbe [1] les eût pris pour ses coursiers funèbres,
S'ils pouvaient au servage incliner leur fierté.

Ils prennent en songeant les nobles attitudes
Des grands sphinx allongés au fond des solitudes,
Qui semblent s'endormir dans un rêve sans fin;

Leurs reins féconds sont pleins d'étincelles magiques,
Et des parcelles d'or, ainsi qu'un sable fin,
Étoilent vaguement leurs prunelles mystiques.

LXVII

LES HIBOUX

SOUS les ifs noirs qui les abritent,
Les hiboux se tiennent rangés,
Ainsi que des dieux étrangers,
Dardant leur œil rouge. Ils méditent.

1. Autre nom des enfers, ou séjour des morts.

Sans remuer ils se tiendront
Jusqu'à l'heure mélancolique
Où, poussant le soleil oblique,
Les ténèbres s'établiront.

Leur attitude au sage enseigne
Qu'il faut en ce monde qu'il craigne
Le tumulte et le mouvement;

L'homme ivre d'une ombre qui passe
Porte toujours le châtiment
D'avoir voulu changer de place.

LXVIII

LA PIPE

JE suis la pipe d'un auteur;
On voit, à contempler ma mine
D'Abyssinienne ou de Cafrine,
Que mon maître est un grand fumeur.

Quand il est comblé de douleur,
Je fume comme la chaumine
Où se prépare la cuisine
Pour le retour du laboureur.

J'enlace et je berce son âme
Dans le réseau mobile et bleu
Qui monte de ma bouche en feu,

Et je roule un puissant dictame [1]
Qui charme son cœur et guérit
De ses fatigues son esprit.

1. Voir note p. 63.

LXIX

LA MUSIQUE

La musique souvent me prend comme une mer!
 Vers ma pâle étoile,
Sous un plafond de brume ou dans un vaste éther,
 Je mets à la voile;

La poitrine en avant et les poumons gonflés
 Comme de la toile,
J'escalade le dos des flots amoncelés
 Que la nuit me voile;

Je sens vibrer en moi toutes les passions
 D'un vaisseau qui souffre;
Le bon vent, la tempête et ses convulsions

 Sur l'immense gouffre
Me bercent. D'autres fois, calme plat, grand miroir
 De mon désespoir!

LXX

SÉPULTURE

Si par une nuit lourde et sombre
Un bon chrétien, par charité,
Derrière quelque vieux décombre
Enterre votre corps vanté,

A l'heure où les chastes étoiles
Ferment leurs yeux appesantis,
L'araignée y fera ses toiles,
Et la vipère ses petits;

Vous entendrez toute l'année
Sur votre tête condamnée
Les cris lamentables des loups

Et des sorcières faméliques,
Les ébats des vieillards lubriques
Et les complots des noirs filous.

LXXI

UNE GRAVURE FANTASTIQUE

Ce spectre singulier n'a pour toute toilette,
Grotesquement campé sur son front de squelette,
Qu'un diadème affreux sentant le carnaval.
Sans éperons, sans fouet, il essouffle un cheval,
Fantôme comme lui, rosse apocalyptique,
Qui bave des naseaux comme un épileptique.
Au travers de l'espace ils s'enfoncent tous deux,
Et foulent l'infini d'un sabot hasardeux.
Le cavalier promène un sabre qui flamboie
Sur les foules sans nom que sa monture broie,
Et parcourt, comme un prince inspectant sa maison,
Le cimetière immense et froid, sans horizon,
Où gisent, aux lueurs d'un soleil blanc et terne,
Les peuples de l'histoire ancienne et moderne.

LXXII

LE MORT JOYEUX

Dans une terre grasse et pleine d'escargots
Je veux creuser moi-même une fosse profonde,
Où je puisse à loisir étaler mes vieux os
Et dormir dans l'oubli comme un requin dans l'onde.

Je hais les testaments et je hais les tombeaux;
Plutôt que d'implorer une larme du monde,
Vivant, j'aimerais mieux inviter les corbeaux
A saigner tous les bouts de ma carcasse immonde.

O vers! noirs compagnons sans oreille et sans yeux,
Voyez venir à vous un mort libre et joyeux;
Philosophes viveurs, fils de la pourriture,

A travers ma ruine allez donc sans remords,
Et dites-moi s'il est encor quelque torture
Pour ce vieux corps sans âme et mort parmi les morts!

LXXIII

LE TONNEAU DE LA HAINE

La Haine est le tonneau des pâles Danaïdes [1];
La Vengeance éperdue aux bras rouges et forts
A beau précipiter dans ses ténèbres vides
De grands seaux pleins du sang et des larmes des morts,

Le Démon fait des trous secrets à ces abîmes,
Par où fuiraient mille ans de sueurs et d'efforts,
Quand même elle saurait ranimer ses victimes,
Et pour les pressurer ressusciter leurs corps.

La Haine est un ivrogne au fond d'une taverne,
Qui sent toujours la soif naître de la liqueur
Et se multiplier comme l'hydre de Lerne [2].

1. Filles légendaires de Danaos, condamnées à verser perpétuellement
aux enfers de l'eau dans un vase sans fond.
2. Monstre fabuleux, toujours renaissant, qu'Hercule parvint néan-
moins à terrasser.

– Mais les buveurs heureux connaissent leur vainqueur,
Et la Haine est vouée à ce sort lamentable
De ne pouvoir jamais s'endormir sous la table.

LXXIV

LA CLOCHE FÊLÉE

IL est amer et doux, pendant les nuits d'hiver,
D'écouter, près du feu qui palpite et qui fume,
Les souvenirs lointains lentement s'élever
Au bruit des carillons qui chantent dans la brume.

Bienheureuse la cloche au gosier vigoureux
Qui, malgré sa vieillesse, alerte et bien portante,
Jette fidèlement son cri religieux,
Ainsi qu'un vieux soldat qui veille sous la tente!

Moi, mon âme est fêlée, et lorsqu'en ses ennuis
Elle veut de ses chants peupler l'air froid des nuits,
Il arrive souvent que sa voix affaiblie

Semble le râle épais d'un blessé qu'on oublie
Au bord d'un lac de sang, sous un grand tas de morts,
Et qui meurt, sans bouger, dans d'immenses efforts.

LXXV

SPLEEN

PLUVIÔSE, irrité contre la ville entière,
De son urne à grands flots verse un froid ténébreux
Aux pâles habitants du voisin cimetière
Et la mortalité sur les faubourgs brumeux.

Mon chat sur le carreau cherchant une litière
Agite sans repos son corps maigre et galeux;
L'âme d'un vieux poëte erre dans la gouttière
Avec la triste voix d'un fantôme frileux.

Le bourdon se lamente, et la bûche enfumée
Accompagne en fausset la pendule enrhumée,
Cependant qu'en un jeu plein de sales parfums,

Héritage fatal d'une vieille hydropique,
Le beau valet de cœur et la dame de pique
Causent sinistrement de leurs amours défunts.

LXXVI

SPLEEN

J'AI plus de souvenirs que si j'avais mille ans.

Un gros meuble à tiroirs encombré de bilans,
De vers, de billets doux, de procès, de romances,
Avec de lourds cheveux roulés dans des quittances,
Cache moins de secrets que mon triste cerveau.
C'est une pyramide, un immense caveau,
Qui contient plus de morts que la fosse commune.
– Je suis un cimetière abhorré de la lune,
Où, comme des remords, se traînent de longs vers
Qui s'acharnent toujours sur mes morts les plus chers.
Je suis un vieux boudoir plein de roses fanées,
Où gît tout un fouillis de modes surannées,
Où les pastels plaintifs et les pâles Boucher [1],
Seuls, respirent l'odeur d'un flacon débouché.

1. Peintre français, 1703-1770.

Rien n'égale en longueur les boiteuses journées,
Quand sous les lourds floçons des neigeuses années
L'ennui, fruit de la morne incuriosité,
Prend les proportions de l'immortalité.
– Désormais tu n'es plus, ô matière vivante!
Qu'un granit entouré d'une vague épouvante,
Assoupi dans le fond d'un Saharah brumeux;
Un vieux sphinx ignoré du monde insoucieux,
Oublié sur la carte, et dont l'humeur farouche
Ne chante qu'aux rayons du soleil qui se couche.

LXXVII

SPLEEN

JE suis comme le roi d'un pays pluvieux,
Riche, mais impuissant, jeune et pourtant très vieux,
Qui, de ses précepteurs méprisant les courbettes,
S'ennuie avec ses chiens comme avec d'autres bêtes.
Rien ne peut l'égayer, ni gibier, ni faucon,
Ni son peuple mourant en face du balcon.
Du bouffon favori la grotesque ballade
Ne distrait plus le front de ce cruel malade;
Son lit fleurdelisé se transforme en tombeau,
Et les dames d'atour, pour qui tout prince est beau,
Ne savent plus trouver d'impudique toilette
Pour tirer un souris de ce jeune squelette.
Le savant qui lui fait de l'or n'a jamais pu
De son être extirper l'élément corrompu,
Et dans ces bains de sang qui des Romains nous viennent,
Et dont sur leurs vieux jours les puissants se souviennent,
Il n'a su réchauffer ce cadavre hébété
Où coule au lieu de sang l'eau verte du Léthé [1].

1. Un des fleuves des enfers, dont les eaux dispensaient l'oubli.

LXXVIII
SPLEEN

Quand le ciel bas et lourd pèse comme un couvercle
Sur l'esprit gémissant en proie aux longs ennuis,
Et que de l'horizon embrassant tout le cercle
Il nous verse un jour noir plus triste que les nuits;

Quand la terre est changée en un cachot humide,
Où l'Espérance, comme une chauve-souris,
S'en va battant les murs de son aile timide
Et se cognant la tête à des plafonds pourris;

Quand la pluie étalant ses immenses traînées
D'une vaste prison imite les barreaux,
Et qu'un peuple muet d'infâmes araignées
Vient tendre ses filets au fond de nos cerveaux,

Des cloches tout à coup sautent avec furie
Et lancent vers le ciel un affreux hurlement,
Ainsi que des esprits errants et sans patrie
Qui se mettent à geindre opiniâtrement.

– Et de longs corbillards, sans tambours ni musique,
Défilent lentement dans mon âme; l'Espoir,
Vaincu, pleure, et l'Angoisse atroce, despotique,
Sur mon crâne incliné plante son drapeau noir.

LXXIX
OBSESSION

Grands bois, vous m'effrayez comme des cathédrales;
Vous hurlez comme l'orgue; et dans nos cœurs maudits,
Chambres d'éternel deuil où vibrent de vieux râles,
Répondent les échos de vos *De profundis*.

Je te hais, Océan! tes bonds et tes tumultes,
Mon esprit les retrouve en lui; ce rire amer
De l'homme vaincu, plein de sanglots et d'insultes,
Je l'entends dans le rire énorme de la mer.

Comme tu me plairais, ô nuit! sans ces étoiles
Dont la lumière parle un langage connu!
Car je cherche le vide, et le noir, et le nu!

Mais les ténèbres sont elles-mêmes des toiles
Où vivent, jaillissant de mon œil par milliers,
Des êtres disparus aux regards familiers.

LXXX

LE GOUT DU NÉANT

Morne esprit, autrefois amoureux de la lutte,
L'Espoir, dont l'éperon attisait ton ardeur,
Ne veut plus t'enfourcher! Couche-toi sans pudeur,
Vieux cheval dont le pied à chaque obstacle bute.

Résigne-toi, mon cœur; dors ton sommeil de brute.

Esprit vaincu, fourbu! Pour toi, vieux maraudeur,
L'amour n'a plus de goût, non plus que la dispute;
Adieu donc, chants du cuivre et soupirs de la flûte!
Plaisirs, ne tentez plus un cœur sombre et boudeur!

Le Printemps adorable a perdu son odeur!

Et le Temps m'engloutit minute par minute,
Comme la neige immense un corps pris de roideur;
Je contemple d'en haut le globe en sa rondeur,
Et je n'y cherche plus l'abri d'une cahute.

Avalanche, veux-tu m'emporter dans ta chute?

LXXXI

ALCHIMIE DE LA DOULEUR

L'UN t'éclaire avec son ardeur,
L'autre en toi met son deuil, Nature!
Ce qui dit à l'un : Sépulture!
Dit à l'autre : Vie et splendeur!

Hermès [1] inconnu qui m'assistes
Et qui toujours m'intimidas,
Tu me rends l'égal de Midas [2],
Le plus triste des alchimistes;

Par toi je change l'or en fer
Et le paradis en enfer;
Dans le suaire des nuages

Je découvre un cadavre cher,
Et sur les célestes rivages
Je bâtis de grands sarcophages.

LXXXII

HORREUR SYMPATHIQUE

DE ce ciel bizarre et livide,
Tourmenté comme ton destin,
Quels pensers dans ton âme vide
Descendent? réponds, libertin.

1. Divinité grecque, dont l'un des attributs était d'introduire aux connaissances occultes.
2. Roi légendaire de Phrygie, doté par Dionysos du pouvoir de changer en or tout ce qu'il touchait.

 – Insatiablement avide
De l'obscur et de l'incertain,
Je ne geindrai pas comme Ovide [1]
Chassé du paradis latin.

Cieux déchirés comme des grèves,
En vous se mire mon orgueil;
Vos vastes nuages en deuil

Sont les corbillards de mes rêves,
Et vos lueurs sont le reflet
De l'Enfer où mon cœur se plaît.

1. Poète latin (– 43, + 17) qui mourut en exil.

LXXXIII

L'HÉAUTONTIMOROUMÉNOS [1]

A J.G.F.

JE te frapperai sans colère
Et sans haine, comme un boucher,
Comme Moïse le rocher!
Et je ferai de ta paupière,

Pour abreuver mon Saharah,
Jaillir les eaux de la souffrance.
Mon désir gonflé d'espérance
Sur tes pleurs salés nagera

Comme un vaisseau qui prend le large,
Et dans mon cœur qu'ils soûleront
Tes chers sanglots retentiront
Comme un tambour qui bat la charge!

1. Mot grec (« le bourreau de soi-même ») qui sert de titre à une comédie du Latin Térence.

Ne suis-je pas un faux accord
Dans la divine symphonie,
Grâce à la vorace Ironie
Qui me secoue et qui me mord?

Elle est dans ma voix, la criarde!
C'est tout mon sang, ce poison noir!
Je suis le sinistre miroir
Où la mégère se regarde!

Je suis la plaie et le couteau!
Je suis le soufflet et la joue!
Je suis les membres et la roue,
Et la victime et le bourreau!

Je suis de mon cœur le vampire,
– Un de ces grands abandonnés
Au rire éternel condamnés,
Et qui ne peuvent plus sourire!

LXXXIV

L'IRRÉMÉDIABLE

I

Une Idée, une Forme, un Être
Parti de l'azur et tombé
Dans un Styx[1] bourbeux et plombé
Où nul œil du Ciel ne pénètre;

Un Ange, imprudent voyageur
Qu'a tenté l'amour du difforme,
Au fond d'un cauchemar énorme
Se débattant comme un nageur,

1. Voir note 3, p. 51.

Et luttant, angoisses funèbres!
Contre un gigantesque remous
Qui va chantant comme les fous
Et pirouettant dans les ténèbres;

Un malheureux ensorcelé
Dans ses tâtonnements futiles,
Pour fuir d'un lieu plein de reptiles,
Cherchant la lumière et la clé;

Un damné descendant sans lampe,
Au bord d'un gouffre dont l'odeur
Trahit l'humide profondeur,
D'éternels escaliers sans rampe,

Où veillent des monstres visqueux
Dont les larges yeux de phosphore
Font une nuit plus noire encore
Et ne rendent visibles qu'eux;

Un navire pris dans le pôle,
Comme en un piège de cristal,
Cherchant par quel détroit fatal
Il est tombé dans cette geôle;

– Emblèmes nets, tableau parfait
D'une fortune irrémédiable,
Qui donne à penser que le Diable
Fait toujours bien tout ce qu'il fait!

II

Tête-à-tête sombre et limpide
Qu'un cœur devenu son miroir!
Puits de Vérité, clair et noir,
Où tremble une étoile livide,

Un phare ironique, infernal,
Flambeau des grâces sataniques,
Soulagement et gloire uniques,
– La conscience dans le Mal!

LXXXV

L'HORLOGE

Horloge! dieu sinistre, effrayant, impassible,
Dont le doigt nous menace et nous dit : *Souviens-toi!*
Les vibrantes Douleurs dans ton cœur plein d'effroi
Se planteront bientôt comme dans une cible;

Le Plaisir vaporeux fuira vers l'horizon
Ainsi qu'une sylphide au fond de la coulisse;
Chaque instant te dévore un morceau du délice
A chaque homme accordé pour toute sa saison.

Trois mille six cents fois par heure, la Seconde
Chuchote : *Souviens-toi!* – Rapide avec sa voix
D'insecte, Maintenant dit : Je suis Autrefois,
Et j'ai pompé ta vie avec ma trompe immonde!

Remember [1]! *Souviens-toi*, prodigue! *Esto memor* [1]!
(Mon gosier de métal parle toutes les langues.)
Les minutes, mortel folâtre, sont des gangues
Qu'il ne faut pas lâcher sans en extraire l'or!

Souviens-toi que le Temps est un joueur avide
Qui gagne sans tricher, à tout coup! c'est la loi.
Le jour décroît; la nuit augmente; *souviens-toi!*
Le gouffre a toujours soif; la clepsydre se vide.

Tantôt sonnera l'heure où le divin Hasard,
Où l'auguste Vertu, ton épouse encor vierge,
Où le Repentir même (oh! la dernière auberge!),
Où tout te dira : Meurs, vieux lâche! il est trop tard! »

1. *Souviens-toi*, en anglais et en latin.

TABLEAUX PARISIENS

LXXXVI

PAYSAGE

JE veux, pour composer chastement mes églogues,
Coucher auprès du ciel, comme les astrologues,
Et, voisin des clochers, écouter en rêvant
Leurs hymnes solennels emportés par le vent.
Les deux mains au menton, du haut de ma mansarde,
Je verrai l'atelier qui chante et qui bavarde;
Les tuyaux, les clochers, ces mâts de la cité,
Et les grands ciels qui font rêver d'éternité.

Il est doux, à travers les brumes, de voir naître
L'étoile dans l'azur, la lampe à la fenêtre,
Les fleuves de charbon monter au firmament
Et la lune verser son pâle enchantement.
Je verrai les printemps, les étés, les automnes;
Et quand viendra l'hiver aux neiges monotones,
Je fermerai partout portières et volets
Pour bâtir dans la nuit mes féeriques palais.
Alors je rêverai des horizons bleuâtres,
Des jardins, des jets d'eau pleurant dans les albâtres,
Des baisers, des oiseaux chantant soir et matin,
Et tout ce que l'Idylle a de plus enfantin.
L'Émeute, tempêtant vainement à ma vitre,
Ne fera pas lever mon front de mon pupitre;
Car je serai plongé dans cette volupté
D'évoquer le Printemps avec ma volonté,
De tirer un soleil de mon cœur, et de faire
De mes pensers brûlants une tiède atmosphère.

LXXXVII

LE SOLEIL

Le long du vieux faubourg, où pendent aux masures
Les persiennes, abri des secrètes luxures,
Quand le soleil cruel frappe à traits redoublés
Sur la ville et les champs, sur les toits et les blés,
Je vais m'exercer seul à ma fantasque escrime,
Flairant dans tous les coins les hasards de la rime,
Trébuchant sur les mots comme sur les pavés,
Heurtant parfois des vers depuis longtemps rêvés.

Ce père nourricier, ennemi des chloroses,
Éveille dans les champs les vers comme les roses;
Il fait s'évaporer les soucis vers le ciel,
Et remplit les cerveaux et les ruches de miel.
C'est lui qui rajeunit les porteurs de béquilles
Et les rend gais et doux comme des jeunes filles,
Et commande aux moissons de croître et de mûrir
Dans le cœur immortel qui toujours veut fleurir!

Quand, ainsi qu'un poëte, il descend dans les villes,
Il ennoblit le sort des choses les plus viles,
Et s'introduit en roi, sans bruit et sans valets,
Dans tous les hôpitaux et dans tous les palais.

LXXXVIII

A UNE MENDIANTE ROUSSE

Blanche fille aux cheveux roux,
Dont la robe par ses trous
Laisse voir la pauvreté
 Et la beauté,

Pour moi, poëte chétif,
Ton jeune corps maladif,
Plein de taches de rousseur,
 A sa douceur.

Tu portes plus galamment
Qu'une reine de roman
Ses cothurnes de velours
 Tes sabots lourds.

Au lieu d'un haillon trop court,
Qu'un superbe habit de cour
Traîne à plis bruyants et longs
 Sur tes talons;

En place de bas troués,
Que pour les yeux des roués
Sur ta jambe un poignard d'or
 Reluise encor;

Que des nœuds mal attachés
Dévoilent pour nos péchés
Tes deux beaux seins, radieux
 Comme des yeux;

Que pour te déshabiller
Tes bras se fassent prier
Et chassent à coups mutins
 Les doigts lutins;

Perles de la plus belle eau,
Sonnets de maître Belleau [1]
Par tes galants mis aux fers
 Sans cesse offerts,

Valetaille de rimeurs
Te dédiant leurs primeurs
Et contemplant ton soulier
 Sous l'escalier,

1. Poète de la Pléiade, contemporain de Ronsard.

Maint page épris du hasard,
Maint seigneur et maint Ronsard
Épieraient pour le déduit
 Ton frais réduit!

Tu compterais dans tes lits
Plus de baisers que de lis
Et rangerais sous tes lois
 Plus d'un Valois!

– Cependant tu vas gueusant
Quelque vieux débris gisant
Au seuil de quelque Véfour
 De carrefour;

Tu vas lorgnant en dessous
Des bijoux de vingt-neuf sous
Dont je ne puis, oh! pardon!
 Te faire don.

Va donc, sans autre ornement,
Parfum, perles, diamant,
Que ta maigre nudité,
 O ma beauté!

LXXXIX

LE CYGNE

A Victor Hugo.

I

ANDROMAQUE, je pense à vous! Ce petit fleuve,
Pauvre et triste miroir où jadis resplendit
L'immense majesté de vos douleurs de veuve,
Ce Simoïs menteur qui par vos pleurs grandit,

A fécondé soudain ma mémoire fertile,
Comme je traversais le nouveau Carrousel.
Le vieux Paris n'est plus (la forme d'une ville
Change plus vite, hélas! que le cœur d'un mortel);

Je ne vois qu'en esprit tout ce camp de baraques,
Ces tas de chapiteaux ébauchés et de fûts,
Les herbes, les gros blocs verdis par l'eau des flaques,
Et, brillant aux carreaux, le bric-à-brac confus.

Là s'étalait jadis une ménagerie;
Là je vis, un matin, à l'heure où sous les cieux
Froids et clairs le Travail s'éveille, où la voirie
Pousse un sombre ouragan dans l'air silencieux,

Un cygne qui s'était évadé de sa cage,
Et, de ses pieds palmés frottant le pavé sec,
Sur le sol raboteux traînait son blanc plumage.
Près d'un ruisseau sans eau la bête ouvrant le bec

Baignait nerveusement ses ailes dans la poudre,
Et disait, le cœur plein de son beau lac natal :
« Eau, quand donc pleuvras-tu? quand tonneras-tu,
 [foudre? »
Je vois ce malheureux, mythe étrange et fatal,

Vers le ciel quelquefois, comme l'homme d'Ovide [1],
Vers le ciel ironique et cruellement bleu,
Sur son cou convulsif tendant sa tête avide,
Comme s'il adressait des reproches à Dieu!

II

Paris change! mais rien dans ma mélancolie
N'a bougé! palais neufs, échafaudages, blocs,
Vieux faubourgs, tout pour moi devient allégorie,
Et mes chers souvenirs sont plus lourds que des rocs.

1. Poète latin (− 43, + 17), qui a raconté la légende d'Icare.

Aussi devant ce Louvre une image m'opprime :
Je pense à mon grand cygne, avec ses gestes fous,
Comme les exilés, ridicule et sublime,
Et rongé d'un désir sans trêve! et puis à vous,

Andromaque [2], des bras d'un grand époux tombée,
Vil bétail, sous la main du superbe Pyrrhus,
Auprès d'un tombeau vide en extase courbée;
Veuve d'Hector, hélas! et femme d'Hélénus!

Je pense à la négresse, amaigrie et phtisique,
Piétinant dans la boue, et cherchant, l'œil hagard,
Les cocotiers absents de la superbe Afrique
Derrière la muraille immense du brouillard;

A quiconque a perdu ce qui ne se retrouve
Jamais, jamais! à ceux qui s'abreuvent de pleurs
Et tettent la Douleur comme une bonne louve!
Aux maigres orphelins séchant comme des fleurs!

Ainsi dans la forêt où mon esprit s'exile
Un vieux Souvenir sonne à plein souffle du cor!
Je pense aux matelots oubliés dans une île,
Aux captifs, aux vaincus!... à bien d'autres encor!

XC

LES SEPT VIEILLARDS

A Victor Hugo.

FOURMILLANTE cité, cité pleine de rêves,
Où le spectre en plein jour raccroche le passant!
Les mystères partout coulent comme des sèves
Dans les canaux étroits du colosse puissant.

2. Héroïne du cycle de Troie et de la tragédie de Racine, fidèle au souvenir d'Hector, mais aimée de Pyrrhus. Elle épousa, selon la légende, Hélénos, successeur de Pyrrhus.

Un matin, cependant que dans la triste rue
Les maisons, dont la brume allongeait la hauteur,
Simulaient les deux quais d'une rivière accrue,
Et que, décor semblable à l'âme de l'acteur,

Un brouillard sale et jaune inondait tout l'espace,
Je suivais, roidissant mes nerfs comme un héros
Et discutant avec mon âme déjà lasse,
Le faubourg secoué par les lourds tombereaux.

Tout à coup, un vieillard dont les guenilles jaunes
Imitaient la couleur de ce ciel pluvieux,
Et dont l'aspect aurait fait pleuvoir les aumônes,
Sans la méchanceté qui luisait dans ses yeux,

M'apparut. On eût dit sa prunelle trempée
Dans le fiel; son regard aiguisait les frimas,
Et sa barbe à longs poils, roide comme une épée,
Se projetait, pareille à celle de Judas.

Il n'était pas voûté, mais cassé, son échine
Faisant avec sa jambe un parfait angle droit,
Si bien que son bâton, parachevant sa mine,
Lui donnait la tournure et le pas maladroit

D'un quadrupède infirme ou d'un juif à trois pattes.
Dans la neige et la boue il allait s'empêtrant,
Comme s'il écrasait des morts sous ses savates,
Hostile à l'univers plutôt qu'indifférent.

Son pareil le suivait : barbe, œil, dos, bâton, loques,
Nul trait ne distinguait, du même enfer venu,
Ce jumeau centenaire, et ces spectres baroques
Marchaient du même pas vers un but inconnu.

A quel complot infâme étais-je donc en butte,
Ou quel méchant hasard ainsi m'humiliait?
Car je comptai sept fois, de minute en minute,
Ce sinistre vieillard qui se multipliait!

Que celui-là qui rit de mon inquiétude,
Et qui n'est pas saisi d'un frisson fraternel,
Songe bien que malgré tant de décrépitude
Ces sept monstres hideux avaient l'air éternel!

Aurais-je, sans mourir, contemplé le huitième,
Sosie inexorable, ironique et fatal,
Dégoûtant Phénix [1], fils et père de lui-même?
– Mais je tournai le dos au cortège infernal.

Exaspéré comme un ivrogne qui voit double,
Je rentrai, je fermai ma porte, épouvanté,
Malade et morfondu, l'esprit fiévreux et trouble,
Blessé par le mystère et par l'absurdité!

Vainement ma raison voulait prendre la barre;
La tempête en jouant déroutait ses efforts,
Et mon âme dansait, dansait, vieille gabarre [2]
Sans mâts, sur une mer monstrueuse et sans bords!

XCI

LES PETITES VIEILLES

A Victor Hugo.

I

Dans les plis sinueux des vieilles capitales,
Où tout, même l'horreur, tourne aux enchantements,
Je guette, obéissant à mes humeurs fatales,
Des êtres singuliers, décrépits et charmants.

1. Oiseau fabuleux, qui renaissait de ses cendres.
2. Embarcation plate destinée aux transports de marchandises.

Ces monstres disloqués furent jadis des femmes,
Éponine [1] ou Laïs [2]! Monstres brisés, bossus
Ou tordus, aimons-les! ce sont encor des âmes.
Sous des jupons troués et sous de froids tissus

Ils rampent, flagellés par les bises iniques,
Frémissant au fracas roulant des omnibus,
Et serrant sur leur flanc, ainsi que des reliques,
Un petit sac brodé de fleurs ou de rébus;

Ils trottent, tout pareils à des marionnettes;
Se traînent, comme font les animaux blessés,
Ou dansent, sans vouloir danser, pauvres sonnettes
Où se pend un Démon sans pitié! Tout cassés

Qu'ils sont, ils ont des yeux perçants comme une vrille,
Luisants comme ces trous où l'eau dort dans la nuit;
Ils ont les yeux divins de la petite fille
Qui s'étonne et qui rit à tout ce qui reluit.

– Avez-vous observé que maints cercueils de vieilles
Sont presque aussi petits que celui d'un enfant?
La Mort savante met dans ces bières pareilles
Un symbole d'un goût bizarre et captivant,

Et lorsque j'entrevois un fantôme débile
Traversant de Paris le fourmillant tableau,
Il me semble toujours que cet être fragile
S'en va tout doucement vers un nouveau berceau;

A moins que, méditant sur la géométrie,
Je ne cherche, à l'aspect de ces membres discords,
Combien de fois il faut que l'ouvrier varie
La forme de la boîte où l'on met tous ces corps.

1. Épouse d'un résistant gaulois, qui le suivit dans la mort.
2. Courtisane grecque.

– Ces yeux sont des puits faits d'un million de larmes,
Des creusets qu'un métal refroidi pailleta...
Ces yeux mystérieux ont d'invincibles charmes
Pour celui que l'austère Infortune allaita!

II

De Frascati [3] défunt Vestale [4] enamourée;
Prêtresse de Thalie [5], hélas! dont le souffleur
Enterré sait le nom; célèbre évaporée
Que Tivoli [6] jadis ombragea dans sa fleur,

Toutes m'enivrent! mais parmi ces êtres frêles
Il en est qui, faisant de la douleur un miel,
Ont dit au Dévouement qui leur prêtait ses ailes :
Hippogriffe [7] puissant, mène-moi jusqu'au ciel!

L'une, par sa patrie au malheur exercée,
L'autre, que son époux surchargea de douleurs,
L'autre, par son enfant Madone transpercée,
Toutes auraient pu faire un fleuve avec leurs pleurs!

III

Ah! que j'en ai suivi de ces petites vieilles!
Une, entre autres, à l'heure où le soleil tombant
Ensanglante le ciel de blessures vermeilles,
Pensive, s'asseyait à l'écart sur un banc,

Pour entendre un de ces concerts, riches de cuivre,
Dont les soldats parfois inondent nos jardins,
Et qui, dans ces soirs d'or où l'on se sent revivre,
Versent quelque héroïsme au cœur des citadins.

3. Lieu de plaisir célèbre, démoli en 1837.
4. Vierge gardienne du feu sacré, à Rome.
5. Muse de la comédie.
6. Jardins.
7. Animal fabuleux, cheval et oiseau à la fois.

Celle-là, droite encor, fière et sentant la règle,
Humait avidement ce chant vif et guerrier;
Son œil parfois s'ouvrait comme l'œil d'un vieil aigle;
Son front de marbre avait l'air fait pour le laurier!

IV

Telles vous cheminez, stoïques et sans plaintes,
A travers le chaos des vivantes cités,
Mères au cœur saignant, courtisanes ou saintes,
Dont autrefois les noms par tous étaient cités.

Vous qui fûtes la grâce ou qui fûtes la gloire,
Nul ne vous reconnaît! un ivrogne incivil
Vous insulte en passant d'un amour dérisoire;
Sur vos talons gambade un enfant lâche et vil.

Honteuses d'exister, ombres ratatinées,
Peureuses, le dos bas, vous côtoyez les murs;
Et nul ne vous salue, étranges destinées!
Débris d'humanité pour l'éternité mûrs!

Mais moi, moi qui de loin tendrement vous surveille,
L'œil inquiet, fixé sur vos pas incertains,
Tout comme si j'étais votre père, ô merveille!
Je goûte à votre insu des plaisirs clandestins :

Je vois s'épanouir vos passions novices;
Sombres ou lumineux, je vis vos jours perdus;
Mon cœur multiplié jouit de tous vos vices!
Mon âme resplendit de toutes vos vertus!

Ruines! ma famille! ô cerveaux congénères!
Je vous fais chaque soir un solennel adieu!
Où serez-vous demain, Èves octogénaires,
Sur qui pèse la griffe effroyable de Dieu?

XCII

LES AVEUGLES

CONTEMPLE-LES, mon âme; ils sont vraiment affreux!
Pareils aux mannequins; vaguement ridicules;
Terribles, singuliers comme les somnambules;
Dardant on ne sait où leurs globes ténébreux.

Leurs yeux, d'où la divine étincelle est partie,
Comme s'ils regardaient au loin, restent levés
Au ciel; on ne les voit jamais vers les pavés
Pencher rêveusement leur tête appesantie.

Ils traversent ainsi le noir illimité,
Ce frère du silence éternel. O cité!
Pendant qu'autour de nous tu chantes, ris et beugles.

Éprise du plaisir jusqu'à l'atrocité,
Vois! je me traîne aussi! mais, plus qu'eux hébété,
Je dis : Que cherchent-ils au Ciel, tous ces aveugles?

XCIII

A UNE PASSANTE

LA rue assourdissante autour de moi hurlait.
Longue, mince, en grand deuil, douleur majestueuse,
Une femme passa, d'une main fastueuse
Soulevant, balançant le feston et l'ourlet;

Agile et noble, avec sa jambe de statue.
Moi, je buvais, crispé comme un extravagant,
Dans son œil, ciel livide où germe l'ouragan,
La douceur qui fascine et le plaisir qui tue.

Un éclair... puis la nuit! – Fugitive beauté
Dont le regard m'a fait soudainement renaître,
Ne te verrai-je plus que dans l'éternité?

Ailleurs, bien loin d'ici! trop tard! *jamais* peut-être!
Car j'ignore où tu fuis, tu ne sais où je vais,
O toi que j'eusse aimée, ô toi qui le savais!

XCIV

LE SQUELETTE LABOUREUR

I

Dans les planches d'anatomie
Qui traînent sur ces quais poudreux
Où maint livre cadavéreux
Dort comme une antique momie,

Dessins auxquels la gravité
Et le savoir d'un vieil artiste,
Bien que le sujet en soit triste,
Ont communiqué la Beauté,

On voit, ce qui rend plus complètes
Ces mystérieuses horreurs,
Bêchant comme des laboureurs,
Des Écorchés et des Squelettes.

II

De ce terrain que vous fouillez,
Manants résignés et funèbres,
De tout l'effort de vos vertèbres,
Ou de vos muscles dépouillés,

Dites, quelle moisson étrange,
Forçats arrachés au charnier,
Tirez-vous, et de quel fermier
Avez-vous à remplir la grange?

Voulez-vous (d'un destin trop dur
Épouvantable et clair emblème!)
Montrer que dans la fosse même
Le sommeil promis n'est pas sûr;

Qu'envers nous le Néant est traître;
Que tout, même la Mort, nous ment,
Et que sempiternellement,
Hélas! il nous faudra peut-être

Dans quelque pays inconnu
Écorcher la terre revêche
Et pousser une lourde bêche
Sous notre pied sanglant et nu?

XCV

LE CRÉPUSCULE DU SOIR

Voici le soir charmant, ami du criminel;
Il vient comme un complice, à pas de loup; le ciel
Se ferme lentement comme une grande alcôve,
Et l'homme impatient se change en bête fauve.

O soir, aimable soir, désiré par celui
Dont les bras, sans mentir, peuvent dire : Aujourd'hui
Nous avons travaillé! – C'est le soir qui soulage
Les esprits que dévore une douleur sauvage,
Le savant obstiné dont le front s'alourdit,
Et l'ouvrier courbé qui regagne son lit.
Cependant des démons malsains dans l'atmosphère

S'éveillent lourdement, comme des gens d'affaire,
Et cognent en volant les volets et l'auvent.
A travers les lueurs que tourmente le vent
La Prostitution s'allume dans les rues;
Comme une fourmilière elle ouvre ses issues;
Partout elle se fraye un occulte chemin,
Ainsi que l'ennemi qui tente un coup de main;
Elle remue au sein de la cité de fange
Comme un ver qui dérobe à l'Homme ce qu'il mange.
On entend çà et là les cuisines siffler,
Les théâtres glapir, les orchestres ronfler;
Les tables d'hôte, dont le jeu fait les délices,
S'emplissent de catins et d'escrocs, leurs complices,
Et les voleurs, qui n'ont ni trêve ni merci,
Vont bientôt commencer leur travail, eux aussi,
Et forcer doucement les portes et les caisses
Pour vivre quelques jours et vêtir leurs maîtresses.

Recueille-toi, mon âme, en ce grave moment,
Et ferme ton oreille à ce rugissement.
C'est l'heure où les douleurs des malades s'aigrissent!
La sombre Nuit les prend à la gorge; ils finissent
Leur destinée et vont vers le gouffre commun;
L'hôpital se remplit de leurs soupirs. – Plus d'un
Ne viendra plus chercher la soupe parfumée,
Au coin du feu, le soir, auprès d'une âme aimée.

Encore la plupart n'ont-ils jamais connu
La douceur du foyer et n'ont jamais vécu!

XCVI

LE JEU

Dans des fauteuils fanés des courtisanes vieilles,
Pâles, le sourcil peint, l'œil câlin et fatal,
Minaudant, et faisant de leurs maigres oreilles
Tomber un cliquetis de pierre et de métal;

Autour des verts tapis des visages sans lèvre,
Des lèvres sans couleur, des mâchoires sans dent,
Et des doigts convulsés d'une infernale fièvre,
Fouillant la poche vide ou le sein palpitant;

Sous de sales plafonds un rang de pâles lustres
Et d'énormes quinquets projetant leurs lueurs
Sur des fronts ténébreux de poëtes illustres
Qui viennent gaspiller leurs sanglantes sueurs;

Voilà le noir tableau qu'en un rêve nocturne
Je vis se dérouler sous mon œil clairvoyant.
Moi-même, dans un coin de l'antre taciturne,
Je me vis accoudé, froid, muet, enviant,

Enviant de ces gens la passion tenace,
De ces vieilles putains la funèbre gaieté,
Et tous gaillardement trafiquant à ma face,
L'un de son vieil honneur, l'autre de sa beauté!

Et mon cœur s'effraya d'envier maint pauvre homme
Courant avec ferveur à l'abîme béant,
Et qui, soûl de son sang, préférerait en somme
La douleur à la mort et l'enfer au néant!

XCVII

DANSE MACABRE

A Ernest Christophe.

Fière, autant qu'un vivant, de sa noble stature,
Avec son gros bouquet, son mouchoir et ses gants,
Elle a la nonchalance et la désinvolture
D'une coquette maigre aux airs extravagants.

Vit-on jamais au bal une taille plus mince?
Sa robe exagérée, en sa royale ampleur,
S'écroule abondamment sur un pied sec que pince
Un soulier pomponné, joli comme une fleur.

La ruche qui se joue au bord des clavicules,
Comme un ruisseau lascif qui se frotte au rocher,
Défend pudiquement des lazzi ridicules
Les funèbres appas qu'elle tient à cacher.

Ses yeux profonds sont faits de vide et de ténèbres,
Et son crâne, de fleurs artistement coiffé,
Oscille mollement sur ses frêles vertèbres.
O charme d'un néant follement attifé!

Aucuns t'appelleront une caricature,
Qui ne comprennent pas, amants ivres de chair,
L'élégance sans nom de l'humaine armature.
Tu réponds, grand squelette, à mon goût le plus cher!

Viens-tu troubler, avec ta puissante grimace,
La fête de la Vie? Ou quelque vieux désir,
Éperonnant encor ta vivante carcasse,
Te pousse-t-il, crédule, au sabbat du Plaisir?

Au chant des violons, aux flammes des bougies,
Espères-tu chasser ton cauchemar moqueur,
Et viens-tu demander au torrent des orgies
De rafraîchir l'enfer allumé dans ton cœur?

Inépuisable puits de sottise et de fautes!
De l'antique douleur éternel alambic!
A travers le treillis recourbé de tes côtes
Je vois, errant encor, l'insatiable aspic.

Pour dire vrai, je crains que ta coquetterie
Ne trouve pas un prix digne de ses efforts;
Qui, de ces cœurs mortels, entend la raillerie?
Les charmes de l'horreur n'enivrent que les forts!

Le gouffre de tes yeux, plein d'horribles pensées,
Exhale le vertige, et les danseurs prudents
Ne contempleront pas sans d'amères nausées
Le sourire éternel de tes trente-deux dents.

Pourtant, qui n'a serré dans ses bras un squelette,
Et qui ne s'est nourri des choses du tombeau?
Qu'importe le parfum, l'habit ou la toilette?
Qui fait le dégoûté montre qu'il se croit beau.

Bayadère sans nez, irrésistible gouge,
Dis donc à ces danseurs qui font les offusqués :
« Fiers mignons, malgré l'art des poudres et du rouge,
Vous sentez tous la mort! O squelettes musqués,

Antinoüs flétris, dandys à face glabre,
Cadavres vernissés, lovelaces chenus,
Le branle universel de la danse macabre
Vous entraîne en des lieux qui ne sont pas connus!

Des quais froids de la Seine aux bords brûlants du Gange,
Le troupeau mortel saute et se pâme, sans voir
Dans un trou du plafond la trompette de l'Ange
Sinistrement béante ainsi qu'un tromblon noir.

En tout climat, sous tout soleil, la Mort t'admire
En tes contorsions, risible Humanité,
Et souvent, comme toi, se parfumant de myrrhe,
Mêle son ironie à ton insanité! »

XCVIII

L'AMOUR DU MENSONGE

Quand je te vois passer, ô ma chère indolente,
Au chant des instruments qui se brise au plafond
Suspendant ton allure harmonieuse et lente,
Et promenant l'ennui de ton regard profond;

Quand je contemple, aux feux du gaz qui le colore,
Ton front pâle, embelli par un morbide attrait,
Où les torches du soir allument une aurore,
Et tes yeux attirants comme ceux d'un portrait,

Je me dis : Qu'elle est belle! et bizarrement fraîche!
Le souvenir massif, royale et lourde tour,
La couronne, et son cœur, meurtri comme une pêche,
Est mûr, comme son corps, pour le savant amour.

Es-tu le fruit d'automne aux saveurs souveraines?
Es-tu vase funèbre attendant quelques pleurs,
Parfum qui fait rêver aux oasis lointaines,
Oreiller caressant, ou corbeille de fleurs?

Je sais qu'il est des yeux, des plus mélancoliques,
Qui ne recèlent point de secrets précieux;
Beaux écrins sans joyaux, médaillons sans reliques,
Plus vides, plus profonds que vous-mêmes, ô Cieux!

Mais ne suffit-il pas que tu sois l'apparence,
Pour réjouir un cœur qui fuit la vérité?
Qu'importe ta bêtise ou ton indifférence?
Masque ou décor, salut! J'adore ta beauté.

XCIX

Je n'ai pas oublié, voisine de la ville,
Notre blanche maison, petite mais tranquille;
Sa Pomone [1] de plâtre et sa vieille Vénus
Dans un bosquet chétif cachant leurs membres nus,
Et le soleil, le soir, ruisselant et superbe,
Qui, derrière la vitre où se brisait sa gerbe,
Semblait, grand œil ouvert dans le ciel curieux,
Contempler nos dîners longs et silencieux,
Répandant largement ses beaux reflets de cierge
Sur la nappe frugale et les rideaux de serge.

C

La servante au grand cœur dont vous étiez jalouse,
Et qui dort son sommeil sous une humble pelouse,
Nous devrions pourtant lui porter quelques fleurs.
Les morts, les pauvres morts, ont de grandes douleurs,
Et quand Octobre souffle, émondeur des vieux arbres,
Son vent mélancolique à l'entour de leurs marbres,
Certe, ils doivent trouver les vivants bien ingrats,
A dormir, comme ils font, chaudement dans leurs draps,
Tandis que, dévorés de noires songeries,
Sans compagnon de lit, sans bonnes causeries,

1. Déesse des fruits.

Vieux squelettes gelés travaillés par le ver,
Ils sentent s'égoutter les neiges de l'hiver
Et le siècle couler, sans qu'amis ni famille
Remplacent les lambeaux qui pendent à leur grille.

Lorsque la bûche siffle et chante, si le soir,
Calme, dans le fauteuil je la voyais s'asseoir,
Si, par une nuit bleue et froide de décembre,
Je la trouvais tapie en un coin de ma chambre,
Grave, et venant du fond de son lit éternel
Couver l'enfant grandi de son œil maternel,
Que pourrais-je répondre à cette âme pieuse,
Voyant tomber des pleurs de sa paupière creuse?

CI

BRUMES ET PLUIES

O fins d'automne, hivers, printemps trempés de boue,
Endormeuses saisons! je vous aime et vous loue
D'envelopper ainsi mon cœur et mon cerveau
D'un linceul vaporeux et d'un vague tombeau.

Dans cette grande plaine où l'autan froid se joue,
Où par les longues nuits la girouette s'enroue,
Mon âme mieux qu'au temps du tiède renouveau
Ouvrira largement ses ailes de corbeau.

Rien n'est plus doux au cœur plein de choses funèbres,
Et sur qui dès longtemps descendent les frimas,
O blafardes saisons, reines de nos climats,

Que l'aspect permanent de vos pâles ténèbres,
– Si ce n'est, par un soir sans lune, deux à deux,
D'endormir la douleur sur un lit hasardeux.

CII

RÊVE PARISIEN

A Constantin Guys.

I

De ce terrible paysage,
Tel que jamais mortel n'en vit,
Ce matin encore l'image,
Vague et lointaine, me ravit.

Le sommeil est plein de miracles!
Par un caprice singulier,
J'avais banni de ces spectacles
Le végétal irrégulier,

Et, peintre fier de mon génie,
Je savourais dans mon tableau
L'enivrante monotonie
Du métal, du marbre et de l'eau.

Babel d'escaliers et d'arcades,
C'était un palais infini,
Plein de bassins et de cascades
Tombant dans l'or mat ou bruni;

Et des cataractes pesantes,
Comme des rideaux de cristal,
Se suspendaient, éblouissantes,
A des murailles de métal.

Non d'arbres, mais de colonnades
Les étangs dormants s'entouraient,
Où de gigantesques naïades,
Comme des femmes, se miraient.

Des nappes d'eau s'épanchaient, bleues,
Entre des quais roses et verts,
Pendant des millions de lieues,
Vers les confins de l'univers;

C'étaient des pierres inouïes
Et des flots magiques; c'étaient
D'immenses glaces éblouies
Par tout ce qu'elles reflétaient!

Insouciants et taciturnes,
Des Ganges, dans le firmament,
Versaient le trésor de leurs urnes
Dans des gouffres de diamant.

Architecte de mes féeries,
Je faisais, à ma volonté,
Sous un tunnel de pierreries
Passer un océan dompté;

Et tout, même la couleur noire,
Semblait fourbi, clair, irisé;
Le liquide enchâssait sa gloire
Dans le rayon cristallisé.

Nul astre d'ailleurs, nuls vestiges
De soleil, même au bas du ciel,
Pour illuminer ces prodiges,
Qui brillaient d'un feu personnel!

Et sur ces mouvantes merveilles
Planait (terrible nouveauté!
Tout pour l'œil, rien pour les oreilles!)
Un silence d'éternité.

II

En rouvrant mes yeux pleins de flamme
J'ai vu l'horreur de mon taudis,
Et senti, rentrant dans mon âme,
La pointe des soucis maudits;

La pendule aux accents funèbres
Sonnait brutalement midi,
Et le ciel versait des ténèbres
Sur le triste monde engourdi.

CIII

LE CRÉPUSCULE DU MATIN

La diane chantait dans les cours des casernes,
Et le vent du matin soufflait sur les lanternes.

C'était l'heure où l'essaim des rêves malfaisants
Tord sur leurs oreillers les bruns adolescents;
Où, comme un œil sanglant qui palpite et qui bouge,
La lampe sur le jour fait une tache rouge;
Où l'âme, sous le poids du corps revêche et lourd,
Imite les combats de la lampe et du jour.
Comme un visage en pleurs que les brises essuient,
L'air est plein du frisson des choses qui s'enfuient,
Et l'homme est las d'écrire et la femme d'aimer.

Les maisons çà et là commençaient à fumer.
Les femmes de plaisir, la paupière livide,
Bouche ouverte, dormaient de leur sommeil stupide;
Les pauvresses, traînant leurs seins maigres et froids,
Soufflaient sur leurs tisons et soufflaient sur leurs doigts.

C'était l'heure où parmi le froid et la lésine
S'aggravent les douleurs des femmes en gésine;
Comme un sanglot coupé par un sang écumeux
Le chant du coq au loin déchirait l'air brumeux;
Une mer de brouillards baignait les édifices,
Et les agonisants dans le fond des hospices
Poussaient leur dernier râle en hoquets inégaux.
Les débauchés rentraient, brisés par leurs travaux.

L'aurore grelottante en robe rose et verte
S'avançait lentement sur la Seine déserte,
Et le sombre Paris, en se frottant les yeux,
Empoignait ses outils, vieillard laborieux.

LE VIN

L'ÂME DU VIN

Un soir, l'âme du vin chantait dans les bouteilles :
« Homme, vers toi je pousse, ô cher déshérité,
Sous ma prison de verre et mes cires vermeilles,
Un chant plein de lumière et de fraternité!

Je sais combien il faut, sur la colline en flamme,
De peine, de sueur et de soleil cuisant
Pour engendrer ma vie et pour me donner l'âme;
Mais je ne serai point ingrat ni malfaisant,

Car j'éprouve une joie immense quand je tombe
Dans le gosier d'un homme usé par ses travaux,
Et sa chaude poitrine est une douce tombe
Où je me plais bien mieux que dans mes froids caveaux.

Entends-tu retentir les refrains des dimanches
Et l'espoir qui gazouille en mon sein palpitant?
Les coudes sur la table et retroussant tes manches,
Tu me glorifieras et tu seras content;

J'allumerai les yeux de ta femme ravie;
A ton fils je rendrai sa force et ses couleurs
Et serai pour ce frêle athlète de la vie
L'huile qui raffermit les muscles des lutteurs.

En toi je tomberai, végétale ambroisie,
Grain précieux jeté par l'éternel Semeur,
Pour que de notre amour naisse la poésie
Qui jaillira vers Dieu comme une rare fleur! »

CV

LE VIN DES CHIFFONNIERS

Souvent, à la clarté rouge d'un réverbère
Dont le vent bat la flamme et tourmente le verre,
Au cœur d'un vieux faubourg, labyrinthe fangeux
Où l'humanité grouille en ferments orageux,

On voit un chiffonnier qui vient, hochant la tête,
Butant, et se cognant aux murs comme un poëte,
Et, sans prendre souci des mouchards, ses sujets,
Épanche tout son cœur en glorieux projets.

Il prête des serments, dicte des lois sublimes,
Terrasse les méchants, relève les victimes,
Et sous le firmament comme un dais suspendu
S'enivre des splendeurs de sa propre vertu.

Oui, ces gens harcelés de chagrins de ménage,
Moulus par le travail et tourmentés par l'âge,
Éreintés et pliant sous un tas de débris,
Vomissement confus de l'énorme Paris,

Reviennent, parfumés d'une odeur de futailles,
Suivis de compagnons, blanchis dans les batailles,
Dont la moustache pend comme les vieux drapeaux.
Les bannières, les fleurs et les arcs triomphaux

Se dressent devant eux, solennelle magie!
Et dans l'étourdissante et lumineuse orgie

Des clairons, du soleil, des cris et du tambour,
Ils apportent la gloire au peuple ivre d'amour!

C'est ainsi qu'à travers l'Humanité frivole
Le vin roule de l'or, éblouissant Pactole;
Par le gosier de l'homme il chante ses exploits
Et règne par ses dons ainsi que les vrais rois.

Pour noyer la rancœur et bercer l'indolence
De tous ces vieux maudits qui meurent en silence,
Dieu, touché de remords, avait fait le sommeil;
L'Homme ajouta le Vin, fils sacré du Soleil!

CVI

LE VIN DE L'ASSASSIN

Ma femme est morte, je suis libre!
Je puis donc boire tout mon soûl.
Lorsque je rentrais sans un sou,
Ses cris me déchiraient la fibre.

Autant qu'un roi je suis heureux;
L'air est pur, le ciel admirable...
Nous avions un été semblable
Lorsque j'en devins amoureux!

L'horrible soif qui me déchire
Aurait besoin pour s'assouvir
D'autant de vin qu'en peut tenir
Son tombeau; – ce n'est pas peu dire :

Je l'ai jetée au fond d'un puits,
Et j'ai même poussé sur elle
Tous les pavés de la margelle.
– Je l'oublierai si je le puis!

Au nom des serments de tendresse,
Dont rien ne peut nous délier,
Et pour nous réconcilier
Comme au beau temps de notre ivresse,

J'implorai d'elle un rendez-vous,
Le soir, sur une route obscure.
Elle y vint! – folle créature!
Nous sommes tous plus ou moins fous!

Elle était encore jolie,
Quoique bien fatiguée! et moi,
Je l'aimais trop! voilà pourquoi
Je lui dis : Sors de cette vie!

Nul ne peut me comprendre. Un seul
Parmi ces ivrognes stupides
Songea-t-il dans ses nuits morbides
A faire du vin un linceul?

Cette crapule invulnérable
Comme les machines de fer
Jamais, ni l'été ni l'hiver,
N'a connu l'amour véritable,

Avec ses noirs enchantements,
Son cortège infernal d'alarmes,
Ses fioles de poison, ses larmes,
Ses bruits de chaîne et d'ossements!

– Me voilà libre et solitaire!
Je serai ce soir ivre mort;
Alors, sans peur et sans remord,
Je me coucherai sur la terre,

Et je dormirai comme un chien!
Le chariot aux lourdes roues
Chargé de pierres et de boues,
Le wagon enragé peut bien

Écraser ma tête coupable
Ou me couper par le milieu,
Je m'en moque comme de Dieu,
Du Diable ou de la Sainte Table!

CVII

LE VIN DU SOLITAIRE

Le regard singulier d'une femme galante
Qui se glisse vers nous comme le rayon blanc
Que la lune onduleuse envoie au lac tremblant,
Quand elle y veut baigner sa beauté nonchalante;

Le dernier sac d'écus dans les doigts d'un joueur;
Un baiser libertin de la maigre Adeline;
Les sons d'une musique énervante et câline,
Semblable au cri lointain de l'humaine douleur,

Tout cela ne vaut pas, ô bouteille profonde,
Les baumes pénétrants que ta panse féconde
Garde au cœur altéré du poëte pieux;

Tu lui verses l'espoir, la jeunesse et la vie,
– Et l'orgueil, ce trésor de toute gueuserie,
Qui nous rend triomphants et semblables aux Dieux!

CVIII

LE VIN DES AMANTS

Aujourd'hui l'espace est splendide!
Sans mors, sans éperons, sans bride,
Partons à cheval sur le vin
Pour un ciel féerique et divin!

Comme deux anges que torture
Une implacable calenture,
Dans le bleu cristal du matin
Suivons le mirage lointain!

Mollement balancés sur l'aile
Du tourbillon intelligent,
Dans un délire parallèle,

Ma sœur, côte à côte nageant,
Nous fuirons sans repos ni trêves
Vers le paradis de mes rêves!

FLEURS DU MAL

CIX

LA DESTRUCTION

Sans cesse à mes côtés s'agite le Démon;
Il nage autour de moi comme un air impalpable;
Je l'avale et le sens qui brûle mon poumon
Et l'emplit d'un désir éternel et coupable.

Parfois il prend, sachant mon grand amour de l'Art,
La forme de la plus séduisante des femmes,
Et, sous de spécieux prétextes de cafard,
Accoutume ma lèvre à des philtres infâmes.

Il me conduit ainsi, loin du regard de Dieu,
Haletant et brisé de fatigue, au milieu
Des plaines de l'Ennui, profondes et désertes,

Et jette dans mes yeux pleins de confusion
Des vêtements souillés, des blessures ouvertes,
Et l'appareil sanglant de la Destruction!

CX

UNE MARTYRE

DESSIN D'UN MAÎTRE INCONNU

Au milieu des flacons, des étoffes lamées
 Et des meubles voluptueux,
Des marbres, des tableaux, des robes parfumées
 Qui traînent à plis somptueux,

Dans une chambre tiède où, comme en une serre,
 L'air est dangereux et fatal,
Où des bouquets mourants dans leurs cercueils de verre
 Exhalent leur soupir final,

Un cadavre sans tête épanche, comme un fleuve,
 Sur l'oreiller désaltéré
Un sang rouge et vivant, dont la toile s'abreuve
 Avec l'avidité d'un pré.

Semblable aux visions pâles qu'enfante l'ombre
 Et qui nous enchaînent les yeux,
La tête, avec l'amas de sa crinière sombre
 Et de ses bijoux précieux,

Sur la table de nuit, comme une renoncule,
 Repose; et, vide de pensers,
Un regard vague et blanc comme le crépuscule
 S'échappe des yeux révulsés.

Sur le lit, le tronc nu sans scrupules étale
 Dans le plus complet abandon
La secrète splendeur et la beauté fatale
 Dont la nature lui fit don;

Un bas rosâtre, orné de coins d'or, à la jambe,
 Comme un souvenir est resté;
La jarretière, ainsi qu'un œil secret qui flambe,
 Darde un regard diamanté.

Le singulier aspect de cette solitude
 Et d'un grand portrait langoureux,
Aux yeux provocateurs comme son attitude,
 Révèle un amour ténébreux,

Une coupable joie et des fêtes étranges
 Pleines de baisers infernaux,
Dont se réjouissait l'essaim de mauvais anges
 Nageant dans les plis des rideaux;

Et cependant, à voir la maigreur élégante
 De l'épaule au contour heurté,
La hanche un peu pointue et la taille fringante
 Ainsi qu'un reptile irrité,

Elle est bien jeune encor! – Son âme exaspérée
 Et ses sens par l'ennui mordus
S'étaient-ils entr'ouverts à la meute altérée
 Des désirs errants et perdus?

L'homme vindicatif que tu n'as pu, vivante,
 Malgré tant d'amour, assouvir,
Combla-t-il sur ta chair inerte et complaisante
 L'immensité de son désir?

Réponds, cadavre impur! et par tes tresses roides
 Te soulevant d'un bras fiévreux,
Dis-moi, tête effrayante, a-t-il sur tes dents froides
 Collé les suprêmes adieux?

– Loin du monde railleur, loin de la foule impure,
 Loin des magistrats curieux,
Dors en paix, dors en paix, étrange créature,
 Dans ton tombeau mystérieux;

Ton époux court le monde, et ta forme immortelle
 Veille près de lui quand il dort;
Autant que toi sans doute il te sera fidèle,
 Et constant jusques à la mort.

CXI

FEMMES DAMNÉES

COMME un bétail pensif sur le sable couchées,
Elles tournent leurs yeux vers l'horizon des mers,
Et leurs pieds se cherchant et leurs mains rapprochées
Ont de douces langueurs et des frissons amers.

Les unes, cœurs épris des longues confidences,
Dans le fond des bosquets où jasent les ruisseaux,
Vont épelant l'amour des craintives enfances
Et creusent le bois vert des jeunes arbrisseaux;

D'autres, comme des sœurs, marchent lentes et graves
A travers les rochers pleins d'apparitions,
Où saint Antoine a vu surgir comme des laves
Les seins nus et pourprés de ses tentations;

Il en est, aux lueurs des résines croulantes,
Qui dans le creux muet des vieux antres païens
T'appellent au secours de leurs fièvres hurlantes,
O Bacchus, endormeur des remords anciens!

Et d'autres, dont la gorge aime les scapulaires
Qui, recélant un fouet sous leurs longs vêtements,
Mêlent, dans le bois sombre et les nuits solitaires,
L'écume du plaisir aux larmes des tourments.

O Vierges, ô démons, ô monstres, ô martyres,
De la réalité grands esprits contempteurs,
Chercheuses d'infini, dévotes et satyres,
Tantôt pleines de cris, tantôt pleines de pleurs,

Vous que dans votre enfer mon âme a poursuivies,
Pauvres sœurs, je vous aime autant que je vous plains,
Pour vos mornes douleurs, vos soifs inassouvies,
Et les urnes d'amour dont vos grands cœurs sont
 [pleins!

CXII

LES DEUX BONNES SŒURS

La Débauche et la Mort sont deux aimables filles,
Prodigues de baisers et riches de santé,
Dont le flanc toujours vierge et drapé de guenilles
Sous l'éternel labeur n'a jamais enfanté.

Au poëte sinistre, ennemi des familles,
Favori de l'enfer, courtisan mal renté,
Tombeaux et lupanars montrent sous leurs charmilles
Un lit que le remords n'a jamais fréquenté.

Et la bière et l'alcôve en blasphèmes fécondes
Nous offrent tour à tour, comme deux bonnes sœurs,
De terribles plaisirs et d'affreuses douceurs.

Quand veux-tu m'enterrer, Débauche aux bras
 [immondes?
O Mort, quand viendras-tu, sa rivale en attraits,
Sur ses myrtes infects enter tes noirs cyprès?

CXIII

LA FONTAINE DE SANG

Il me semble parfois que mon sang coule à flots,
Ainsi qu'une fontaine aux rythmiques sanglots.
Je l'entends bien qui coule avec un long murmure,
Mais je me tâte en vain pour trouver la blessure.

A travers la cité, comme dans un champ clos,
Il s'en va transformant les pavés en îlots,
Désaltérant la soif de chaque créature,
Et partout colorant en rouge la nature.

J'ai demandé souvent à des vins capiteux
D'endormir pour un jour la terreur qui me mine;
Le vin rend l'œil plus clair et l'oreille plus fine!

J'ai cherché dans l'amour un sommeil oublieux;
Mais l'amour n'est pour moi qu'un matelas d'aiguilles
Fait pour donner à boire à ces cruelles filles!

CXIV

ALLÉGORIE

C'est une femme belle et de riche encolure,
Qui laisse dans son vin traîner sa chevelure.
Les griffes de l'amour, les poisons du tripot,
Tout glisse et tout s'émousse au granit de sa peau.
Elle rit à la Mort et nargue la Débauche,
Ces monstres dont la main, qui toujours gratte et fauche,
Dans ses jeux destructeurs a pourtant respecté

De ce corps ferme et droit la rude majesté.
Elle marche en déesse et repose en sultane;
Elle a dans le plaisir la foi mahométane,
Et dans ses bras ouverts, que remplissent ses seins,
Elle appelle des yeux la race des humains.
Elle croit, elle sait, cette vierge inféconde
Et pourtant nécessaire à la marche du monde,
Que la beauté du corps est un sublime don
Qui de toute infamie arrache le pardon.
Elle ignore l'Enfer comme le Purgatoire,
Et quand l'heure viendra d'entrer dans la Nuit noire,
Elle regardera la face de la Mort,
Ainsi qu'un nouveau-né, – sans haine et sans remord.

CXV

LA BÉATRICE

Dans des terrains cendreux, calcinés, sans verdure,
Comme je me plaignais un jour à la nature,
Et que de ma pensée, en vaguant au hasard,
J'aiguisais lentement sur mon cœur le poignard,
Je vis en plein midi descendre sur ma tête
Un nuage funèbre et gros d'une tempête,
Qui portait un troupeau de démons vicieux,
Semblables à des nains cruels et curieux.
A me considérer froidement ils se mirent,
Et, comme des passants sur un fou qu'ils admirent,
Je les entendis rire et chuchoter entre eux,
En échangeant maint signe et maint clignement d'yeux :

– « Contemplons à loisir cette caricature
Et cette ombre d'Hamlet imitant sa posture,
Le regard indécis et les cheveux au vent.
N'est-ce pas grand'pitié de voir ce bon vivant,

Ce gueux, cet histrion en vacances, ce drôle,
Parce qu'il sait jouer artistement son rôle,
Vouloir intéresser au chant de ses douleurs
Les aigles, les grillons, les ruisseaux et les fleurs,
Et même à nous, auteurs de ces vieilles rubriques,
Réciter en hurlant ses tirades publiques? »

J'aurais pu (mon orgueil aussi haut que les monts
Domine la nuée et le cri des démons)
Détourner simplement ma tête souveraine,
Si je n'eusse pas vu parmi leur troupe obscène,
Crime qui n'a pas fait chanceler le soleil!
La reine de mon cœur au regard non pareil,
Qui riait avec eux de ma sombre détresse
Et leur versait parfois quelque sale caresse.

CXVI

UN VOYAGE À CYTHÈRE

Mon cœur, comme un oiseau, voltigeait tout joyeux
Et planait librement à l'entour des cordages;
Le navire roulait sous un ciel sans nuages,
Comme un ange enivré d'un soleil radieux.

Quelle est cette île triste et noire? – C'est Cythère [1],
Nous dit-on, un pays fameux dans les chansons,
Eldorado banal de tous les vieux garçons.
Regardez, après tout, c'est une pauvre terre.

1. Ile proche de la Crète, consacrée à la déesse de l'Amour, et dont l'imaginaire a fait une utopie du bonheur sensuel, comme Eldorado l'est pour les biens matériels.

— Ile des doux secrets et des fêtes du cœur!
De l'antique Vénus le superbe fantôme
Au-dessus de tes mers plane comme un arôme,
Et charge les esprits d'amour et de langueur.

Belle île aux myrtes verts, pleine de fleurs écloses,
Vénérée à jamais par toute nation,
Où les soupirs des cœurs en adoration
Roulent comme l'encens sur un jardin de roses

Ou le roucoulement éternel d'un ramier!
— Cythère n'était plus qu'un terrain des plus maigres,
Un désert rocailleux troublé par des cris aigres.
J'entrevoyais pourtant un objet singulier!

Ce n'était pas un temple aux ombres bocagères,
Où la jeune prêtresse, amoureuse des fleurs,
Allait, le corps brûlé de secrètes chaleurs,
Entre-bâillant sa robe aux brises passagères;

Mais voilà qu'en rasant la côte d'assez près
Pour troubler les oiseaux avec nos voiles blanches,
Nous vîmes que c'était un gibet à trois branches,
Du ciel se détachant en noir, comme un cyprès.

De féroces oiseaux perchés sur leur pâture
Détruisaient avec rage un pendu déjà mûr,
Chacun plantant, comme un outil, son bec impur
Dans tous les coins saignants de cette pourriture;

Les yeux étaient deux trous, et du ventre effondré
Les intestins pesants lui coulaient sur les cuisses,
Et ses bourreaux, gorgés de hideuses délices,
L'avaient à coups de bec absolument châtré.

Sous les pieds, un troupeau de jaloux quadrupèdes,
Le museau relevé, tournoyait et rôdait;
Une plus grande bête au milieu s'agitait
Comme un exécuteur entouré de ses aides.

Habitant de Cythère, enfant d'un ciel si beau,
Silencieusement tu souffrais ces insultes
En expiation de tes infâmes cultes
Et des péchés qui t'ont interdit le tombeau.

Ridicule pendu, tes douleurs sont les miennes!
Je sentis, à l'aspect de tes membres flottants,
Comme un vomissement, remonter vers mes dents
Le long fleuve de fiel des douleurs anciennes;

Devant toi, pauvre diable au souvenir si cher,
J'ai senti tous les becs et toutes les mâchoires
Des corbeaux lancinants et des panthères noires
Qui jadis aimaient tant à triturer ma chair.

— Le ciel était charmant, la mer était unie;
Pour moi tout était noir et sanglant désormais,
Hélas! et j'avais, comme en un suaire épais,
Le cœur enseveli dans cette allégorie.

Dans ton île, ô Vénus! je n'ai trouvé debout
Qu'un gibet symbolique où pendait mon image...
— Ah! Seigneur! donnez-moi la force et le courage
De contempler mon cœur et mon corps sans dégoût!

CXVII

L'AMOUR ET LE CRÂNE

VIEUX CUL-DE-LAMPE

L'AMOUR est assis sur le crâne
De l'Humanité,
Et sur ce trône le profane,
Au rire effronté,

Souffle gaiement des bulles rondes
 Qui montent dans l'air,
Comme pour rejoindre les mondes
 Au fond de l'éther.

Le globe lumineux et frêle
 Prend un grand essor,
Crève et crache son âme grêle
 Comme un songe d'or.

J'entends le crâne à chaque bulle
 Prier et gémir :
— « Ce jeu féroce et ridicule,
 Quand doit-il finir?

Car ce que ta bouche cruelle
 Éparpille en l'air,
Monstre assassin, c'est ma cervelle,
 Mon sang et ma chair! »

RÉVOLTE

CXVIII

LE RENIEMENT DE SAINT PIERRE

Qu'est-ce que Dieu fait donc de ce flot d'anathèmes
Qui monte tous les jours vers ses chers Séraphins?
Comme un tyran gorgé de viande et de vins,
Il s'endort au doux bruit de nos affreux blasphèmes.

Les sanglots des martyrs et des suppliciés
Sont une symphonie enivrante sans doute,
Puisque, malgré le sang que leur volupté coûte,
Les cieux ne s'en sont point encore rassasiés!

– Ah! Jésus, souviens-toi du Jardin des Olives!
Dans ta simplicité tu priais à genoux
Celui qui dans son ciel riait au bruit des clous
Que d'ignobles bourreaux plantaient dans tes chairs vives.

Lorsque tu vis cracher sur ta divinité
La crapule du corps de garde et des cuisines,
Et lorsque tu sentis s'enfoncer les épines
Dans ton crâne où vivait l'immense Humanité;

Quand de ton corps brisé la pesanteur horrible
Allongeait tes deux bras distendus, que ton sang
Et ta sueur coulaient de ton front pâlissant,
Quand tu fus devant tous posé comme une cible,

Rêvais-tu de ces jours si brillants et si beaux
Où tu vins pour remplir l'éternelle promesse,
Où tu foulais, monté sur une douce ânesse,
Des chemins tout jonchés de fleurs et de rameaux,

Où, le cœur tout gonflé d'espoir et de vaillance,
Tu fouettais tous ces vils marchands à tour de bras,
Où tu fus maître enfin? Le remords n'a-t-il pas
Pénétré dans ton flanc plus avant que la lance?

– Certes, je sortirai, quant à moi, satisfait
D'un monde où l'action n'est pas la sœur du rêve;
Puissé-je user du glaive et périr par le glaive!
Saint Pierre a renié Jésus... il a bien fait!

CXIX

ABEL ET CAÏN

I

Race d'Abel, dors, bois et mange;
Dieu te sourit complaisamment.

Race de Caïn, dans la fange
Rampe et meurs misérablement.

Race d'Abel, ton sacrifice
Flatte le nez du Séraphin!

Race de Caïn, ton supplice
Aura-t-il jamais une fin?

Race d'Abel, vois tes semailles
Et ton bétail venir à bien;

Race de Caïn, tes entrailles
Hurlent la faim comme un vieux chien.

Race d'Abel, chauffe ton ventre
A ton foyer patriarcal;

Race de Caïn, dans ton antre
Tremble de froid, pauvre chacal!

Race d'Abel, aime et pullule!
Ton or fait aussi des petits.

Race de Caïn, cœur qui brûle,
Prends garde à ces grands appétits.

Race d'Abel, tu croîs et broutes
Comme les punaises des bois!

Race de Caïn, sur les routes
Traîne ta famille aux abois.

II

Ah! race d'Abel, ta charogne
Engraissera le sol fumant!

Race de Caïn, ta besogne
N'est pas faite suffisamment;

Race d'Abel, voici ta honte :
Le fer est vaincu par l'épieu!

Race de Caïn, au ciel monte,
Et sur la terre jette Dieu!

CXX

LES LITANIES DE SATAN

O TOI, le plus savant et le plus beau des Anges,
Dieu trahi par le sort et privé de louanges,

O Satan, prends pitié de ma longue misère!

O Prince de l'exil, à qui l'on a fait tort,
Et qui, vaincu, toujours te redresses plus fort,

O Satan, prends pitié de ma longue misère!

Toi qui sais tout, grand roi des choses souterraines,
Guérisseur familier des angoisses humaines,

O Satan, prends pitié de ma longue misère!

Toi qui, même aux lépreux, aux parias maudits,
Enseignes par l'amour le goût du Paradis,

O Satan, prends pitié de ma longue misère!

O toi qui de la Mort, ta vieille et forte amante,
Engendras l'Espérance, – une folle charmante!

O Satan, prends pitié de ma longue misère!

Toi qui fais au proscrit ce regard calme et haut
Qui damne tout un peuple autour d'un échafaud,

O Satan, prends pitié de ma longue misère!

Toi qui sais en quels coins des terres envieuses
Le Dieu jaloux cacha les pierres précieuses,

O Satan, prends pitié de ma longue misère!

Toi dont l'œil clair connaît les profonds arsenaux
Où dort enseveli le peuple des métaux,

O Satan, prends pitié de ma longue misère!

Toi dont la large main cache les précipices
Au somnambule errant au bord des édifices,

O Satan, prends pitié de ma longue misère!

Toi qui, magiquement, assouplis les vieux os
De l'ivrogne attardé foulé par les chevaux,

O Satan, prends pitié de ma longue misère!

Toi qui, pour consoler l'homme frêle qui souffre,
Nous appris à mêler le salpêtre et le soufre,

O Satan, prends pitié de ma longue misère!

Toi qui poses ta marque, ô complice subtil,
Sur le front du Crésus [1] impitoyable et vil,

O Satan, prends pitié de ma longue misère!

Toi qui mets dans les yeux et dans le cœur des filles
Le culte de la plaie et l'amour des guenilles,

O Satan, prends pitié de ma longue misère!

Bâton des exilés, lampe des inventeurs,
Confesseur des pendus et des conspirateurs,

O Satan, prends pitié de ma longue misère!

1. Nom générique du riche, d'après le roi fabuleux.

Père adoptif de ceux qu'en sa noire colère
Du paradis terrestre a chassés Dieu le Père,

O Satan, prends pitié de ma longue misère!

PRIÈRE

Gloire et louange à toi, Satan, dans les hauteurs
Du Ciel, où tu régnas, et dans les profondeurs
De l'Enfer, où, vaincu, tu rêves en silence!
Fais que mon âme un jour, sous l'Arbre de Science,
Près de toi se repose, à l'heure où sur ton front
Comme un Temple nouveau ses rameaux s'épandront!

LA MORT

CXXI

LA MORT DES AMANTS

Nous aurons des lits pleins d'odeurs légères,
Des divans profonds comme des tombeaux,
Et d'étranges fleurs sur des étagères,
Écloses pour nous sous des cieux plus beaux.

Usant à l'envi leurs chaleurs dernières,
Nos deux cœurs seront deux vastes flambeaux,
Qui réfléchiront leurs doubles lumières
Dans nos deux esprits, ces miroirs jumeaux.

Un soir fait de rose et de bleu mystique,
Nous échangerons un éclair unique,
Comme un long sanglot, tout chargé d'adieux;

Et plus tard un Ange, entr'ouvrant les portes,
Viendra ranimer, fidèle et joyeux,
Les miroirs ternis et les flammes mortes.

CXXII

LA MORT DES PAUVRES

C'EST la Mort qui console, hélas! et qui fait vivre;
C'est le but de la vie, et c'est le seul espoir
Qui, comme un élixir, nous monte et nous enivre,
Et nous donne le cœur de marcher jusqu'au soir;

A travers la tempête, et la neige, et le givre,
C'est la clarté vibrante à notre horizon noir;
C'est l'auberge fameuse inscrite sur le livre,
Où l'on pourra manger, et dormir, et s'asseoir;

C'est un Ange qui tient dans ses doigts magnétiques
Le sommeil et le don des rêves extatiques,
Et qui refait le lit des gens pauvres et nus;

C'est la gloire des Dieux, c'est le grenier mystique,
C'est la bourse du pauvre et sa patrie antique,
C'est le portique ouvert sur les Cieux inconnus!

CXXIII

LA MORT DES ARTISTES

COMBIEN faut-il de fois secouer mes grelots
Et baiser ton front bas, morne caricature?
Pour piquer dans le but, de mystique nature,
Combien, ô mon carquois, perdre de javelots?

Nous userons notre âme en de subtils complots,
Et nous démolirons mainte lourde armature,
Avant de contempler la grande Créature
Dont l'infernal désir nous remplit de sanglots!

Il en est qui jamais n'ont connu leur Idole,
Et ces sculpteurs damnés et marqués d'un affront,
Qui vont se martelant la poitrine et le front,

N'ont qu'un espoir, étrange et sombre Capitole!
C'est que la Mort, planant comme un soleil nouveau,
Fera s'épanouir les fleurs de leur cerveau!

CXXIV

LA FIN DE LA JOURNÉE

Sous une lumière blafarde
Court, danse et se tord sans raison
La Vie, impudente et criarde.
Aussi, sitôt qu'à l'horizon

La nuit voluptueuse monte,
Apaisant tout, même la faim,
Effaçant tout, même la honte,
Le Poëte se dit : « Enfin!

Mon esprit, comme mes vertèbres,
Invoque ardemment le repos;
Le cœur plein de songes funèbres,

Je vais me coucher sur le dos
Et me rouler dans vos rideaux,
O rafraîchissantes ténèbres! »

CXXV

LE RÊVE D'UN CURIEUX

A F. N.

CONNAIS-TU, comme moi, la douleur savoureuse,
Et de toi fais-tu dire : « Oh! l'homme singulier! »
– J'allais mourir. C'était dans mon âme amoureuse,
Désir mêlé d'horreur, un mal particulier;

Angoisse et vif espoir, sans humeur factieuse.
Plus allait se vidant le fatal sablier,
Plus ma torture était âpre et délicieuse;
Tout mon cœur s'arrachait au monde familier.

J'étais comme l'enfant avide du spectacle,
Haïssant le rideau comme on hait un obstacle...
Enfin la vérité froide se révéla :

J'étais mort sans surprise, et la terrible aurore
M'enveloppait. – Eh quoi! n'est-ce donc que cela?
La toile était levée et j'attendais encore.

CXXVI

LE VOYAGE

A Maxime Du Camp.

I

POUR l'enfant, amoureux de cartes et d'estampes,
L'univers est égal à son vaste appétit.
Ah! que le monde est grand à la clarté des lampes!
Aux yeux du souvenir que le monde est petit!

Un matin nous partons, le cerveau plein de flamme,
Le cœur gros de rancune et de désirs amers,
Et nous allons, suivant le rythme de la lame,
Berçant notre infini sur le fini des mers :

Les uns, joyeux de fuir une patrie infâme;
D'autres, l'horreur de leurs berceaux, et quelques-uns,
Astrologues noyés dans les yeux d'une femme,
La Circé [1] tyrannique aux dangereux parfums.

Pour n'être pas changés en bêtes, ils s'enivrent
D'espace et de lumière et de cieux embrasés;
La glace qui les mord, les soleils qui les cuivrent,
Effacent lentement la marque des baisers.

Mais les vrais voyageurs sont ceux-là seuls qui partent
Pour partir; cœurs légers, semblables aux ballons,
De leur fatalité jamais ils ne s'écartent,
Et, sans savoir pourquoi, disent toujours : Allons!

Ceux-là dont les désirs ont la forme des nues,
Et qui rêvent, ainsi qu'un conscrit le canon,
De vastes voluptés, changeantes, inconnues,
Et dont l'esprit humain n'a jamais su le nom!

 II

Nous imitons, horreur! la toupie et la boule
Dans leur valse et leurs bonds; même dans nos sommeils
La Curiosité nous tourmente et nous roule,
Comme un Ange cruel qui fouette des soleils.

1. Enchanteresse qu'Ulysse (*Odyssée*) rencontra dans son voyage : il
ne subit pas le sort de ses compagnons changés par elle en pour-
ceaux.

Singulière fortune où le but se déplace,
Et, n'étant nulle part, peut être n'importe où!
Où l'Homme, dont jamais l'espérance n'est lasse,
Pour trouver le repos court toujours comme un fou!

Notre âme est un trois-mâts cherchant son Icarie;
Une voix retentit sur le pont : « Ouvre l'œil! »
Une voix de la hune, ardente et folle, crie :
« Amour... gloire... bonheur! » Enfer! c'est un écueil!

Chaque îlot signalé par l'homme de vigie
Est un Eldorado promis par le Destin;
L'Imagination qui dresse son orgie
Ne trouve qu'un récif aux clartés du matin.

O le pauvre amoureux des pays chimériques!
Faut-il le mettre aux fers, le jeter à la mer,
Ce matelot ivrogne, inventeur d'Amériques
Dont le mirage rend le gouffre plus amer?

Tel le vieux vagabond piétinant dans la boue,
Rêve, le nez en l'air, de brillants paradis;
Son œil ensorcelé découvre une Capoue [2]
Partout où la chandelle illumine un taudis.

III

Étonnants voyageurs! quelles nobles histoires
Nous lisons dans vos yeux profonds comme les mers!
Montrez-nous les écrins de vos riches mémoires,
Ces bijoux merveilleux, faits d'astres et d'éthers.

Nous voulons voyager sans vapeur et sans voile!
Faites, pour égayer l'ennui de nos prisons,

2. Allusion à la ville de l'Italie où l'armée d'Hannibal, séduite par ses
« délices », perdit toute sa combativité en y prenant ses quartiers
d'hiver.

Passer sur nos esprits, tendus comme une toile,
Vos souvenirs avec leurs cadres d'horizons.

Dites, qu'avez-vous vu?

IV

 « Nous avons vu des astres
Et des flots; nous avons vu des sables aussi;
Et, malgré bien des chocs et d'imprévus désastres,
Nous nous sommes souvent ennuyés, comme ici.

La gloire du soleil sur la mer violette,
La gloire des cités dans le soleil couchant,
Allumaient dans nos cœurs une ardeur inquiète
De plonger dans un ciel au reflet alléchant.

Les plus riches cités, les plus grands paysages,
Jamais ne contenaient l'attrait mystérieux
De ceux que le hasard fait avec les nuages.
Et toujours le désir nous rendait soucieux!

– La jouissance ajoute au désir de la force.
Désir, vieil arbre à qui le plaisir sert d'engrais,
Cependant que grossit et durcit ton écorce,
Tes branches veulent voir le soleil de plus près!

Grandiras-tu toujours, grand arbre plus vivace
Que le cyprès? – Pourtant nous avons, avec soin,
Cueilli quelques croquis pour votre album vorace,
Frères qui trouvez beau tout ce qui vient de loin!

Nous avons salué des idoles à trompe;
Des trônes constellés de joyaux lumineux;
Des palais ouvragés dont la féerique pompe
Serait pour vos banquiers un rêve ruineux;

Des costumes qui sont pour les yeux une ivresse;
Des femmes dont les dents et les ongles sont teints,
Et des jongleurs savants que le serpent caresse. »

V

Et puis, et puis encore?

VI

« O cerveaux enfantins!

Pour ne pas oublier la chose capitale,
Nous avons vu partout, et sans l'avoir cherché,
Du haut jusques en bas de l'échelle fatale,
Le spectacle ennuyeux de l'immortel péché :

La femme, esclave vile, orgueilleuse et stupide,
Sans rire s'adorant et s'aimant sans dégoût;
L'homme, tyran goulu, paillard, dur et cupide,
Esclave de l'esclave et ruisseau dans l'égoût;

Le bourreau qui jouit, le martyr qui sanglote;
La fête qu'assaisonne et parfume le sang;
Le poison du pouvoir énervant le despote,
Et le peuple amoureux du fouet abrutissant;

Plusieurs religions semblables à la nôtre,
Toutes escaladant le ciel; la Sainteté,
Comme en un lit de plume un délicat se vautre,
Dans les clous et le crin cherchant la volupté;

L'Humanité bavarde, ivre de son génie,
Et, folle maintenant comme elle était jadis,
Criant à Dieu, dans sa furibonde agonie :
« O mon semblable, ô mon maître, je te maudis! »

Et les moins sots, hardis amants de la Démence,
Fuyant le grand troupeau parqué par le Destin,
Et se réfugiant dans l'opium immense!
— Tel est du globe entier l'éternel bulletin. »

VII

Amer savoir, celui qu'on tire du voyage!
Le monde, monotone et petit, aujourd'hui,
Hier, demain, toujours, nous fait voir notre image :
Une oasis d'horreur dans un désert d'ennui!

Faut-il partir? rester? Si tu peux rester, reste;
Pars, s'il le faut. L'un court, et l'autre se tapit
Pour tromper l'ennemi vigilant et funeste,
Le Temps! Il est, hélas! des coureurs sans répit,

Comme le Juif errant et comme les apôtres,
A qui rien ne suffit, ni wagon ni vaisseau,
Pour fuir ce rétiaire [3] infâme; il en est d'autres
Qui savent le tuer sans quitter leur berceau.

Lorsque enfin il mettra le pied sur notre échine,
Nous pourrons espérer et crier : En avant!
De même qu'autrefois nous partions pour la Chine,
Les yeux fixés au large et les cheveux au vent,

Nous nous embarquerons sur la mer des Ténèbres
Avec le cœur joyeux d'un jeune passager.
Entendez-vous ces voix, charmantes et funèbres,
Qui chantent : « Par ici! vous qui voulez manger

Le Lotus [4] parfumé! c'est ici qu'on vendange
Les fruits miraculeux dont votre cœur a faim;
Venez vous enivrer de la douceur étrange
De cette après-midi qui n'a jamais de fin? »

3. Combattant du cirque, armé entre autres d'un filet où il tentait de prendre son adversaire.
4. Autre allusion à un épisode du voyage d'Ulysse, dont les compagnons, après avoir goûté à cette fleur, ne veulent plus quitter le pays où elle pousse.

A l'accent familier nous devinons le spectre;
Nos Pylades [5] là-bas tendent leurs bras vers nous.
« Pour rafraîchir ton cœur nage vers ton Électre! »
Dit celle dont jadis nous baisions les genoux.

VIII

O Mort,vieux capitaine, il est temps! levons l'ancre!
Ce pays nous ennuie, ô Mort! Appareillons!
Si le ciel et la mer sont noirs comme de l'encre,
Nos cœurs que tu connais sont remplis de rayons!

Verse-nous ton poison pour qu'il nous réconforte!
Nous voulons, tant ce feu nous brûle le cerveau,
Plonger au fond du gouffre, Enfer ou Ciel,

[qu'importe?
Au fond de l'Inconnu pour trouver du *nouveau!*

5. Héros de l'Antiquité, indéfectible ami d'Oreste, le frère d'Électre.

POÈMES DIVERS

(Choix)

A CELLE QUI EST TROP GAIE[1]

Ta tête, ton geste, ton air
Sont beaux comme un beau paysage;
Le rire joue en ton visage
Comme un vent frais dans un ciel clair.

Le passant chagrin que tu frôles
Est ébloui par la santé
Qui jaillit comme une clarté
De tes bras et de tes épaules.

Les retentissantes couleurs
Dont tu parsèmes tes toilettes
Jettent dans l'esprit des poëtes
L'image d'un ballet de fleurs.

Ces robes folles sont l'emblème
De ton esprit bariolé;
Folle dont je suis affolé,
Je te hais autant que je t'aime!

Quelquefois dans un beau jardin
Où je traînais mon atonie,
J'ai senti comme une ironie,
Le soleil déchirer mon sein;

1. Ce poème et le suivant font partie des six pièces condamnées.

Et le printemps et la verdure
Ont tant humilié mon cœur,
Que j'ai puni sur une fleur
L'insolence de la Nature.

Ainsi je voudrais, une nuit,
Quand l'heure des voluptés sonne,
Vers les trésors de ta personne,
Comme un lâche, ramper sans bruit,

Pour châtier ta chair joyeuse,
Pour meurtrir ton sein pardonné,
Et faire à ton flanc étonné
Une blessure large et creuse,

Et, vertigineuse douceur!
A travers ces lèvres nouvelles,
Plus éclatantes et plus belles,
T'infuser mon venin, ma sœur!

LES BIJOUX

La très chère était nue, et, connaissant mon cœur,
Elle n'avait gardé que ses bijoux sonores,
Dont le riche attirail lui donnait l'air vainqueur
Qu'ont dans leurs jours heureux les esclaves des Mores.

Quand il jette en dansant son bruit vif et moqueur,
Ce monde rayonnant de métal et de pierre
Me ravit en extase, et j'aime à la fureur
Les choses où le son se mêle à la lumière.

Elle était donc couchée et se laissait aimer,
Et du haut du divan elle souriait d'aise

A mon amour profond et doux comme la mer,
Qui vers elle montait comme vers sa falaise.

Les yeux fixés sur moi, comme un tigre dompté,
D'un air vague et rêveur elle essayait des poses,
Et la candeur unie à la lubricité
Donnait un charme neuf à ses métamorphoses;

Et son bras et sa jambe, et sa cuisse et ses reins,
Polis comme de l'huile, onduleux comme un cygne,
Passaient devant mes yeux clairvoyants et sereins;
Et son ventre et ses seins, ces grappes de ma vigne,

S'avançaient, plus câlins que les Anges du mal,
Pour troubler le repos où mon âme était mise,
Et pour la déranger du rocher de cristal
Où, calme et solitaire, elle s'était assise.

Je croyais voir unis par un nouveau dessin
Les hanches de l'Antiope [1] au buste d'un imberbe,
Tant sa taille faisait ressortir son bassin.
Sur ce teint fauve et brun le fard était superbe!

– Et la lampe s'étant résignée à mourir,
Comme le foyer seul illuminait la chambre,
Chaque fois qu'il poussait un flamboyant soupir,
Il inondait de sang cette peau couleur d'ambre!

RECUEILLEMENT

Sois sage, ô ma Douleur, et tiens-toi plus tranquille.
Tu réclamais le Soir; il descend; le voici :
Une atmosphère obscure enveloppe la ville,
Aux uns portant la paix, aux autres le souci.

1. Femme aimée de Zeus, maintes fois représentée en peinture et en statuaire.

Pendant que des mortels la multitude vile,
Sous le fouet du Plaisir, ce bourreau sans merci,
Va cueillir des remords dans la fête servile,
Ma Douleur, donne-moi la main; viens par ici,

Loin d'eux. Vois se pencher les défuntes Années,
Sur les balcons du ciel, en robes surannées;
Surgir du fond des eaux le Regret souriant;

Le Soleil moribond s'endormir sous une arche,
Et, comme un long linceul traînant à l'Orient,
Entends, ma chère, entends la douce Nuit qui marche.

LE GOUFFRE

Pascal avait son gouffre, avec lui se mouvant.
— Hélas! tout est abîme, — action, désir, rêve,
Parole! et sur mon poil qui tout droit se relève
Mainte fois de la Peur je sens passer le vent.

En haut, en bas, partout, la profondeur, la grève,
Le silence, l'espace affreux et captivant...
Sur le fond de mes nuits Dieu de son doigt savant
Dessine un cauchemar multiforme et sans trêve.

J'ai peur du sommeil comme on a peur d'un grand
[trou,
Tout plein de vague horreur, menant on ne sait où;
Je ne vois qu'infini par toutes les fenêtres,

Et mon esprit, toujours du vertige hanté,
Jalouse du néant l'insensibilité.
— Ah! ne jamais sortir des Nombres et des Êtres!

A UNE MALABARAISE

Tes pieds sont aussi fins que tes mains, et ta hanche
Est large à faire envie à la plus belle blanche;
A l'artiste pensif ton corps est doux et cher;
Tes grands yeux de velours sont plus noirs que ta
[chair.
Aux pays chauds et bleus où ton Dieu t'a fait naître,
Ta tâche est d'allumer la pipe de ton maître,
De pourvoir les flacons d'eaux fraîches et d'odeurs,
De chasser loin du lit les moustiques rôdeurs,
Et, dès que le matin fait chanter les platanes,
D'acheter au bazar ananas et bananes.
Tout le jour, où tu veux, tu mènes tes pieds nus,
Et fredonnes tout bas de vieux airs inconnus;
Et quand descend le soir au manteau d'écarlate,
Tu poses doucement ton corps sur une natte,
Où tes rêves flottants sont pleins de colibris,
Et toujours, comme toi, gracieux et fleuris.

Pourquoi, l'heureuse enfant, veux-tu voir notre France
Ce pays trop peuplé que fauche la souffrance,
Et, confiant ta vie aux bras forts des marins,
Faire de grands adieux à tes chers tamarins?
Toi, vêtue à moitié de mousselines frêles,
Frissonnante là-bas sous la neige et les grêles,
Comme tu pleurerais tes loisirs doux et francs,
Si, le corset brutal emprisonnant tes flancs,
Il te fallait glaner ton souper dans nos fanges
Et vendre le parfum de tes charmes étranges,
L'œil pensif, et suivant, dans nos sales brouillards,
Des cocotiers absents les fantômes épars!

1840.

LE SPLEEN DE PARIS
Poèmes en prose
(Choix)

I

L'ÉTRANGER

QUI aimes-tu le mieux, homme énigmatique, dis? ton père, ta mère, ta sœur ou ton frère?

— Je n'ai ni père, ni mère, ni sœur, ni frère.

— Tes amis?

— Vous vous servez là d'une parole dont le sens m'est resté jusqu'à ce jour inconnu.

— Ta patrie?

— J'ignore sous quelle latitude elle est située.

— La beauté?

— Je l'aimerais volontiers, déesse et immortelle.

— L'or?

— Je le hais comme vous haïssez Dieu.

— Eh! qu'aimes-tu donc, extraordinaire étranger?

— J'aime les nuages... les nuages qui passent... là-bas... là-bas... les merveilleux nuages!

III

LE *CONFITEOR* DE L'ARTISTE

QUE les fins de journées d'automne sont pénétrantes! Ah! pénétrantes jusqu'à la douleur! car il est de certaines sensations délicieuses dont le vague n'exclut pas l'intensité; et il n'est pas de pointe plus acérée que celle de l'Infini.

Grand délice que celui de noyer son regard dans l'immensité du ciel et de la mer! Solitude, silence, incomparable chasteté de l'azur! une petite voile frissonnante à l'horizon, et qui par sa petitesse et son isolement imite mon irrémédiable existence, mélodie monotone de la houle, toutes ces choses pensent par moi, ou je pense par elles (car dans la grandeur de la rêverie, le *moi* se perd vite!); elles pensent, dis-je, mais musicalement et pittoresquement, sans arguties, sans syllogismes, sans déductions.

Toutefois, ces pensées, qu'elles sortent de moi ou s'élancent des choses, deviennent bientôt trop intenses. L'énergie dans la volupté crée un malaise et une souffrance positive. Mes nerfs trop tendus ne donnent plus que des vibrations criardes et douloureuses.

Et maintenant la profondeur du ciel me consterne; sa limpidité m'exaspère. L'insensibilité de la mer, l'immuabilité du spectacle me révoltent... Ah! faut-il éternellement souffrir, ou fuir éternellement le beau? Nature, enchanteresse sans pitié, rivale toujours victorieuse, laisse-moi! Cesse de tenter mes désirs et mon orgueil! L'étude du beau est un duel où l'artiste crie de frayeur avant d'être vaincu.

VI

CHACUN SA CHIMÈRE

Sous un grand ciel gris, dans une grande plaine poudreuse, sans chemins, sans gazon, sans un chardon, sans une ortie, je rencontrai plusieurs hommes qui marchaient courbés.

Chacun d'eux portait sur son dos une énorme Chimère, aussi lourde qu'un sac de farine ou de charbon, ou le fourniment d'un fantassin romain.

Mais la monstrueuse bête n'était pas un poids inerte; au contraire, elle enveloppait et opprimait l'homme de ses muscles élastiques et puissants; elle s'agrafait avec ses deux vastes griffes à la poitrine de sa monture; et sa tête fabuleuse surmontait le front de l'homme, comme un de ces casques horribles par lesquels les anciens guerriers espéraient ajouter à la terreur de l'ennemi.

Je questionnai l'un de ces hommes, et je lui demandai où ils allaient ainsi. Il me répondit qu'il n'en savait rien, ni lui, ni les autres; mais qu'évidemment ils allaient quelque part, puisqu'ils étaient poussés par un invincible besoin de marcher.

Chose curieuse à noter : aucun de ces voyageurs n'avait l'air irrité contre la bête féroce suspendue à son cou et collée à son dos; on eût dit qu'il la considérait comme faisant partie de lui-même. Tous ces visages fatigués et sérieux ne témoignaient d'aucun désespoir; sous la coupole spleenétique du ciel, les pieds plongés dans la poussière d'un sol aussi désolé que ce ciel, ils cheminaient avec la physionomie résignée de ceux qui sont condamnés à espérer toujours.

Et le cortège passa à côté de moi et s'enfonça dans l'atmosphère de l'horizon, à l'endroit où la surface arrondie de la planète se dérobe à la curiosité du regard humain.

Et pendant quelques instants je m'obstinai à vouloir comprendre ce mystère; mais bientôt l'irrésistible Indiffé-

rence s'abattit sur moi, et j'en fus plus lourdement accablé qu'ils ne l'étaient eux-mêmes par leurs écrasantes Chimères.

VII

LE FOU ET LA VÉNUS

QUELLE admirable journée! Le vaste parc se pâme sous l'œil brûlant du soleil, comme la jeunesse sous la domination de l'Amour.

L'extase universelle des choses ne s'exprime par aucun bruit; les eaux elles-mêmes sont comme endormies. Bien différente des fêtes humaines, c'est ici une orgie silencieuse.

On dirait qu'une lumière toujours croissante fait de plus en plus étinceler les objets; que les fleurs excitées brûlent du désir de rivaliser avec l'azur du ciel par l'énergie de leurs couleurs, et que la chaleur, rendant visibles les parfums, les fait monter vers l'astre comme des fumées.

Cependant, dans cette jouissance universelle, j'ai aperçu un être affligé.

Aux pieds d'une colossale Vénus, un de ces fous artificiels, un de ces bouffons volontaires chargés de faire rire les rois quand le Remords ou l'Ennui les obsède, affublé d'un costume éclatant et ridicule, coiffé de cornes et de sonnettes, tout ramassé contre le piédestal, lève des yeux pleins de larmes vers l'immortelle Déesse.

Et ses yeux disent : – « Je suis le dernier et le plus solitaire des humains, privé d'amour et d'amitié, et bien inférieur en cela au plus imparfait des animaux. Cependant je suis fait, moi aussi, pour comprendre et sentir l'immortelle Beauté! Ah! Déesse! ayez pitié de ma tristesse et de mon délire! »

Mais l'implacable Vénus regarde au loin je ne sais quoi avec ses yeux de marbre.

IX

LE MAUVAIS VITRIER

Il y a des natures purement contemplatives et tout à fait impropres à l'action, qui cependant, sous une impulsion mystérieuse et inconnue, agissent quelquefois avec une rapidité dont elles se seraient crues elles-mêmes incapables.

Tel qui, craignant de trouver chez son concierge une nouvelle chagrinante, rôde lâchement une heure devant sa porte sans oser rentrer, tel qui garde quinze jours une lettre sans la décacheter, ou ne se résigne qu'au bout de six mois à opérer une démarche nécessaire depuis un an, se sentent quelquefois brusquement précipités vers l'action par une force irrésistible, comme la flèche d'un arc. Le moraliste et le médecin, qui prétendent tout savoir, ne peuvent pas expliquer d'où vient si subitement une si folle énergie à ces âmes paresseuses et voluptueuses et comment, incapables d'accomplir les choses les plus simples et les plus nécessaires, elles trouvent à une certaine minute un courage de luxe pour exécuter les actes les plus absurdes et souvent même les plus dangereux.

Un de mes amis, le plus inoffensif rêveur qui ait existé, a mis une fois le feu à une forêt pour voir, disait-il, si le feu prenait avec autant de facilité qu'on l'affirme généralement. Dix fois de suite, l'expérience manqua : mais, à la onzième, elle réussit beaucoup trop bien.

Un autre allumera un cigare à côté d'un tonneau de poudre, *pour voir, pour savoir, pour tenter la destinée,* pour se contraindre lui-même à faire preuve d'énergie, pour faire le joueur, pour connaître les plaisirs de l'anxiété, pour rien, par caprice, par désœuvrement.

C'est une espèce d'énergie qui jaillit de l'ennui et de la rêverie; et ceux en qui elle se manifeste si opiniâment sont, en général, comme je l'ai dit, les plus indolents et les plus rêveurs des êtres.

Un autre, timide à ce point qu'il baisse les yeux même devant les regards des hommes, à ce point qu'il lui faut rassembler toute sa pauvre volonté pour entrer dans un café ou passer devant le bureau d'un théâtre, où les contrôleurs lui paraissent investis de la majesté de Minos, d'Éaque et de Rhadamanthe, sautera brusquement au cou d'un vieillard qui passe à côté de lui et l'embrassera avec enthousiasme devant la foule étonnée.

Pourquoi? Parce que... parce que cette physionomie lui était irrésistiblement sympathique? Peut-être; mais il est plus légitime de supposer que lui-même il ne sait pas pourquoi.

J'ai été plus d'une fois victime de ces crises et de ces élans, qui nous autorisent à croire que des Démons malicieux se glissent en nous et nous font accomplir, à notre insu, leurs plus absurdes volontés.

Un matin je m'étais levé maussade, triste, fatigué d'oisiveté, et poussé, me semblait-il, à faire quelque chose de grand, une action d'éclat; et j'ouvris la fenêtre, hélas!

(Observez, je vous prie, que l'esprit de mystification qui, chez quelques personnes, n'est pas le résultat d'un travail ou d'une combinaison, mais d'une inspiration fortuite, participe beaucoup, ne fût-ce que par l'ardeur du désir, de cette humeur, hystérique selon les médecins, satanique selon ceux qui pensent un peu mieux que les médecins, qui nous pousse sans résistance vers une foule d'actions dangereuses ou inconvenantes.)

La première personne que j'aperçus dans la rue, ce fut un vitrier dont le cri perçant, discordant, monta jusqu'à moi à travers la lourde et sale atmosphère parisienne. Il me serait d'ailleurs impossible de dire pourquoi je fus pris à l'égard de ce pauvre homme d'une haine aussi soudaine que despotique.

« – Hé! hé! » et je lui criai de monter. Cependant je réfléchissais, non sans quelque gaieté, que, la chambre étant au sixième étage et l'escalier fort étroit, l'homme devait éprouver quelque peine à opérer son ascension et

accrocher en maint endroit les angles de sa fragile marchandise.

Enfin il parut : j'examinai curieusement toutes ses vitres, et je lui dis : « Comment! vous n'avez pas de verres de couleur? des verres roses, rouges, bleus, des vitres magiques, des vitres de paradis? Impudent que vous êtes! vous osez vous promener dans des quartiers pauvres, et vous n'avez pas même de vitres qui fassent voir la vie en beau! » Et je le poussai vivement vers l'escalier, où il trébucha en grognant.

Je m'approchai du balcon et je me saisis d'un petit pot de fleurs, et quand l'homme reparut au débouché de la porte, je laissai tomber perpendiculairement mon engin de guerre sur le rebord postérieur de ses crochets; et le choc le renversant, il acheva de briser sous son dos toute sa pauvre fortune ambulatoire qui rendit le bruit éclatant d'un palais de cristal crevé par la foudre.

Et, ivre de ma folie, je lui criai furieusement : « La vie en beau! la vie en beau! »

Ces plaisanteries nerveuses ne sont pas sans péril, et on peut souvent les payer cher. Mais qu'importe l'éternité de la damnation à qui a trouvé dans une seconde l'infini de la jouissance?

X

A UNE HEURE DU MATIN

ENFIN! seul! On n'entend plus que le roulement de quelques fiacres attardés et éreintés. Pendant quelques heures, nous posséderons le silence, sinon le repos. Enfin! la tyrannie de la face humaine a disparu, et je ne souffrirai plus que par moi-même.

Enfin! il m'est donc permis de me délasser dans un bain de ténèbres! D'abord, un double tour à la serrure. Il me

semble que ce tour de clef augmentera ma solitude et fortifiera les barricades qui me séparent actuellement du monde.

Horrible vie! Horrible vie! Récapitulons la journée : avoir vu plusieurs hommes de lettres, dont l'un m'a demandé si l'on pouvait aller en Russie par voie de terre (il prenait sans doute la Russie pour une île); avoir disputé généreusement contre le directeur d'une revue, qui à chaque objection répondait : « – C'est ici le parti des honnêtes gens », ce qui implique que tous les autres journaux sont rédigés par des coquins; avoir salué une vingtaine de personnes, dont quinze me sont inconnues; avoir distribué des poignées de main dans la même proportion, et cela sans avoir pris la précaution d'acheter des gants; être monté pour tuer le temps, pendant une averse, chez une sauteuse qui m'a prié de lui dessiner un costume de *Vénustre;* avoir fait ma cour à un directeur de théâtre, qui m'a dit en me congédiant : « – Vous feriez peut-être bien de vous adresser à Z...; c'est le plus lourd, le plus sot et le plus célèbre de tous mes auteurs; avec lui vous pourriez peut-être aboutir à quelque chose. Voyez-le, et puis nous verrons »; m'être vanté (pourquoi?) de plusieurs vilaines actions que je n'ai jamais commises, et avoir lâchement nié quelques autres méfaits que j'ai accomplis avec joie, délit de fanfaronnade, crime de respect humain; avoir refusé à un ami un service facile, et donné une recommandation écrite à un parfait drôle; ouf! est-ce bien fini?

Mécontent de tous et mécontent de moi, je voudrais bien me racheter et m'enorgueillir un peu dans le silence et la solitude de la nuit. Ames de ceux que j'ai aimés, âmes de ceux que j'ai chantés, fortifiez-moi, soutenez-moi, éloignez de moi le mensonge et les vapeurs corruptrices du monde; et vous, Seigneur mon Dieu! accordez-moi la grâce de produire quelques beaux vers qui me prouvent à moi-même que je ne suis pas le dernier des hommes, que je ne suis pas inférieur à ceux que je méprise.

XII

LES FOULES

Il n'est pas donné à chacun de prendre un bain de multitude : jouir de la foule est un art; et celui-là seul peut faire, aux dépens du genre humain, une ribote de vitalité, à qui une fée a insufflé dans son berceau le goût du travestissement et du masque, la haine du domicile et la passion du voyage.

Multitude, solitude : termes égaux et convertibles par le poète actif et fécond. Qui ne sait pas peupler sa solitude, ne sait pas non plus être seul dans une foule affairée.

Le poëte jouit de cet incomparable privilège, qu'il peut à sa guise être lui-même et autrui. Comme ces âmes errantes qui cherchent un corps, il entre, quand il veut, dans le personnage de chacun. Pour lui seul, tout est vacant; et si de certaines places paraissent lui être fermées, c'est qu'à ses yeux elles ne valent pas la peine d'être visitées.

Le promeneur solitaire et pensif tire une singulière ivresse de cette universelle communion. Celui-là qui épouse facilement la foule connaît des jouissances fiévreuses, dont seront éternellement privés l'égoïste, fermé comme un coffre, et le paresseux, interné comme un mollusque. Il adopte comme siennes toutes les professions, toutes les joies et toutes les misères que la circonstance lui présente.

Ce que les hommes nomment amour est bien petit, bien restreint et bien faible, comparé à cette ineffable orgie, à cette sainte prostitution de l'âme qui se donne tout entière, poésie et charité, à l'imprévu qui se montre, à l'inconnu qui passe.

Il est bon d'apprendre quelquefois aux heureux de ce monde, ne fût-ce que pour humilier un instant leur sot orgueil, qu'il est des bonheurs supérieurs au leur, plus vastes et plus raffinés. Les fondateurs de colonies, les pasteurs de peuples, les prêtres missionnaires exilés au

bout du monde, connaissent sans doute quelque chose de ces mystérieuses ivresses; et, au sein de la vaste famille que leur génie s'est faite, ils doivent rire quelquefois de ceux qui les plaignent pour leur fortune si agitée et pour leur vie si chaste.

XIV

LE VIEUX SALTIMBANQUE

Partout s'étalait, se répandait, s'ébaudissait le peuple en vacances. C'était une de ces solennités sur lesquelles, pendant un long temps, comptent les saltimbanques, les faiseurs de tours, les montreurs d'animaux et les boutiquiers ambulants, pour compenser [1] les mauvais temps de l'année.

En ces jours-là il me semble que le peuple oublie tout, la douleur et le travail; il devient pareil aux enfants. Pour les petits c'est un jour de congé, c'est l'horreur de l'école renvoyée à vingt-quatre heures. Pour les grands c'est un armistice conclu avec les puissances malfaisantes de la vie, un répit dans la contention et la lutte universelle.

L'homme du monde lui-même et l'homme occupé de travaux spirituels échappent difficilement à l'influence de ce jubilé populaire. Ils absorbent, sans le vouloir, leur part de cette atmosphère d'insouciance. Pour moi, je ne manque jamais, en vrai Parisien, de passer la revue de toutes les baraques qui se pavanent à ces époques solennelles.

Elles se faisaient, en vérité, une concurrence formidable : elles piaillaient, beuglaient, hurlaient. C'était un mélange de cris, de détonations de cuivre et d'explosions de fusées. Les queues-rouges et les Jocrisses convulsaient les traits de leurs visages basanés, racornis par le vent, la pluie et le soleil; ils lançaient, avec l'aplomb des comédiens sûrs de leurs effets, des bons mots et des plaisanteries d'un comique solide et lourd, comme celui de Molière. Les

LES
FLEURS DU MAL

PAR

CHARLES BAUDELAIRE

On dit qu'il faut couler les execrables choses
Dans le puits de l'oubli et au sepulchre encloses,
Et que par les escrits le mal resuscité
Infectera les mœurs de la postérité ;
Mais le vice n'a point pour mère la science,
Et la vertu n'est pas fille de l'ignorance.

(THÉODORE AGRIPPA D'AUBIGNÉ, *Les Tragiques*, liv. II

PARIS
POULET-MALASSIS ET DE BROISE
LIBRAIRES-ÉDITEURS
4, rue de Buci.
1857

La page de garde de l'édition de 1857 tirée à 1300 exemplaires.

Ami de longue date, Poulet-Malassis acheta au poète son texte, d'abord promis à M. Lévy.

Au premier plan de ce cénacle, désabusé, le dandy
promène sur le monde un regard assombri...

*Baudelaire a été beaucoup repré-
senté mais il est probable que sa
vérité resta insaisissable.
De haut en bas : par Manet ;
Carzat ; autoportrait.*

Baudelaire
(par Fantin-Latour).

"Le poète jouit de cet
incomparable privilège,
qu'il peut à sa guise être
lui-même et autrui.
Comme ces âmes
errantes qui cherchent un
corps, il entre, quand il
veut, dans le personnage
de chacun. Pour lui seul,
tout est vacant : et si de
certaines places parais-
sent lui être fermées, c'est
qu'à ses yeux elles ne
valent pas la peine d'être
visitées" (*Les Foudres*,
p. 185).

... ce regard que ses contemporains furent nombreux
à essayer de saisir dans ses contradictions.

Depuis une quinzaine d'années,
quand il publie "Les Fleurs du mal", Baudelaire est lié
avec une somptueuse créature, Jeanne.

(Tableau de Manet)

UNE ESTHÉTIQUE DU MÉLANGE

"J'ai trouvé la définition du Beau – de mon Beau. C'est quelque chose d'ardent et de triste, quelque chose d'un peu vague, laissant carrière à la conjecture [...] Une tête séduisante et belle, une tête de femme, veux-je dire, c'est une tête qui fait rêver à la fois – mais d'une manière confuse – de volupté et de tristesse : qui comporte une idée de mélancolie, de lassitude, même de satiété" [...] *(Journaux intimes. Fusées, p. 255).*

"Le seul être en qui [il] ai[t] trouvé le repos la seule femme qu' [il] ai[t] aimée" (30 juin 1845).

4

C. Guy aussi pourchassait la poésie dans des tableaux parisiens.

A la jolie mulâtresse...

...succéda Mme Sabatier, la Présidente.

Dans le "cycle de la Présidente", le terme d'ange est connoté par l'harmonie et la perfection.

Bon à tirer.
Ch. Baudelaire

LES FLEURS DU MAL 145

Quand la pluie étalant ses immenses traînées
D'une vaste prison imite les barreaux,
Et qu'un peuple muet d'horribles araignées
Vient tendre ses filets au fond de nos cerveaux,

Des cloches tout-à-coup sautent avec furie
Et ~~poussent~~ vers le ciel un ~~long gémissement~~,
Ainsi que des esprits errants et sans patrie
Qui se mettent à geindre opiniâtrément.

— Et de ~~grands~~ corbillards, sans tambour ni musique,
~~Passent en foule au fond de~~ mon âme ; et l'Espoir
~~Fuyant vers d'autres cieux~~, l'Angoisse despotique
Sur mon crâne incliné plante son drapeau noir.

[handwritten marginal annotations surrounding the printed text, including: "lançant", "l'affreux hurlement,", "d'anciens", "défilent lentement dans", "pleurant", "Comme un vaincu", and other editorial marks]

[large block of handwritten text spanning the lower half of the page — Baudelaire's manuscript notes to his printer, largely illegible]

Des repentirs de dernière minute ornent les épreuves du poète.

Baudelaire doit une part de sa modernité au soin
apporté à la forme enrichie sans cesse...

Le grand thème lyrique prévaut déjà dans l'esprit de la Renaissance comme chez Dürer ("Melancolia"), par exemple.

UNE MÉDITATION SANS ESPOIR
"Et le Temps m'engloutit minute par minute,
Comme la neige immense un corps pris de roideur :
Je contemple d'en haut le globe en sa rondeur.
Et je n'y cherche plus l'abri d'une cahute"... (p. 100).

... et il donne ses lettres de noblesse au *spleen* plus angoissé que le lamento romantique.

Depuis "Le Salon de 1846",
inspiré par Courbet et Delacroix,
Baudelaire comptait intituler son œuvre poétique
"Les Lesbiennes"...

... et c'est juste avant la publication qu'il adopte le titre définitif.

Après Balzac, Gautier et tant d'autres, Baudelaire
chante la lesbienne, femme dure, selon son idéal,...

Un siècle après (1940) on donne toujours de Baudelaire une interprétation aussi sulfureuse que les contemporains.

FEMMES DAMNÉES

"Comme un bétail pensif sur le sable couchées,
Elles tournent leurs yeux vers l'horizon des mers.
Et leurs pieds se cherchant et leurs mains rapprochées
Ont de douces langueurs et de frissons amers" (p. 142).

*L'élégant Watteau a pu
inspirer au poète ses images de langueur
et de nonchaloir (XXVIII, pp. 52-53).*

... "femme moderne dans sa manifestation héroïque
dans le sens infernal" (1855).

9

Lettre de Baudelaire à Wagner en 1860.

"Un compositeur [...], qui avait vécu longtemps chez nous, pauvre, inconnu [...] mais que...

Cette représentation fit le 13 mars 1861 un beau scandale.

L'IMAGINAIRE DANS LES ARTS

"J'ai souvent entendu dire que la musique ne pouvait pas se vanter de traduire quoi que ce soit avec certitude, comme le fait la parole ou la peinture [...] Elle traduit à sa manière, et par les moyens qui lui sont propres. Dans la musique comme dans la peinture et même dans la parole écrite, [...], il y a toujours une lacune complétée par l'imagination de l'auditeur" (p. 232).

"Je ne puis concevoir l'esprit de la musique résidant ailleurs que dans l'amour"
(Wagner, 1813-1883).

... depuis quinze ans, le public allemand célébrait comme un homme de génie, revenait...".

*"J'ai longtemps habité sous de vastes portiques
Que les soleils marins teignaient de mille feux" (XII, p. 40).
G. Moreau, "Le Jardin de Baudelaire."*

*"Mon cœur est un palais flétri par la cohue" (LV, p.80).
E. Manet, "Dans les Jardins des Tuileries."*

"Le premier qui parla de Paris en damné quotidien
de la capitale" (J. Laforgue) rêva de paysages...

Femme ? Nature ? Devant cette faille, on comprend "La géante".

UN FANTASME À L'ŒUVRE

"Du temps que la Nature en sa verve puissante
Concevait chaque jour des enfants monstrueux,
J'eusse aimé vivre auprès d'une jeune géante,
Comme aux pieds d'une reine un chat voluptueux".
(XIX, p. 45)

... que son imagination lui dicta à partir de sensations
et de souvenirs de voyage.

L'œuvre réactive, en plein
XIXᵉ siècle, le mythe du bon sauvage.

LA BELLE DOROTHÉE

"Pourquoi a-t-elle quitté sa petite case si coquettement
arrangée dont les fleurs et les nattes font à si peu de frais
un si parfait boudoir, où elle prend tant de plaisir à se pei-
gner, à fumer, à se faire éventer ou à se regarder dans
le miroir de ses grands éventails de plumes".. (p. 197).

"Ces beaux et grands navires [...] ne nous disent-ils
pas : [...] quand partons-nous pour le bonheur ?".

14

Illustration des « Fleurs du Mal » par F. Bracquemard.
"O Mort, vieux Capitaine, il est temps ! levons l'ancre" (p. 166).

La mort n'est que le dernier des voyages qui nous
attend inexorablement, thème lyrique s'il en fut.

vision céleste à l'usage de Paul Chenavard

Baudelaire dessinait volontiers et non sans originalité, il était capable de préfigurer des styles auxquels son imaginaire de poète a su frayer la voie.

Hercules, fiers de l'énormité de leurs membres, sans front et sans crâne, comme les orangs-outangs, se prélassaient majestueusement sous les maillots lavés la veille pour la circonstance. Les danseuses, belles comme des fées ou des princesses, sautaient et cabriolaient sous le feu des lanternes qui remplissaient leurs jupes d'étincelles.

Tout n'était que lumière, poussière, cris, joie, tumulte; les uns dépensaient, les autres gagnaient, les uns et les autres également joyeux. Les enfants se suspendaient aux jupons de leurs mères pour obtenir quelque bâton de sucre, ou montaient sur les épaules de leurs pères pour mieux voir un escamoteur éblouissant comme un dieu. Et partout circulait, dominant tous les parfums, une odeur de friture qui était comme l'encens de cette fête.

Au bout, à l'extrême bout de la rangée de baraques, comme si, honteux, il s'était exilé lui-même de toutes ces splendeurs, je vis un pauvre saltimbanque, voûté, caduc, décrépit, une ruine d'homme, adossé contre un des poteaux de sa cahute; une cahute plus misérable que celle du sauvage le plus abruti, et dont deux bouts de chandelles, coulants et fumants, éclairaient trop bien encore la détresse.

Partout la joie, le gain, la débauche; partout la certitude du pain pour les lendemains; partout l'explosion frénétique de la vitalité. Ici la misère absolue, la misère affublée, pour comble d'horreur, de haillons comiques, où la nécessité, bien plus que l'art, avait introduit le contraste. Il ne riait pas, le misérable! Il ne pleurait pas, il ne dansait pas, il ne gesticulait pas, il ne criait pas; il ne chantait aucune chanson, ni gaie, ni lamentable, il n'implorait pas. Il était muet et immobile. Il avait renoncé, il avait abdiqué. Sa destinée était faite.

Mais quel regard profond, inoubliable, il promenait sur la foule et les lumières, dont le flot mouvant s'arrêtait à quelques pas de sa répulsive misère! Je sentis ma gorge serrée par la main terrible de l'hystérie, et il me sembla que mes regards étaient offusqués par ces larmes rebelles qui ne veulent pas tomber.

Que faire? A quoi bon demander à l'infortuné quelle
curiosité, quelle merveille il avait à montrer dans ces
ténèbres puantes, derrière son rideau déchiqueté? En
vérité, je n'osais; et dût la raison de ma timidité vous faire
rire, j'avouerai que je craignais de l'humilier. Enfin, je
venais de me résoudre à déposer en passant quelque argent
sur une de ses planches, espérant qu'il devinerait mon
intention, quand un grand reflux du peuple, causé par je ne
sais quel trouble, m'entraîna loin de lui.

Et, m'en retournant, obsédé par cette vision, je cherchai
à analyser ma soudaine douleur, et je me dis : Je viens de
voir l'image du vieil homme de lettres qui a survécu à la
génération dont il fut le brillant amuseur; du vieux poëte
sans amis, sans famille, sans enfants, dégradé par sa misère
et par l'ingratitude publique, et dans la baraque de qui le
monde oublieux ne veut plus entrer!

XVI

L'HORLOGE

Les Chinois voient l'heure dans l'œil des chats.

Un jour, un missionnaire, se promenant dans la banlieue
de Nankin, s'aperçut qu'il avait oublié sa montre, et
demanda à un petit garçon quelle heure il était.

Le gamin du céleste Empire hésita d'abord; puis, se
ravisant, il répondit : « Je vais vous le dire. » Peu d'instants
après, il reparut, tenant dans ses bras un fort gros chat, et
le regardant, comme on dit, dans le blanc des yeux, il
affirma sans hésiter : « Il n'est pas encore tout à fait midi. »
Ce qui était vrai.

Pour moi, si je me penche vers la belle Féline, la si bien
nommée, qui est à la fois l'honneur de son sexe, l'orgueil de
mon cœur et le parfum de mon esprit, que ce soit la nuit,
que ce soit le jour dans la pleine lumière ou dans l'ombre
opaque, au fond de ses yeux adorables je vois toujours

l'heure distinctement, toujours la même, une heure vaste, solennelle, grande comme l'espace, sans divisions de minutes ni de secondes, – une heure immobile qui n'est pas marquée sur les horloges, et cependant légère comme un soupir, rapide comme un coup d'œil.

Et si quelque importun venait me déranger pendant que mon regard repose sur ce délicieux cadran, si quelque Génie malhonnête et intolérant, quelque Démon du contre-temps venait me dire : « Que regardes-tu là avec tant de soin ? Que cherches-tu dans les yeux de cet être ? Y vois-tu l'heure, mortel prodigue et fainéant ? » Je répondrais sans hésiter : « Oui, je vois l'heure ; il est l'Éternité ! »

N'est-ce pas, madame, que voici un madrigal vraiment méritoire, et aussi emphatique que vous-même ? En vérité, j'ai eu tant de plaisir à broder cette prétentieuse galanterie, que je ne vous demanderai rien en échange.

XVII

UN HÉMISPHÈRE
DANS UNE CHEVELURE

Laisse-moi respirer longtemps, longtemps, l'odeur de tes cheveux, y plonger tout mon visage, comme un homme altéré dans l'eau d'une source, et les agiter avec ma main comme un mouchoir odorant, pour secouer des souvenirs dans l'air.

Si tu pouvais savoir tout ce que je vois ! tout ce que je sens ! tout ce que j'entends dans tes cheveux ! Mon âme voyage sur le parfum comme l'âme des autres hommes sur la musique.

Tes cheveux contiennent tout un rêve, plein de voilures et de mâtures ; ils contiennent de grandes mers dont les moussons me portent vers de charmants climats, où

l'espace est plus bleu et plus profond, où l'atmosphère est parfumée par les fruits, par les feuilles et par la peau humaine.

Dans l'océan de ta chevelure, j'entrevois un port fourmillant de chants mélancoliques, d'hommes vigoureux de toutes nations et de navires de toutes formes découpant leurs architectures fines et compliquées sur un ciel immense où se prélasse l'éternelle chaleur.

Dans les caresses de ta chevelure, je retrouve les langueurs des longues heures passées sur un divan, dans la chambre d'un beau navire, bercées par le roulis imperceptible du port, entre les pots de fleurs et les gargoulettes rafraîchissantes.

Dans l'ardent foyer de ta chevelure, je respire l'odeur du tabac mêlée à l'opium et au sucre; dans la nuit de ta chevelure, je vois resplendir l'infini de l'azur tropical; sur les rivages duvetés de ta chevelure, je m'enivre des odeurs combinées du goudron, du musc et de l'huile de coco.

Laisse-moi mordre longtemps tes tresses lourdes et noires. Quand je mordille tes cheveux élastiques et rebelles il me semble que je mange des souvenirs.

XVIII

L'INVITATION AU VOYAGE

IL est un pays superbe, un pays de Cocagne, dit-on, que je rêve de visiter avec une vieille amie. Pays singulier, noyé dans les brumes de notre Nord, et qu'on pourrait appeler l'Orient de l'Occident, la Chine de l'Europe, tant la chaude et capricieuse fantaisie s'y est donné carrière, tant elle l'a patiemment et opiniâtrement illustré de ses savantes et délicates végétations.

Un vrai pays de Cocagne, où tout est beau, riche, tranquille, honnête; où le luxe a plaisir à se mirer dans l'ordre; où la vie est grasse et douce à respirer; d'où le désordre, la turbulence et l'imprévu sont exclus; où le

bonheur est marié au silence; où la cuisine elle-même est poétique, grasse et excitante à la fois; où tout vous ressemble, mon cher ange.

Tu connais cette maladie fiévreuse qui s'empare de nous dans les froides misères, cette nostalgie du pays qu'on ignore, cette angoisse de la curiosité? Il est une contrée qui te ressemble, où tout est beau, riche, tranquille et honnête, où la fantaisie a bâti et décoré une Chine occidentale, où la vie est douce à respirer, où le bonheur est marié au silence. C'est là qu'il faut aller vivre, c'est là qu'il faut aller mourir!

Oui, c'est là qu'il faut aller respirer, rêver et allonger les heures par l'infini des sensations. Un musicien a écrit l'*Invitation à la valse*; quel est celui qui composera l'*Invitation au voyage,* qu'on puisse offrir à la femme aimée, à la sœur d'élection?

Oui, c'est dans cette atmosphère qu'il ferait bon vivre, – là-bas, où les heures plus lentes contiennent plus de pensées, où les horloges sonnent le bonheur avec une plus profonde et plus significative solennité.

Sur des panneaux luisants, ou sur des cuirs dorés et d'une richesse sombre, vivent discrètement des peintures béates, calmes et profondes, comme les âmes des artistes qui les créèrent. Les soleils couchants, qui colorent si richement la salle à manger ou le salon, sont tamisés par de belles étoffes ou par ces hautes fenêtres ouvragées que le plomb divise en nombreux compartiments. Les meubles sont vastes, curieux, bizarres, armés de serrures et de secrets comme des âmes raffinées. Les miroirs, les métaux, les étoffes, l'orfèvrerie et la faïence y jouent pour les yeux une symphonie muette et mystérieuse; et de toutes choses, de tous les coins, des fissures des tiroirs et des plis des étoffes s'échappe un parfum singulier, un *revenez-y* de Sumatra, qui est comme l'âme de l'appartement.

Un vrai pays de Cocagne, te dis-je, où tout est riche, propre et luisant, comme une belle conscience, comme une magnifique batterie de cuisine, comme une splendide orfèvrerie, comme une bijouterie bariolée! Les trésors du

monde y affluent, comme dans la maison d'un homme laborieux et qui a bien mérité du monde entier. Pays singulier, supérieur aux autres, comme l'Art l'est à la Nature, où celle-ci est réformée par le rêve, où elle est corrigée, embellie, refondue.

Qu'ils cherchent, qu'ils cherchent encore, qu'ils reculent sans cesse les limites de leur bonheur, ces alchimistes de l'horticulture! Qu'ils proposent des prix de soixante et de cent mille florins pour qui résoudra leurs ambitieux problèmes! Moi, j'ai trouvé ma *tulipe noire* et mon *dahlia bleu*!

Fleur incomparable, tulipe retrouvée, allégorique dahlia, c'est là, n'est-ce pas, dans ce beau pays si calme et si rêveur, qu'il faudrait aller vivre et fleurir? Ne serais-tu pas encadrée dans ton analogie, et ne pourrais-tu pas te mirer, pour parler comme les mystiques, dans ta propre *correspondance*?

Des rêves! toujours des rêves! et plus l'âme est ambitieuse et délicate, plus les rêves s'éloignent du possible. Chaque homme porte en lui sa dose d'opium naturel, incessamment sécrétée et renouvelée, et, de la naissance à la mort, combien comptons-nous d'heures remplies par la jouissance positive, par l'action réussie et décidée? Vivrons-nous jamais, passerons-nous jamais dans ce tableau qu'a peint mon esprit, ce tableau qui te ressemble?

Ces trésors, ces meubles, ce luxe, cet ordre, ces parfums, ces fleurs miraculeuses, c'est toi. C'est encore toi, ces grands fleuves et ces canaux tranquilles. Ces énormes navires qu'ils charrient, tout chargés de richesses, et d'où montent les chants monotones de la manœuvre, ce sont mes pensées qui dorment ou qui roulent sur ton sein. Tu les conduis doucement vers la mer qui est l'Infini, tout en réfléchissant les profondeurs du ciel dans la limpidité de ta belle âme; – et quand, fatigués par la houle et gorgés des produits de l'Orient, ils rentrent au port natal, ce sont encore mes pensées enrichies qui reviennent de l'Infini vers toi.

XXII

LE CRÉPUSCULE DU SOIR

Le jour tombe. Un grand apaisement se fait dans les pauvres esprits fatigués du labeur de la journée; et leurs pensées prennent maintenant les couleurs tendres et indécises du crépuscule.

Cependant du haut de la montagne arrive à mon balcon, à travers les nues transparentes du soir, un grand hurlement, composé d'une foule de cris discordants, que l'espace transforme en une lugubre harmonie, comme celle de la marée ou d'une tempête qui s'éveille.

Quels sont les infortunés que le soir ne calme pas, et qui prennent, comme les hiboux, la venue de la nuit pour un signal de sabbat? Cette sinistre ululation nous arrive du noir hospice perché sur la montagne; et, le soir, en fumant et en contemplant le repos de l'immense vallée, hérissée de maisons dont chaque fenêtre dit : « C'est ici la paix maintenant; c'est ici la joie de la famille! » je puis, quand le vent souffle de là-haut, bercer ma pensée étonnée à cette imitation des harmonies de l'enfer.

Le crépuscule excite les fous. – Je me souviens que j'ai eu deux amis que le crépuscule rendait tout malades. L'un méconnaissait alors tous les rapports d'amitié et de politesse, et maltraitait, comme un sauvage, le premier venu. Je l'ai vu jeter à la tête d'un maître d'hôtel un excellent poulet, dans lequel il croyait voir je ne sais quel insultant hiéroglyphe. Le soir, précurseur des voluptés profondes, lui gâtait les choses les plus succulentes.

L'autre, un ambitieux blessé, devenait, à mesure que le jour baissait, plus aigre, plus sombre, plus taquin. Indulgent et sociable encore pendant la journée, il était impitoyable le soir; et ce n'était pas seulement sur autrui, mais aussi sur lui-même, que s'exerçait rageusement sa manie crépusculeuse.

Le premier est mort fou, incapable de reconnaître sa

femme et son enfant; le second porte en lui l'inquiétude
d'un malaise perpétuel, et fût-il gratifié de tous les
honneurs que peuvent conférer les républiques et les
princes, je crois que le crépuscule allumerait encore en lui
la brûlante envie de distinctions imaginaires. La nuit, qui
mettait ses ténèbres dans leur esprit, fait la lumière dans le
mien; et, bien qu'il ne soit pas rare de voir la même cause
engendrer deux effets contraires, j'en suis toujours comme
intrigué et alarmé.

O nuit! rafraîchissantes ténèbres! Vous êtes pour moi le
signal d'une fête intérieure, vous êtes la délivrance d'une
angoisse! Dans la solitude des plaines, dans les labyrinthes
pierreux d'une capitale, scintillement des étoiles, explosion
des lanternes, vous êtes le feu d'artifice de la déesse
Liberté.

Crépuscule, comme vous êtes doux et tendre! Les lueurs
roses qui traînent encore à l'horizon comme l'agonie du
jour sous l'oppression victorieuse de sa nuit, les feux des
candélabres qui font des taches d'un rouge opaque sur les
dernières gloires du couchant, les lourdes draperies qu'une
main invisible attire des profondeurs de l'Orient, imitent
tous les sentiments compliqués qui luttent dans le cœur de
l'homme aux heures solennelles de la vie.

On dirait encore une de ces robes étranges de danseuses,
où une gaze transparente et sombre laisse entrevoir les
splendeurs amorties d'une jupe éclatante, comme sous le
noir présent transperce le délicieux passé; et les étoiles
vacillantes d'or et d'argent, dont elle est semée, représen-
tent ces feux de la fantaisie qui ne s'allument bien que sous
le deuil profond de la Nuit.

XXIII

LA SOLITUDE

Un gazetier philanthrope me dit que la solitude est mauvaise pour l'homme; et à l'appui de sa thèse il cite, comme tous les incrédules, des paroles des Pères de l'Église.

Je sais que le Démon fréquente volontiers les lieux arides, et que l'Esprit de meurtre et de lubricité s'enflamme merveilleusement dans les solitudes. Mais il serait possible que cette solitude ne fût dangereuse que pour l'âme oisive et divagante qui la peuple de ses passions et de ses chimères.

Il est certain qu'un bavard, dont le suprême plaisir consiste à parler du haut d'une chaire ou d'une tribune, risquerait fort de devenir fou furieux dans l'île de Robinson. Je n'exige pas de mon gazetier les courageuses vertus de Crusoé, mais je demande qu'il ne décrète pas d'accusation les amoureux de la solitude et du mystère.

Il y a, dans nos races jacassières, des individus qui accepteraient avec moins de répugnance le supplice suprême, s'il leur était permis de faire du haut de l'échafaud une copieuse harangue, sans craindre que les tambours de Santerre ne leur coupassent intempestivement la parole.

Je ne les plains pas, parce que je devine que leurs effusions oratoires leur procurent des voluptés égales à celles que d'autres tirent du silence et du recueillement; mais je les méprise.

Je désire surtout que mon maudit gazetier me laisse m'amuser à ma guise. « Vous n'éprouvez donc jamais, – me dit-il, avec un ton de nez très apostolique, – le besoin de partager vos jouissances? » Voyez-vous le subtil envieux! Il sait que je dédaigne les siennes, et il vient s'insinuer dans les miennes, le hideux trouble-fête!

« Ce grand malheur de ne pouvoir être seul!... » dit

quelque part La Bruyère, comme pour faire honte à tous ceux qui courent s'oublier dans la foule, craignant sans doute de ne pouvoir se supporter eux-mêmes.

« Presque tous nos malheurs nous viennent de n'avoir pas su rester dans notre chambre », dit un autre sage, Pascal, je crois, rappelant ainsi dans la cellule du recueillement tous ces affolés qui cherchent le bonheur dans le mouvement et dans une prostitution que je pourrais appeler *fraternitaire,* si je voulais parler la belle langue de mon siècle.

XXV

LA BELLE DOROTHÉE

Le soleil accable la ville de sa lumière droite et terrible; le sable est éblouissant et la mer miroite. Le monde stupéfié s'affaisse lâchement et fait la sieste, une sieste qui est une espèce de mort savoureuse où le dormeur, à demi éveillé, goûte les voluptés de son anéantissement.

Cependant Dorothée, forte et fière comme le soleil, s'avance dans la rue déserte, seule vivante à cette heure sous l'immense azur, et faisant sur la lumière une tache éclatante et noire.

Elle s'avance, balançant mollement son torse si mince sur ses hanches si larges. Sa robe de soie collante, d'un ton clair et rose, tranche vivement sur les ténèbres de sa peau et moule exactement sa taille longue, son dos creux et sa gorge pointue.

Son ombrelle rouge, tamisant la lumière, projette sur son visage sombre le fard sanglant de ses reflets.

Le poids de son énorme chevelure presque bleue tire en arrière sa tête délicate et lui donne un air triomphant et paresseux. De lourdes pendeloques gazouillent secrètement à ses mignonnes oreilles.

De temps en temps la brise de mer soulève par le coin sa jupe flottante et montre sa jambe luisante et superbe; et son pied, pareil aux pieds des déesses de marbre que l'Europe enferme dans ses musées, imprime fidèlement sa forme sur le sable fin. Car Dorothée est si prodigieusement coquette que le plaisir d'être admirée l'emporte chez elle sur l'orgueil de l'affranchie, et, bien qu'elle soit libre, elle marche sans souliers.

Elle s'avance ainsi, harmonieusement, heureuse de vivre et souriant d'un blanc sourire, comme si elle apercevait au loin dans l'espace un miroir reflétant sa démarche et sa beauté.

A l'heure où les chiens eux-mêmes gémissent de douleur sous le soleil qui les mord, quel puissant motif fait donc aller ainsi la paresseuse Dorothée, belle et froide comme le bronze?

Pourquoi a-t-elle quitté sa petite case si coquettement arrangée, dont les fleurs et les nattes font à si peu de frais un parfait boudoir; où elle prend tant de plaisir à se peigner, à fumer, à se faire éventer ou à se regarder dans le miroir de ses grands éventails de plumes, pendant que la mer, qui bat la plage à cent pas de là, fait à ses rêveries indécises un puissant et monotone accompagnement, et que la marmite de fer, où cuit un ragoût de crabes au riz et au safran, lui renvoie, du fond de la cour, ses parfums excitants?

Peut-être a-t-elle un rendez-vous avec quelque jeune officier qui, sur des plages lointaines, a entendu parler par ses camarades de la célèbre Dorothée. Infailliblement elle le priera, la simple créature, de lui décrire le bal de l'Opéra, et lui demandera si on peut y aller pieds nus, comme aux danses du dimanche, où les vieilles Cafrines elles-mêmes deviennent ivres et furieuses de joie; et puis encore si les belles dames de Paris sont toutes plus belles qu'elle.

Dorothée est admirée et choyée de tous, et elle serait parfaitement heureuse si elle n'était obligée d'entasser piastre sur piastre pour racheter sa petite sœur qui a bien

onze ans, et qui est déjà mûre, et si belle! Elle réussira sans
doute, la bonne Dorothée; le maître de l'enfant est si avare,
trop avare, pour comprendre une autre beauté que celle
des écus!

XXVII

UNE MORT HÉROÏQUE

FANCIOULLE était un admirable bouffon, et presque un
des amis du Prince. Mais pour les personnes vouées par
état au comique, les choses sérieuses ont de fatales
attractions, et, bien qu'il puisse paraître bizarre que les
idées de patrie et de liberté s'emparent despotiquement du
cerveau d'un histrion, un jour Fancioulle entra dans une
conspiration formée par quelques gentilshommes mécon-
tents.

Il existe partout des hommes de bien pour dénoncer au
pouvoir ces individus d'humeur atrabilaire qui veulent
déposer les princes et opérer, sans la consulter, le démé-
nagement d'une société. Les seigneurs en question furent
arrêtés, ainsi que Fancioulle, et voués à une mort certai-
ne.

Je croirais volontiers que le Prince fut presque fâché de
trouver son comédien favori parmi les rebelles. Le Prince
n'était ni meilleur ni pire qu'un autre; mais une excessive
sensibilité le rendait, en beaucoup de cas, plus cruel et plus
despote que tous ses pareils. Amoureux passionné des
beaux-arts, excellent connaisseur d'ailleurs, il était vrai-
ment insatiable de volupté. Assez indifférent relativement
aux hommes et à la morale, véritable artiste lui-même, il ne
connaissait d'ennemi dangereux que l'Ennui, et les efforts
bizarres qu'il faisait pour fuir ou pour vaincre ce tyran du
monde lui auraient certainement attiré, de la part d'un
historien sévère, l'épithète de « monstre », s'il avait été
permis, dans ses domaines, d'écrire quoi que ce fût qui ne
tendît pas uniquement au plaisir ou à l'étonnement, qui est

une des formes les plus délicates du plaisir. Le grand
malheur de ce Prince fut qu'il n'eût jamais un théâtre
assez vaste pour son génie. Il y a des jeunes Nérons qui
étouffent dans des limites trop étroites, et dont les siècles à
venir ignoreront toujours le nom et la bonne volonté.
L'imprévoyante Providence avait donné à celui-ci des
facultés plus grandes que ses États.

Tout d'un coup le bruit courut que le souverain voulait
faire grâce à tous les conjurés; et l'origine de ce bruit fut
l'annonce d'un grand spectacle où Fancioulle devait jouer
l'un de ses principaux et de ses meilleurs rôles, et auquel
assisteraient même, disait-on, les gentilshommes condam-
nés; signe évident, ajoutaient les esprits superficiels, des
tendances généreuses du Prince offensé.

De la part d'un homme aussi naturellement et volon-
tairement excentrique, tout était possible, même la vertu,
même la clémence, surtout s'il avait pu espérer d'y trouver
des plaisirs inattendus. Mais pour ceux qui, comme moi,
avaient pu pénétrer plus avant dans les profondeurs de
cette âme curieuse et malade, il était infiniment plus
probable que le Prince voulait juger de la valeur des talents
scéniques d'un homme condamné à mort. Il voulait
profiter de l'occasion pour faire une expérience physiolo-
gique d'un intérêt *capital,* et vérifier jusqu'à quel point les
facultés habituelles d'un artiste pouvaient être altérées ou
modifiées par la situation extraordinaire où il se trouvait;
au-delà, existait-il dans son âme une intention plus ou
moins arrêtée de clémence? C'est un point qui n'a jamais
pu être éclairci.

Enfin, le grand jour arrivé, cette petite cour déploya
toutes ses pompes, et il serait difficile de concevoir, à
moins de l'avoir vu, tout ce que la classe privilégiée d'un
petit État, à ressources restreintes, peut montrer de
splendeurs pour une vraie solennité. Celle-là était double-
ment vraie, d'abord par la magie du luxe étalé, ensuite par
l'intérêt moral et mystérieux qui y était attaché.

Le sieur Fancioulle excellait surtout dans les rôles muets
ou peu chargés de paroles, qui sont souvent les principaux

dans ces drames féeriques dont l'objet est de représenter symboliquement le mystère de la vie. Il entra en scène légèrement et avec une aisance parfaite, ce qui contribua à fortifier, dans le noble public, l'idée de douceur et de pardon.

Quand on dit d'un comédien : « Voilà un bon comédien », on se sert d'une formule qui implique que sous le personnage se laisse encore deviner le comédien : c'est-à-dire l'art, l'effort, la volonté. Or, si un comédien arrivait à être, relativement au personnage qu'il est chargé d'exprimer, ce que les meilleures statues de l'antiquité, miraculeusement animées, vivantes, marchantes, voyantes, seraient relativement à l'idée générale et confuse de beauté, ce serait là, sans doute, un cas singulier et tout à fait imprévu. Fancioulle fut, ce soir-là, une parfaite idéalisation qu'il était impossible de ne pas supposer vivante, possible, réelle. Ce bouffon allait, venait, riait, pleurait, se convulsait, avec une indestructible auréole autour de la tête, auréole invisible pour tous, mais visible pour moi, et où se mêlaient, dans un étrange amalgame, les rayons de l'Art et la Gloire du Martyre. Fancioulle introduisait, par je ne sais quelle grâce spéciale, le divin et le surnaturel, jusque dans les plus extravagantes bouffonneries. Ma plume tremble et des larmes d'une émotion toujours présente me montent aux yeux pendant que je cherche à vous décrire cette inoubliable soirée. Fancioulle me prouvait, d'une manière péremptoire, irréfutable, que l'ivresse de l'Art est plus apte que toute autre à voiler les terreurs du gouffre; que le génie peut jouer la comédie au bord de la tombe avec une joie qui l'empêche de voir la tombe, perdu, comme il est, dans un paradis excluant toute idée de tombe et de destruction.

Tout ce public, si blasé et frivole qu'il pût être, subit bientôt la toute-puissante domination de l'artiste. Personne ne rêva plus de mort, de deuil, ni de supplices. Chacun s'abandonna, sans inquiétude, aux voluptés multipliées que donne la vue d'un chef-d'œuvre d'art vivant. Les explosions de la joie et de l'admiration ébranlèrent à

plusieurs reprises les voûtes de l'édifice avec l'énergie d'un tonnerre continu. Le Prince lui-même, énivré, mêla ses applaudissements à ceux de sa cour.

Cependant, pour un œil clairvoyant, son ivresse, à lui, n'était pas sans mélange. Se sentait-il vaincu dans son pouvoir de despote? humilié dans son art de terrifier les cœurs et d'engourdir les esprits? frustré de ses espérances et bafoué dans ses prévisions? De telles suppositions non exactement justifiées, mais non absolument injustifiables, traversèrent mon esprit pendant que je contemplais le visage du Prince, sur lequel une pâleur nouvelle s'ajoutait sans cesse à sa pâleur habituelle, comme la neige s'ajoute à la neige. Ses lèvres se resserraient de plus en plus, et ses yeux s'éclairaient d'un feu intérieur semblable à celui de la jalousie et de la rancune, même pendant qu'il applaudissait ostensiblement les talents de son vieil ami, l'étrange bouffon, qui bouffonnait si bien la mort. A un certain moment, je vis Son Altesse se pencher vers un petit page, placé derrière elle, et lui parler à l'oreille. La physionomie espiègle du joli enfant s'illumina d'un sourire; et puis il quitta vivement la loge princière, comme pour s'acquitter d'une commission urgente.

Quelques minutes plus tard un coup de sifflet aigu, prolongé, interrompit Fancioulle dans un de ses meilleurs moments, et déchira à la fois les oreilles et les cœurs. Et de l'endroit de la salle d'où avait jailli cette désapprobation inattendue, un enfant se précipitait dans un corridor, avec des rires étouffés.

Fancioulle, secoué, réveillé dans son rêve, ferma d'abord les yeux, puis les rouvrit presque aussitôt démesurément agrandis, ouvrit ensuite la bouche comme pour respirer convulsivement, chancela un peu en avant, un peu en arrière, et puis tomba roide mort sur les planches.

Le sifflet, rapide comme un glaive, avait-il réellement frustré le bourreau? Le Prince avait-il lui-même deviné toute l'homicide efficacité de sa ruse? Il est permis d'en douter. Regretta-t-il son cher et inimitable Fancioulle? Il est doux et légitime de le croire.

Les gentilshommes coupables avaient joui pour la dernière fois du spectacle de la comédie. Dans la même nuit ils furent effacés de la vie.

Depuis lors, plusieurs mimes, justement appréciés dans différents pays, sont venus jouer devant la cour de ***; mais aucun d'eux n'a pu rappeler les merveilleux talents de Fancioulle, ni s'élever jusqu'à la même *faveur*.

XXXIII

ENIVREZ-VOUS

Il faut être toujours ivre. Tout est là : c'est l'unique question. Pour ne pas sentir l'horrible fardeau du Temps qui brise vos épaules et vous penche vers la terre, il faut vous enivrer sans trêve.

Mais de quoi? De vin, de poésie ou de vertu, à votre guise. Mais enivrez-vous.

Et si quelquefois, sur les marches d'un palais, sur l'herbe verte d'un fossé, dans la solitude morne de votre chambre, vous vous réveillez, l'ivresse déjà diminuée ou disparue, demandez au vent, à la vague, à l'étoile, à l'oiseau, à l'horloge, à tout ce qui fuit, à tout ce qui gémit, à tout ce qui roule, à tout ce qui chante, à tout ce qui parle, demandez quelle heure il est; et le vent, la vague, l'étoile, l'oiseau, l'horloge, vous répondront : « Il est l'heure de s'enivrer! Pour n'être pas les esclaves martyrisés du Temps, enivrez-vous sans cesse! De vin, de poésie ou de vertu, à votre guise. »

XXXIV

DÉJÀ

CENT fois déjà le soleil avait jailli, radieux ou attristé, de cette cuve immense de la mer dont les bords ne se laissent qu'à peine apercevoir; cent fois il s'était replongé, étincelant ou morose, dans son immense bain du soir. Depuis nombre de jours, nous pouvions contempler l'autre côté du firmament et déchiffrer l'alphabet céleste des antipodes. Et chacun des passagers gémissait et grognait. On eût dit que l'approche de la terre exaspérait leur souffrance. « Quand donc, disaient-ils, cesserons-nous de dormir un sommeil secoué par la lame, troublé par un vent qui ronfle plus haut que nous? Quand pourrons-nous manger de la viande qui ne soit pas salée comme l'élément infâme qui nous porte? Quand pourrons-nous digérer dans un fauteuil immobile? »

Il y en avait qui pensaient à leur foyer, qui regrettaient leurs femmes infidèles et maussades, et leur progéniture criarde. Tous étaient si affolés par l'image de la terre absente, qu'ils auraient, je crois, mangé de l'herbe avec plus d'enthousiasme que les bêtes.

Enfin un rivage fut signalé; et nous vîmes, en approchant, que c'était une terre magnifique, éblouissante. Il semblait que les musiques de la vie s'en détachaient en un vague murmure, et que de ces côtes, riches en verdures de toute sorte, s'exhalait, jusqu'à plusieurs lieues, une délicieuse odeur de fleurs et de fruits.

Aussitôt chacun fut joyeux, chacun abdiqua sa mauvaise humeur. Toutes les querelles furent oubliées, tous les torts réciproques pardonnés; les duels convenus furent rayés de la mémoire, et les rancunes s'envolèrent comme des fumées.

Moi seul j'étais triste, inconcevablement triste. Semblable à un prêtre à qui on arracherait sa divinité, je ne pouvais, sans une navrante amertume, me détacher de

cette mer si monstrueusement séduisante, de cette mer si
infiniment variée dans son effrayante simplicité, et qui
semble contenir en elle et représenter par ses jeux, ses
allures, ses colères et ses sourires, les humeurs, les agonies
et les extases de toutes les âmes qui ont vécu, qui vivent et
qui vivront!

En disant adieu à cette incomparable beauté, je me
sentais abattu jusqu'à la mort; et c'est pourquoi, quand
chacun de mes compagnons dit : « Enfin! » je ne pus crier
que : « *Déjà!* »

Cependant c'était la terre, la terre avec ses bruits, ses
passions, ses commodités, ses fêtes; c'était une terre riche
et magnifique, pleine de promesses, qui nous envoyait un
mystérieux parfum de rose et de musc, et d'où les
musiques de la vie nous arrivaient en un amoureux
murmure.

XXXV

LES FENÊTRES

CELUI qui regarde du dehors à travers une fenêtre
ouverte ne voit jamais autant de choses que celui qui
regarde une fenêtre fermée. Il n'est pas d'objet plus
profond, plus mystérieux, plus fécond, plus ténébreux, plus
éblouissant qu'une fenêtre éclairée d'une chandelle. Ce
qu'on peut voir au soleil est toujours moins intéressant que
ce qui se passe derrière une vitre. Dans ce trou noir ou
lumineux vit la vie, rêve la vie, souffre la vie.

Par delà des vagues de toits, j'aperçois une femme mûre,
ridée déjà, pauvre, toujours penchée sur quelque chose, et
qui ne sort jamais. Avec son visage, avec son vêtement,
avec son geste, avec presque rien, j'ai refait l'histoire de
cette femme, ou plutôt sa légende, et quelquefois je me la
raconte à moi-même en pleurant.

Si c'eût été un pauvre vieux homme, j'aurais refait la sienne tout aussi aisément.

Et je me couche, fier d'avoir vécu et souffert dans d'autres que moi-même.

Peut-être me direz-vous : « Es-tu sûr que cette légende soit la vraie? » Qu'importe ce que peut être la réalité placée hors de moi, si elle m'a aidé à vivre, à sentir que je suis et ce que je suis?

XXXVI

LE DÉSIR DE PEINDRE

Malheureux peut-être l'homme, mais heureux l'artiste que le désir déchire!

Je brûle de peindre celle qui m'est apparue si rarement et qui a fui si vite, comme une belle chose regrettable derrière le voyageur emporté dans la nuit. Comme il y a longtemps déjà qu'elle a disparu!

Elle est belle, et plus que belle; elle est surprenante. En elle le noir abonde : et tout ce qu'elle inspire est nocturne et profond. Ses yeux sont deux antres où scintille vaguement le mystère, et son regard illumine comme l'éclair : c'est une explosion dans les ténèbres.

Je la comparerais à un soleil noir, si l'on pouvait concevoir un astre noir versant la lumière et le bonheur. Mais elle fait plus volontiers penser à la lune, qui sans doute l'a marquée de sa redoutable influence; non pas la lune blanche des idylles, qui ressemble à une froide mariée, mais la lune sinistre et enivrante, suspendue au fond d'une nuit orageuse et bousculée par les nuées qui courent; non pas la lune paisible et discrète visitant le sommeil des hommes purs, mais la lune arrachée du ciel, vaincue et révoltée, que les Sorcières thessaliennes contraignent durement à danser sur l'herbe terrifiée!

Dans son petit front habitent la volonté tenace et
l'amour de la proie. Cependant, au bas de ce visage
inquiétant, où des narines mobiles aspirent l'inconnu et
l'impossible, éclate, avec une grâce inexprimable, le rire
d'une grande bouche, rouge et blanche, et délicieuse, qui
fait rêver au miracle d'une superbe fleur éclose dans un
terrain volcanique.

Il y a des femmes qui inspirent l'envie de les vaincre et
de jouir d'elles; mais celle-ci donne le désir de mourir
lentement sous son regard.

XXXVII

LES BIENFAITS DE LA LUNE

La Lune, qui est le caprice même, regarda par la fenêtre,
pendant que tu dormais dans ton berceau, et se dit : « Cette
enfant me plaît. »

Et elle descendit moelleusement son escalier de nuages,
et passa sans bruit à travers les vitres. Puis elle s'étendit sur
toi avec la tendresse souple d'une mère, et elle déposa ses
couleurs sur ta face. Tes prunelles en sont restées vertes, et
tes joues extraordinairement pâles. C'est en contemplant
cette visiteuse que tes yeux se sont si bizarrement agrandis;
et elle t'a si tendrement serrée à la gorge que tu en as gardé
pour toujours l'envie de pleurer.

Cependant, dans l'expansion de sa joie, la Lune rem-
plissait toute la chambre, comme une atmosphère phos-
phorique, comme un poison lumineux; et toute cette
lumière vivante pensait et disait : « Tu subiras éternelle-
ment l'influence de mon baiser. Tu seras belle à ma
manière. Tu aimeras ce que j'aime et ce qui m'aime : l'eau,
les nuages, le silence et la nuit; la mer immense et verte;
l'eau informe et multiforme; le lieu où tu ne seras pas;
l'amant que tu ne connaîtras pas; les fleurs monstrueuses;
les parfums qui font délirer; les chats qui se pâment sur les

pianos, et qui gémissent comme les femmes, d'une voix rauque et douce!

« Et tu seras aimée de mes amants, courtisée par mes courtisans. Tu seras la reine des hommes aux yeux verts, dont j'ai serré aussi la gorge dans mes caresses nocturnes; de ceux-là qui aiment la mer, la mer immense, tumultueuse et verte, l'eau informe et multiforme, le lieu où ils ne sont pas, la femme qu'ils ne connaissent pas, les fleurs sinistres qui ressemblent aux encensoirs d'une religion inconnue, les parfums qui troublent la volonté, et les animaux sauvages et voluptueux qui sont les emblèmes de leur folie. »

Et c'est pour cela, maudite chère enfant gâtée, que je suis maintenant couché à tes pieds, cherchant dans toute ta personne le reflet de la redoutable Divinité, de la fatidique marraine, de la nourrice empoisonneuse de tous les *lunatiques*.

XL

LE MIROIR

Un homme épouvantable entre et se regarde dans la glace.

« — Pourquoi vous regardez-vous au miroir, puisque vous ne pouvez vous y voir qu'avec déplaisir? »

L'homme épouvantable me répond : « — Monsieur, d'après les immortels principes de 89, tous les hommes sont égaux en droits; donc je possède le droit de me mirer; avec plaisir ou déplaisir, cela ne regarde que ma conscience. »

Au nom du bon sens, j'avais sans doute raison; mais, au point de vue de la loi, il n'avait pas tort.

XLI

LE PORT

Un port est un séjour charmant pour une âme fatiguée des luttes de la vie. L'ampleur du ciel, l'architecture mobile des nuages, les colorations changeantes de la mer, le scintillement des phares, sont un prisme merveilleusement propre à amuser les yeux sans jamais les lasser. Les formes élancées des navires, au gréement compliqué, auxquels la houle imprime des oscillations harmonieuses, servent à entretenir dans l'âme le goût du rythme et de la beauté. Et puis, surtout, il y a une sorte de plaisir mystérieux et aristocratique pour celui qui n'a plus ni curiosité ni ambition, à contempler, couché dans le belvédère ou accoudé sur le môle, tous ces mouvements de ceux qui partent et de ceux qui reviennent, de ceux qui ont encore la force de vouloir, le désir de voyager ou de s'enrichir.

XLVIII

ANY WHERE OUT OF THE WORLD

N'IMPORTE OÙ HORS DU MONDE

Cette vie est un hôpital où chaque malade est possédé du désir de changer de lit. Celui-ci voudrait souffrir en face du poêle, et celui-là croit qu'il guérirait à côté de la fenêtre.

Il me semble que je serais toujours bien là où je ne suis pas, et cette question de déménagement en est une que je discute sans cesse avec mon âme.

« Dis-moi, mon âme, pauvre âme refroidie, que penserais-tu d'habiter Lisbonne? Il doit y faire chaud, et tu t'y

ragaillardirais comme un lézard. Cette ville est au bord de l'eau; on dit qu'elle est bâtie en marbre, et que le peuple y a une telle haine du végétal, qu'il arrache tous les arbres. Voilà un paysage selon ton goût; un paysage fait avec la lumière et le minéral, et le liquide pour les réfléchir! »

Mon âme ne répond pas.

« Puisque tu aimes tant le repos, avec le spectacle du mouvement, veux-tu venir habiter la Hollande, cette terre béatifiante? Peut-être te divertiras-tu dans cette contrée dont tu as souvent admiré l'image dans les musées. Que penserais-tu de Rotterdam, toi qui aimes les forêts de mâts, et les navires amarrés au pied des maisons? »

Mon âme reste muette.

« Batavia te sourirait peut-être davantage? Nous y trouverions d'ailleurs l'esprit de l'Europe marié à la beauté tropicale. »

Pas un mot. — Mon âme serait-elle morte?

« En es-tu donc venue à ce point d'engourdissement que tu ne te plaises que dans ton mal? S'il en est ainsi, fuyons vers les pays qui sont les analogies de la Mort. — Je tiens notre affaire, pauvre âme! Nous ferons nos malles pour Tornéo. Allons plus loin encore, à l'extrême bout de la Baltique; encore plus loin de la vie, si c'est possible; installons-nous au pôle. Là le soleil ne frise qu'obliquement la terre, et les lentes alternatives de la lumière et de la nuit suppriment la variété et augmentent la monotonie, cette moitié du néant. Là, nous pourrons prendre de longs bains de ténèbres, cependant que, pour nous divertir, les aurores boréales nous enverront de temps en temps leurs gerbes roses, comme des reflets d'un feu d'artifice de l'Enfer! »

Enfin, mon âme fait explosion, et sagement elle me crie : « N'importe où! pourvu que ce soit hors de ce monde! »

ÉPILOGUE

Le cœur content, je suis monté sur la montagne
D'où l'on peut contempler la ville en son ampleur,
Hôpital, lupanar, purgatoire, enfer, bagne,

Où toute énormité fleurit comme une fleur.
Tu sais bien, ô Satan, patron de ma détresse,
Que je n'allais pas là pour répandre un vain pleur;

Mais, comme un vieux paillard d'une vieille maîtresse,
Je voulais m'enivrer de l'énorme catin
Dont le charme infernal me rajeunit sans cesse.

Que tu dormes encor dans les draps du matin,
Lourde, obscure, enrhumée, ou que tu te pavanes
Dans les voiles du soir passementés d'or fin,

Je t'aime, ô capitale infâme! Courtisanes
Et bandits, tels souvent vous offrez des plaisirs
Que ne comprennent pas les vulgaires profanes.

AUTRES TEXTES

CURIOSITÉS ESTHÉTIQUES
(Choix)

IV

MORALE DU JOUJOU

Il y a bien des années, – combien? je n'en sais rien; cela remonte aux temps nébuleux de la première enfance, – je fus emmené par ma mère en visite chez une dame Panckoucke. Était-ce la mère, la femme, la belle-sœur du Panckoucke actuel? Je l'ignore. Je me souviens que c'était dans un hôtel très calme, un de ces hôtels où l'herbe verdit les coins de la cour, dans une rue silencieuse, la rue des Poitevins. Cette maison passait pour très hospitalière, et à de certains jours elle devenait lumineuse et bruyante. J'ai beaucoup entendu parler d'un bal masqué où M. Alexandre Dumas, qu'on appelait alors le jeune auteur d'*Henry III*, produisit un grand effet, avec Mlle Élisa Mercœur à son bras, déguisée en page.

Je me rappelle très distinctement que cette dame était habillée de velours et de fourrure. Au bout de quelque temps, elle dit : « Voici un petit garçon à qui je veux donner quelque chose, afin qu'il se souvienne de moi. » Elle me prit par la main, et nous traversâmes plusieurs pièces; puis elle ouvrit la porte d'une chambre où s'offrait un spectacle extraordinaire et vraiment féérique. Les murs ne se voyaient pas, tellement ils étaient revêtus de joujoux. Le plafond disparaissait sous une floraison de joujoux qui pendaient comme des stalactites merveilleuses. Le plan-

cher offrait à peine un étroit sentier où poser les pieds. Il y
avait là un monde de jouets de toute espèce, depuis les plus
chers jusqu'aux plus modestes, depuis les plus simples
jusqu'aux plus compliqués.

« Voici, dit-elle, le trésor des enfants. J'ai un petit
budget qui leur est consacré, et quand un gentil petit
garçon vient me voir, je l'amène ici, afin qu'il emporte un
souvenir de moi. Choisissez. »

Avec cette admirable et lumineuse promptitude qui
caractérise les enfants, chez qui le désir, la délibération et
l'action ne font, pour ainsi dire, qu'une seule faculté, par
laquelle ils se distinguent des hommes dégénérés, en qui,
au contraire, la délibération mange presque tout le temps,
– je m'emparai immédiatement du plus beau, du plus cher,
du plus voyant, du plus frais, du plus bizarre des joujoux.
Ma mère se récria sur mon indiscrétion et s'opposa
obstinément à ce que je l'emportasse. Elle voulait que je
me contentasse d'un objet infiniment médiocre. Mais je ne
pouvais y consentir, et, pour tout accorder, je me résignai à
un *juste-milieu*.

Il m'a souvent pris la fantaisie de connaître tous les
gentils petits garçons qui, ayant actuellement traversé une
bonne partie de la cruelle vie, manient depuis longtemps
autre chose que des joujoux, et dont l'insoucieuse enfance
a puisé autrefois un souvenir dans le trésor de Mme Panc-
koucke.

Cette aventure est cause que je ne puis m'arrêter devant
un magasin de jouets et promener mes yeux dans l'inex-
tricable fouillis de leurs formes bizarres et de leurs
couleurs disparates, sans penser à la dame habillée de
velours et de fourrure, qui m'apparaît comme la Fée du
joujou.

J'ai gardé d'ailleurs une affection durable et une
admiration raisonnée pour cette statuaire singulière, qui,
par la propreté lustrée, l'éclat aveuglant des couleurs, la
violence dans le geste et la décision dans le galbe,
représente si bien les idées de l'enfance sur la beauté. Il y a
dans un grand magasin de joujoux une gaieté extraordi-

naire qui le rend préférable à un bel appartement bourgeois. Toute la vie en miniature ne s'y trouve-t-elle pas, et beaucoup plus colorée, nettoyée et luisante que la vie réelle? On y voit des jardins, des théâtres, de belles toilettes, des yeux purs comme le diamant, des joues allumées par le fard, des dentelles charmantes, des voitures, des écuries, des étables, des ivrognes, des charlatans, des banquiers, des comédiens, des polichinelles qui ressemblent à des feux d'artifice, des cuisines, et des armées entières, bien disciplinées, avec de la cavalerie et de l'artillerie.

Tous les enfants parlent à leurs joujoux; les joujoux deviennent acteurs dans le grand drame de la vie, réduit par la chambre noire de leur petit cerveau. Les enfants témoignent par leurs yeux de leur grande faculté d'abstraction et de leur haute puissance imaginative. Ils jouent sans joujoux. Je ne veux pas parler de ces petites filles qui jouent à la madame, se rendent des visites, se présentent leurs enfants imaginaires et parlent de leurs toilettes. Les pauvres petites imitent leurs mamans : elles préludent déjà à leur immortelle puérilité future, et aucune d'elles, à coup sûr, ne deviendra ma femme. – Mais la diligence, l'éternel drame de la diligence joué avec des chaises : la diligence-chaise, les chevaux-chaises, les voyageurs-chaises; il n'y a que le postillon de vivant! L'attelage reste immobile, et cependant il dévore avec une rapidité brûlante des espaces fictifs. Quelle simplicité de mise en scène! et n'y a-t-il pas de quoi faire rougir de son impuissante imagination ce public blasé qui exige des théâtres une perfection physique et mécanique, et ne conçoit pas que les pièces de Shakespeare puissent rester belles avec un appareil d'une simplicité barbare?

Et les enfants qui jouent à la guerre! non pas dans les Tuileries avec de vrais fusils et de vrais sabres, je parle de l'enfant solitaire qui gouverne et mène à lui seul au combat deux armées. Les soldats peuvent être des bouchons, des dominos, des pions, des osselets, les fortifications seront des planches, des livres, etc., les projectiles, des billes ou

toute autre chose; il y aura des morts, des traités de paix, des otages, des prisonniers, des impôts. J'ai remarqué chez plusieurs enfants la croyance que ce qui constituait une défaite ou une victoire à la guerre, c'était le plus ou moins grand nombre de morts. Plus tard, mêlés à la vie universelle, obligés eux-mêmes de battre pour n'être pas battus, ils sauront qu'une victoire est souvent incertaine, et qu'elle n'est une vraie victoire que si elle est pour ainsi dire le sommet d'un plan incliné, où l'armée glissera désormais avec une vitesse miraculeuse, ou bien le premier terme d'une progression infiniment croissante.

Cette facilité à contenter son imagination témoigne de la spiritualité de l'enfance dans ses conceptions artistiques. Le joujou est la première initiation de l'enfant à l'art, ou plutôt c'en est pour lui la première réalisation, et, l'âge mûr venu, les réalisations perfectionnées ne donneront pas à son esprit les mêmes chaleurs, ni les mêmes enthousiasmes, ni la même croyance.

Et même, analysez cet immense *mundus* enfantin, considérez le joujou barbare, le joujou primitif, où pour le fabricant le problème consistait à construire une image aussi approximative que possible avec des éléments aussi simples, aussi peu coûteux que possible : par exemple, le polichinelle plat, mû par un seul fil; les forgerons qui battent l'enclume; le cheval et son cavalier en trois morceaux, quatre chevilles pour les jambes, la queue du cheval formant un sifflet et quelquefois le cavalier portant une petite plume, ce qui est un grand luxe; – c'est le joujou à cinq sous, à deux sous, à un sou. – Croyez-vous que ces images simples créent une moindre réalité dans l'esprit de l'enfant que ces merveilles du jour de l'an, qui sont plutôt un hommage de la servilité parasitique à la richesse des parents qu'un cadeau à la poésie enfantine?

Tel est le joujou du pauvre. Quand vous sortirez le matin avec l'intention décidée de flâner solitairement sur les grandes routes, remplissez vos poches de ces petites inventions, et le long des cabarets, au pied des arbres, faites-en hommage aux enfants inconnus et pauvres que

vous rencontrerez. Vous verrez leurs yeux s'agrandir démesurément. D'abord ils n'oseront pas prendre, ils douteront de leur bonheur; puis leurs mains happeront avidement le cadeau, et ils s'enfuiront comme font les chats qui vont manger loin de vous le morceau que vous leur avez donné, ayant appris à se défier de l'homme. C'est là certainement un grand divertissement.

A propos du joujou du pauvre, j'ai vu quelque chose de plus simple encore, mais de plus triste que le joujou à un sou, – c'est le joujou vivant. Sur une route, derrière la grille d'un beau jardin, au bout duquel apparaissait un joli château, se tenait un enfant beau et frais, habillé de ces vêtements de campagne pleins de coquetterie. Le luxe, l'insouciance et le spectacle habituel de la richesse rendent ces enfants-là si jolis qu'on ne les croirait pas faits de la même pâte que les enfants de la médiocrité ou de la pauvreté. A côté de lui gisait sur l'herbe un joujou splendide, aussi frais que son maître, verni, doré, avec une belle robe, et couvert de plumets et de verroterie. Mais l'enfant ne s'occupait pas de son joujou, et voici ce qu'il regardait : de l'autre côté de la grille, sur la route, entre les chardons et les orties, il y avait un autre enfant, sale, assez chétif, un de ces marmots sur lesquels la morve se fraye lentement un chemin dans la crasse et la poussière. A travers ces barreaux de fer symboliques, l'enfant pauvre montrait à l'enfant riche son joujou, que celui-ci examinait avidement comme un objet rare et inconnu. Or, ce joujou que le petit souillon agaçait, agitait et secouait dans une boîte grillée, était un rat vivant! Les parents, par économie, avaient tiré le joujou de la vie elle-même.

Je crois que généralement les enfants agissent sur leurs joujoux, en d'autres termes, que leur choix est dirigé par des dispositions et des désirs, vagues, il est vrai, non pas formulés, mais très réels. Cependant je n'affirmerais pas que le contraire n'ait pas lieu, c'est-à-dire que les joujoux n'agissent pas sur l'enfant, surtout dans le cas de prédestination littéraire ou artistique. Il ne serait pas étonnant qu'un enfant de cette sorte, à qui ses parents donneraient

principalement des théâtres, pour qu'il pût continuer seul
le plaisir du spectacle et des marionnettes, s'accoutumât
déjà à considérer le théâtre comme la forme la plus
délicieuse du beau.

Il est une espèce de joujou qui tend à se multiplier
depuis quelque temps, et dont je n'ai à dire ni bien ni mal.
Je veux parler du joujou scientifique. Le principal défaut
de ces joujoux est d'être chers. Mais ils peuvent amuser
longtemps, et développer dans le cerveau de l'enfant le
goût des effets merveilleux et surprenants. Le stéréoscope,
qui donne en ronde bosse une image plane, est de ce
nombre. Il date maintenant de quelques années. Le
phénakistiscope, plus ancien, est moins connu. Supposez
un mouvement quelconque, par exemple un exercice de
danseur ou de jongleur, divisé et décomposé en un certain
nombre de mouvements; supposez que chacun de ces
mouvements, – au nombre de vingt, si vous voulez, – soit
représenté par une figure entière du jongleur ou du
danseur, et qu'ils soient tous dessinés autour d'un cercle de
carton. Ajustez ce cercle, ainsi qu'un autre cercle troué, à
distances égales, de vingt petites fenêtres, à un pivot au
bout d'un manche que vous tenez comme on tient un écran
devant le feu. Les vingt petites figures, représentant le
mouvement décomposé d'une seule figure, se reflètent
dans une glace située en face de vous. Appliquez votre œil
à la hauteur des petites fenêtres, et faites tourner rapide-
ment les cercles. La rapidité de la rotation transforme les
vingt ouvertures en une seule circulaire, à travers laquelle
vous voyez se réfléchir dans la glace vingt figures
dansantes, exactement semblables et exécutant les mêmes
mouvements avec une précision fantastique. Chaque petite
figure a bénéficié des dix-neuf autres. Sur le cercle, elle
tourne, et sa rapidité la rend invisible; dans la glace, vue à
travers la fenêtre tournante, elle est immobile, exécutant
en place tous les mouvements distribués entre les vingt
figures. Le nombre des tableaux qu'on peut créer ainsi est
infini.

Je voudrais bien dire quelques mots des mœurs des

enfants relativement à leurs joujoux, et des idées des parents dans cette émouvante question. – Il y a des parents qui n'en veulent jamais donner. Ce sont des personnes graves, excessivement graves, qui n'ont pas étudié la nature, et qui rendent généralement malheureux tous les gens qui les entourent. Je ne sais pourquoi je me figure qu'elles puent le protestantisme. Elles ne connaissent pas et ne permettent pas les moyens poétiques de passer le temps. Ce sont les mêmes gens qui donneraient volontiers un franc à un pauvre, à condition qu'il s'étouffât avec du pain, et lui refuseront toujours deux sous pour se désaltérer au cabaret. Quand je pense à une certaine classe de personnes ultra-raisonnables et anti-poétiques par qui j'ai tant souffert, je sens toujours la haine pincer et agiter mes nerfs.

Il y a d'autres parents qui considèrent les joujoux comme des objets d'adoration muette! il y a des habits qu'il est au moins permis de mettre le dimanche; mais les joujoux doivent se ménager bien autrement! Aussi à peine l'ami de la maison a-t-il déposé son offrande dans le tablier de l'enfant, que la mère féroce et économe se précipite dessus, le met dans une armoire, et dit : C'est trop beau pour ton âge; *tu t'en serviras quand tu seras grand!* Un de mes amis m'avoua qu'il n'avait jamais pu jouir de ses joujoux. – Et quand je suis devenu grand, ajoutait-il, j'avais autre chose à faire. – Du reste, il y a des enfants qui font d'eux-mêmes la même chose : ils n'usent pas de leurs joujoux, ils les économisent, ils les mettent en ordre, en font des bibliothèques et des musées, et les montrent de temps à autre à leurs petits amis en les priant *de ne pas toucher*. Je me défierais volontiers de ces *enfants-hommes*.

La plupart des marmots veulent surtout *voir l'âme,* les uns au bout de quelque temps d'exercice, les autres *tout de suite.* C'est la plus ou moins rapide invasion de ce désir qui fait la plus ou moins grande longévité du joujou. Je ne me sens pas le courage de blâmer cette manie enfantine : c'est une première tendance métaphysique. Quand ce désir s'est

fiché dans la moelle cérébrale de l'enfant, il remplit ses doigts et ses ongles d'une agilité et d'une force singulières. L'enfant tourne, retourne son joujou, il le gratte, le secoue, le cogne contre les murs, le jette par terre. De temps en temps, il lui fait recommencer ses mouvements mécaniques, quelquefois en sens inverse. La vie merveilleuse s'arrête. L'enfant, comme le peuple qui assiège les Tuileries, fait un suprême effort; enfin il l'entr'ouvre, il est le plus fort. Mais *où est l'âme?* C'est ici que commencent l'hébétement et la tristesse.

Il y en a d'autres qui cassent tout de suite le joujou à peine mis dans leurs mains, à peine examiné; et quant à ceux-là, j'avoue que j'ignore le sentiment mystérieux qui les fait agir. Sont-ils pris d'une colère superstitieuse contre ces menus objets qui imitent l'humanité, ou bien leur font-ils subir une espèce d'épreuve maçonnique avant de les introduire dans la vie enfantine? – *Puzzling question!*

EXPOSITION UNIVERSELLE DE 1855

III. EUGÈNE DELACROIX

MM. Eugène Delacroix et Ingres se partagent la faveur et la haine publiques. Depuis longtemps l'opinion a fait un cercle autour d'eux comme autour de deux lutteurs. Sans donner notre acquiescement à cet amour commun et puéril de l'antithèse, il nous faut commencer par l'examen de ces deux maîtres français, puisque autour d'eux, au-dessous d'eux, se sont groupées et échelonnées presque toutes les individualités qui composent notre personnel artistique.

En face des trente-cinq tableaux de M. Delacroix, la première idée qui s'empare du spectateur est l'idée d'une vie bien remplie, d'un amour opiniâtre, incessant de l'art. Quel est le meilleur tableau? on ne saurait le trouver; le

plus intéressant? on hésite. On croit découvrir par-ci par-là des échantillons de progrès; mais si de certains tableaux plus récents témoignent que certaines importantes qualités ont été poussées à outrance, l'esprit impartial perçoit avec confusion que dès ses premières productions, dès sa jeunesse (*Dante et Virgile aux enfers* est de 1822), M. Delacroix fut grand. Quelquefois il a été plus délicat, quelquefois plus singulier, quelquefois plus peintre, mais toujours il a été grand.

Devant une destinée si noblement, si heureusement remplie, une destinée bénie par la nature et menée à bonne fin par la plus admirable volonté, je sens flotter incessamment dans mon esprit les vers du grand poëte :

Il naît sous le soleil de nobles créatures
Unissant ici-bas tout ce qu'on peut rêver;
Corps de fer, cœurs de flamme; admirables natures.

Dieu semble les produire afin de se prouver;
Il prend pour les pétrir une argile plus douce,
Et souvent passe un siècle à les parachever.

Il met, comme un sculpteur, l'empreinte de son pouce
Sur leurs fronts rayonnant de la gloire des cieux,
Et l'ardente auréole en gerbes d'or y pousse.

Ces hommes-là s'en vont, calmes et radieux,
Sans quitter un instant leur pose solennelle,
Avec l'œil immobile et le maintien des dieux.
. .
Ne leur donnez qu'un jour ou donnez-leur cent ans,
L'orage ou le repos, la palette ou le glaive :
Ils mèneront à bout leurs destins éclatants.

Leur existence étrange est le réel du rêve;
Ils exécuteront votre plan idéal,
Comme un maître savant le croquis d'un élève.

Vos désirs inconnus, sous l'arceau triomphal,
Dont votre esprit en songe arrondissait la voûte,
Passent assis en croupe au dos de leur cheval.

. .

De ceux-là chaque peuple en compte cinq ou six,
Cinq ou six tout au plus, dans les siècles prospères,
Types toujours vivants dont on fait des récits.

Théophile Gautier appelle cela une *Compensation.*
M. Delacroix ne pouvait-il pas, à lui seul, combler les vides
d'un siècle?

Jamais artiste ne fut plus attaqué, plus ridiculisé, plus
entravé. Mais que nous font les hésitations des gouverne-
ments (je parle d'autrefois), les criailleries de quelques
salons bourgeois, les dissertations haineuses de quelques
académies d'estaminet et le pédantisme des joueurs de
dominos? La preuve est faite, la question est à jamais
vidée, le résultat est là, visible, immense, flamboyant.

M. Delacroix a traité tous les genres; son imagination et
son savoir se sont promenés dans toutes les parties du
domaine pittoresque. Il a fait (avec quel amour, avec
quelle délicatesse!) de charmants petits tableaux, pleins
d'intimité et de profondeur; il a *illustré* les murailles de
nos palais, il a rempli nos musées de vastes composi-
tions.

Cette année, il a profité très légitimement de l'occasion
de montrer une partie assez considérable du travail de sa
vie, et de nous faire, pour ainsi dire, reviser les pièces du
procès. Cette collection a été choisie avec beaucoup de
tact, de manière à nous fournir des échantillons concluants
et variés de son esprit et de son talent.

Voici *Dante et Virgile,* ce tableau d'un jeune homme,
qui fut une révolution, et dont on a longtemps attribué
faussement une figure à Géricault (le torse de l'homme
renversé). Parmi les grands tableaux, il est permis d'hésiter
entre la *Justice de Trajan* et la *Prise de Constantinople
par les Croisés.* La *Justice de Trajan* est un tableau si
prodigieusement lumineux, si aéré, si rempli de tumulte et

de pompe! L'empereur est si beau, la foule, tortillée autour des colonnes ou circulant avec le cortège, si tumultueuse, la veuve éplorée, si dramatique! Ce tableau est celui qui fut *illustré* jadis par les petites plaisanteries de M. Karr, l'homme au bon sens de travers, sur le cheval rose; comme s'il n'existait pas des chevaux légèrement rosés, et comme si, en tout cas, le peintre n'avait pas le droit d'en faire.

Mais le tableau des *Croisés* est si profondément pénétrant, abstraction faite du sujet, par son harmonie orageuse et lugubre! Quel ciel et quelle mer! Tout y est tumultueux et tranquille, comme la suite d'un grand événement. La ville, échelonnée derrière les *Croisés* qui viennent de la traverser, s'allonge avec une prestigieuse vérité. Et toujours ces drapeaux miroitants, ondoyants, faisant se dérouler et claquer leurs plis lumineux dans l'atmosphère transparente! Toujours la foule agissante, inquiète, le tumulte des armes, la pompe des vêtements, la vérité emphatique du geste dans les grandes circonstances de la vie! Ces deux tableaux sont d'une beauté essentiellement shakespearienne. Car nul, après Shakespeare, n'excelle comme Delacroix à fondre dans une unité mystérieuse le drame et la rêverie.

Le public retrouvera tous ces tableaux d'orageuse mémoire qui furent des insurrections, des luttes et des triomphes : le *Doge Marino Faliero* (salon de 1827, – il est curieux de remarquer que *Justinien composant ses lois* et le *Christ au jardin des Oliviers* sont de la même année), l'*Évêque de Liège*, cette admirable traduction de Walter Scott, pleine de foule, d'agitation et de lumière, les *Massacres de Scio*, le *Prisonnier de Chillon*, le *Tasse en prison*, la *Noce juive*, les *Convulsionnaires de Tanger*, etc, etc. Mais comment définir cet ordre de tableaux charmants, tels que *Hamlet*, dans la scène du crâne, et les *Adieux de Roméo et Juliette*, si profondément pénétrants et attachants, que l'œil qui a trempé son regard dans leurs petits mondes mélancoliques ne peut plus les fuir, que l'esprit ne peut plus les éviter?

Et le tableau quitté nous *tourmente et* nous *suit.*

Ce n'est pas là le Hamlet tel que nous l'a fait voir Rouvière, tout récemment encore et avec tant d'éclat, âcre, malheureux et violent, poussant l'inquiétude jusqu'à la turbulence. C'est bien la bizarrerie romantique du grand tragédien; mais Delacroix, plus fidèle peut-être, nous a montré un *Hamlet* tout délicat et pâlot, aux mains blanches et féminines, une nature exquise, mais molle, légèrement indécise, avec un œil presque atone.

Voici la fameuse tête de la *Madeleine* renversée, au sourire bizarre et mystérieux, et si surnaturellement belle qu'on ne sait si elle est auréolée par la mort, ou embellie par les pâmoisons de l'amour divin.

A propos des *Adieux de Roméo et Juliette,* j'ai une remarque à faire que je crois fort importante. J'ai tant entendu plaisanter de la laideur des femmes de Delacroix, sans pouvoir comprendre ce genre de plaisanterie, que je saisis l'occasion pour protester contre ce préjugé. M. Victor Hugo le partageait, à ce qu'on m'a dit. Il déplorait, – c'était dans les beaux temps du Romantisme, – que celui à qui l'opinion publique faisait une gloire parallèle à la sienne commît de si monstrueuses erreurs à l'endroit de la beauté. Il lui est arrivé d'appeler les femmes de Delacroix des grenouilles. Mais M. Victor Hugo est un grand poëte sculptural qui a l'œil fermé à la spiritualité.

Je suis fâché que le *Sardanapale* n'ait pas reparu cette année. On y aurait vu de très belles femmes, claires, lumineuses, roses, autant qu'il m'en souvient du moins. Sardanapale lui-même était beau comme une femme. Généralement les femmes de Delacroix peuvent se diviser en deux classes : les unes, faciles à comprendre, souvent mythologiques, sont nécessairement belles (la Nymphe couchée et vue de dos, dans le plafond de la galerie d'Apollon). Elles sont riches, très fortes, plantureuses, abondantes, et jouissent d'une transparence de chair merveilleuse et de chevelures admirables.

Quant aux autres, quelquefois des femmes historiques (la *Cléopâtre* regardant l'aspic), plus souvent des femmes de caprice, de tableaux de genre, tantôt des Marguerite, tantôt des Ophélia, des Desdémone, des Sainte Vierge même, des Madeleine, je les appellerais volontiers des femmes d'intimité. On dirait qu'elles portent dans les yeux un secret douloureux, impossible à enfouir dans les profondeurs de la dissimulation. Leur pâleur est comme une révélation des batailles intérieures. Qu'elles se distinguent par le charme du crime ou par l'odeur de la sainteté, que leurs gestes soient alanguis ou violents, ces femmes malades du cœur ou de l'esprit ont dans les yeux le plombé de la fièvre ou la nitescence anormale et bizarre de leur mal dans le regard, l'intensité du surnaturalisme.

Mais toujours, et quand même, ce sont des femmes *distinguées,* essentiellement *distinguées;* et enfin, pour tout dire en un seul mot, M. Delacroix me paraît être l'artiste le mieux doué pour exprimer la femme moderne, surtout la femme moderne dans sa manifestation héroïque, dans le sens infernal ou divin. Ces femmes ont même la beauté physique moderne, l'air de rêverie, mais la gorge abondante, avec une poitrine un peu étroite, le bassin ample, et des bras et des jambes charmants.

Les tableaux nouveaux et inconnus du public sont les *Deux Foscari,* la *Famille arabe,* la *Chasse aux Lions,* une *Tête de vieille femme* (un portrait par M. Delacroix est une rareté). Ces différentes peintures servent à constater la prodigieuse certitude à laquelle le maître est arrivé. La *Chasse aux Lions* est une véritable explosion de couleur (que ce mot soit pris dans le bon sens). Jamais couleurs plus belles, plus intenses, ne pénétrèrent jusqu'à l'âme par le canal des yeux.

Par le premier et rapide coup d'œil jeté sur l'ensemble de ces tableaux, et par leur examen minutieux et attentif, sont constatées plusieurs vérités irréfutables. D'abord il faut remarquer, et c'est très important, que, vu à une distance trop grande pour analyser ou même comprendre le sujet, un tableau de Delacroix a déjà produit sur l'âme

une impression riche, heureuse ou mélancolique. On dirait que cette peinture, comme les sorciers et les magnétiseurs, projette sa pensée à distance. Ce singulier phénomène tient à la puissance du coloriste, à l'accord parfait des tons, et à l'harmonie (préétablie dans le cerveau du peintre) entre la couleur et le sujet. Il semble que cette couleur, qu'on me pardonne ces subterfuges de langage pour exprimer des idées fort délicates, pense par elle-même, indépendamment des objets qu'elle habille. Puis ces admirables accords de sa couleur font souvent rêver d'harmonie et de mélodie, et l'impression qu'on emporte de ses tableaux est souvent quasi musicale. Un poëte a essayé d'exprimer ces sensations subtiles dans des vers dont la sincérité peut faire passer la bizarrerie :

> *Delacroix, lac de sang, hanté des mauvais anges,*
> *Ombragé par un bois de sapins toujours vert,*
> *Où, sous un ciel chagrin, des fanfares étranges*
> *Passent comme un soupir étouffé de Weber.*

Lac de sang : le rouge; – *hanté des mauvais anges :* surnaturalisme; – *un bois toujours vert :* le vert, complémentaire du rouge; – *un ciel chagrin :* les fonds tumultueux et orageux de ses tableaux; – *les fanfares et Weber :* idées de musique romantique que réveillent les harmonies de sa couleur.

Du dessin de Delacroix, si absurdement, si niaisement critiqué, que faut-il dire, si ce n'est qu'il est des vérités élémentaires complètement méconnues; qu'un bon dessin n'est pas une ligne dure, cruelle, despotique, immobile, enfermant une figure comme une camisole de force; que le dessin doit être comme la nature, vivant et agité; que la simplification dans le dessin est une monstruosité, comme la tragédie dans le monde dramatique, que la nature nous présente une série infinie de lignes courbes, fuyantes, brisées, suivant une loi de génération impeccable, où le parallélisme est toujours indécis et sinueux, où les concavités et les convexités se correspondent et se poursuivent;

que M. Delacroix satisfait admirablement à toutes ces conditions et que, quand même son dessin laisserait percer quelquefois des défaillances ou des outrances, il a au moins cet immense mérite d'être une protestation perpétuelle et efficace contre la barbare invasion de la ligne droite, cette ligne tragique et systématique, dont actuellement les ravages sont déjà immenses dans la peinture et dans la sculpture?

Une autre qualité, très grande, très vaste, du talent de M. Delacroix, et qui fait de lui le peintre aimé des poëtes, c'est qu'il est essentiellement littéraire. Non seulement sa peinture a parcouru, toujours avec succès, le champ des hautes littératures, non seulement elle a traduit, elle a fréquenté Arioste, Byron, Dante, Walter Scott, Shakespeare, mais elle sait révéler des idées d'un ordre plus élevé, plus fines, plus profondes que la plupart des peintures modernes. Et remarquez bien que ce n'est jamais par la grimace, par la minutie, par la tricherie de moyens, que M. Delacroix arrive à ce prodigieux résultat; mais par l'ensemble, par l'accord profond, complet, entre sa couleur, son sujet, son dessin, et par la dramatique gesticulation de ses figures.

Edgar Poe dit, je ne sais plus où, que le résultat de l'opium pour les sens est de revêtir la nature entière d'un intérêt surnaturel qui donne à chaque objet un sens plus profond, plus volontaire, plus despotique. Sans avoir recours à l'opium, qui n'a connu ces admirables heures, véritables fêtes du cerveau, où les sens plus attentifs perçoivent des sensations plus retentissantes, où le ciel d'un azur plus transparent s'enfonce comme un abîme plus infini, où les sons tintent musicalement, où les couleurs parlent, où les parfums racontent des mondes d'idées? Eh bien, la peinture de Delacroix me paraît la traduction de ces beaux jours de l'esprit. Elle est revêtue d'intensité, et sa splendeur est privilégiée. Comme la nature perçue par des nerfs ultra-sensibles, elle révèle le surnaturalisme.

Que sera M. Delacroix pour la postérité? Que dira de lui cette redresseuse de torts? Il est déjà facile, au point de sa

carrière où il est parvenu, de l'affirmer sans trouver trop de contradicteurs. Elle dira, comme nous, qu'il fut un accord unique des facultés les plus étonnantes; qu'il eut comme Rembrandt le sens de l'intimité et la magie profonde, l'esprit de combinaison et de décoration comme Rubens et Lebrun, la couleur féerique comme Véronèse, etc.; mais qu'il eut aussi une qualité *sui generis,* indéfinissable et définissant la partie mélancolique et ardente du siècle, quelque chose de tout-à-fait nouveau, qui a fait de lui un artiste unique, sans générateur, sans précédent, probablement sans successeur, un anneau si précieux qu'il n'en est point de rechange, et qu'en le supprimant, si une pareille chose était possible, on supprimerait un monde d'idées et de sensations, on ferait une lacune trop grande dans la chaîne historique.

L'ART ROMANTIQUE
(Extraits)

XXI

RICHARD WAGNER
ET « TANNHÄUSER »
À PARIS

I

Remontons, s'il vous plaît, à treize mois en arrière, au commencement de la question, et qu'il me soit permis, dans cette appréciation, de parler souvent en mon nom personnel. Ce *Je,* accusé justement d'impertinence dans beaucoup de cas, implique cependant une grande modestie; il enferme l'écrivain dans les limites les plus strictes de la sincérité. En réduisant sa tâche, il la rend plus facile. Enfin, il n'est pas nécessaire d'être un probabiliste bien consommé pour acquérir la certitude que cette sincérité trouvera des amis parmi les lecteurs impartiaux; il y a évidemment quelques chances pour que le critique ingénu, en ne racontant que ses propres impressions, raconte aussi celles de quelques partisans inconnus.

Donc, il y a treize mois, ce fut une grande rumeur dans Paris. Un compositeur allemand, qui avait vécu longtemps chez nous, à notre insu, pauvre, inconnu, par de misérables besognes, mais que, depuis quinze ans déjà, le public allemand célébrait comme un homme de génie, revenait, dans la ville jadis témoin de ses jeunes misères, soumettre ses œuvres à notre jugement. Paris avait jusque-là peu

entendu parler de Wagner; on savait vaguement qu'au delà du Rhin s'agitait la question d'une réforme dans le drame lyrique, et que Liszt avait adopté avec ardeur les opinions du réformateur. M. Fétis avait lancé contre lui une espèce de réquisitoire, et les personnes curieuses de feuilleter les numéros de la *Revue et Gazette musicale de Paris* pourront vérifier une fois de plus que les écrivains qui se vantent de professer les opinions les plus sages, les plus classiques, ne se piquent guère de sagesse ni de mesure, ni même de vulgaire politesse, dans la critique des opinions qui leur sont contraires. Les articles de M. Fétis ne sont guère qu'une diatribe affligeante; mais l'exaspération du vieux dilettantiste servait seulement à prouver l'importance des œuvres qu'il vouait à l'anathème et au ridicule. D'ailleurs, depuis treize mois, pendant lesquels la curiosité publique ne s'est pas ralentie, Richard Wagner a essuyé bien d'autres injures. Il y a quelques années, au retour d'un voyage en Allemagne, Théophile Gautier, très ému par une représentation de *Tannhäuser,* avait cependant, dans le *Moniteur* (29 septembre 1857), traduit ses impressions avec cette certitude plastique qui donne un charme irrésistible à tous ses écrits. Mais ces documents divers, tombant à de lointains intervalles, avaient glissé sur l'esprit de la foule.

Aussitôt que les affiches annoncèrent que Richard Wagner ferait entendre dans la salle des Italiens des fragments de ses compositions, un fait amusant se produisit, que nous avons déjà vu, et qui prouve le besoin instinctif, précipité, des Français, de prendre sur toute chose leur parti avant d'avoir délibéré ou examiné. Les uns annoncèrent des merveilles, et les autres se mirent à dénigrer à outrance des œuvres qu'ils n'avaient pas encore entendues. Encore aujourd'hui dure cette situation bouffonne, et l'on peut dire que jamais sujet inconnu ne fut tant discuté. Bref, les concerts de Wagner s'annonçaient comme une véritable bataille de doctrines, comme une de ces solennelles crises de l'art, une de ces mêlées, où critiques, artistes et public ont coutume de jeter confusé-

ment toutes leurs passions; crises heureuses qui dénotent la
santé et la richesse dans la vie intellectuelle d'une nation,
et que nous avions, pour ainsi dire, désapprises depuis les
grands jours de Victor Hugo. J'emprunte les lignes
suivantes au feuilleton de M. Berlioz (9 février 1860) :
« Le foyer du Théâtre-Italien était curieux à observer le
soir du premier concert. C'étaient des fureurs, des cris, des
discussions qui semblaient toujours sur le point de dégé-
nérer en voies de fait. » Sans la présence du souverain, le
même scandale aurait pu se produire, il y a quelques jours,
à l'Opéra, surtout avec un public *plus vrai*. Je me souviens
d'avoir vu, à la fin d'une des répétitions générales, un des
critiques parisiens accrédités, planté prétentieusement
devant le bureau du contrôle, faisant face à la foule au
point d'en gêner l'issue, et s'exerçant à rire comme un
maniaque, comme un de ces infortunés, qui, dans les
maisons de santé, sont appelés des *agités*. Ce pauvre
homme, croyant son visage connu de toute la foule, avait
l'air de dire : « Voyez comme je ris, moi, le célèbre S...!
Ainsi ayez soin de conformer votre jugement au mien. »
Dans le feuilleton auquel je faisais tout à l'heure allusion,
M. Berlioz, qui montra cependant beaucoup moins de
chaleur qu'on aurait pu en attendre de sa part, ajoutait :
« Ce qui se débite alors de non-sens, d'absurdités et même
de mensonges est vraiment prodigieux, et prouve avec
évidence que, chez nous au moins, lorsqu'il s'agit d'ap-
précier une musique différente de celle qui court les rues,
la passion, le parti pris prennent seuls la parole et
empêchent le bon sens et le bon goût de parler. »

Wagner avait été audacieux : le programme de son
concert ne comprenait ni solos d'instruments, ni chansons,
ni aucune des exhibitions si chères à un public amoureux
des virtuoses et de leurs tours de force. Rien que des
morceaux d'ensemble, chœurs ou symphonies. La lutte fut
violente, il est vrai; mais le public, étant abandonné à
lui-même, prit feu à quelques-uns de ces irrésistibles
morceaux dont la pensée était pour lui plus nettement
exprimée, et la musique de Wagner triompha par sa propre

force. L'ouverture de *Tannhäuser*, la marche pompeuse du deuxième acte, l'ouverture de *Lohengrin* particulièrement, la *musique de noces* et l'*épithalame* furent magnifiquement acclamés. Beaucoup de choses restaient obscures sans doute, mais les esprits impartiaux se disaient : « Puisque ces compositions sont faites pour la scène, il faut attendre; les choses non suffisamment définies seront expliquées par la plastique. » En attendant, il restait avéré que, comme symphoniste, comme artiste traduisant par les mille combinaisons du son les tumultes de l'âme humaine, Richard Wagner était à la hauteur de ce qu'il y a de plus élevé, aussi grand, certes, que les plus grands.

J'ai souvent entendu dire que la musique ne pouvait pas se vanter de traduire quoi que ce soit avec certitude, comme fait la parole ou la peinture. Cela est vrai dans une certaine proportion, mais n'est pas tout-à-fait vrai. Elle traduit à sa manière, et par les moyens qui lui sont propres. Dans la musique, comme dans la peinture et même dans la parole écrite, qui est cependant le plus positif des arts, il y a toujours une lacune complétée par l'imagination de l'auditeur.

Ce sont sans doute ces considérations qui ont poussé Wagner à considérer l'art dramatique, c'est-à-dire la réunion, la *coïncidence* de plusieurs arts, comme l'art par excellence, le plus synthétique et le plus parfait. Or, si nous écartons un instant le secours de la plastique, du décor, de l'incorporation des types rêvés dans des comédiens vivants et même de la parole chantée, il reste encore incontestable que plus la musique est éloquente, plus la suggestion est rapide et juste, et plus il y a de chances pour que les hommes sensibles conçoivent des idées en rapport avec celles qui inspiraient l'artiste. Je prends tout de suite un exemple, la fameuse ouverture de *Lohengrin*, dont M. Berlioz a écrit un magnifique éloge en style technique; mais je veux me contenter ici d'en vérifier la valeur par les suggestions qu'elle procure.

Je lis dans le programme distribué à cette époque au Théâtre-Italien :

« Dès les premières mesures, l'âme du pieux solitaire qui attend le vase sacré *plonge dans les espaces infinis.* Il voit se former peu à peu une apparition étrange qui prend un corps, une figure. Cette apparition se précise davantage, et *la troupe miraculeuse des anges,* portant au milieu d'eux la coupe sacrée, passe devant lui. Le saint cortège approche; le cœur de l'élu de Dieu s'exalte peu à peu; il s'élargit, il se dilate; d'ineffables aspirations s'éveillent en lui; *il cède à une béatitude croissante,* en se trouvant toujours rapproché de *la lumineuse apparition,* et quand enfin le Saint-Graal lui-même apparaît au milieu du cortège sacré, *il s'abîme dans une adoration extatique, comme si le monde entier eût soudainement disparu.*

« Cependant le Saint-Graal répand ses bénédictions sur le saint en prière et le consacre son chevalier. Puis *les flammes brûlantes adoucissent progressivement leur éclat;* dans sa sainte allégresse, la troupe des anges, souriant à la terre qu'elle abandonne, regagne les célestes hauteurs. Elle a laissé le Saint-Graal à la garde des hommes purs, *dans le cœur desquels la divine liqueur s'est répandue,* et l'auguste troupe s'évanouit dans les profondeurs de l'espace, de la même manière qu'elle en était sortie. »

Le lecteur comprendra tout à l'heure pourquoi je souligne ces passages. Je prends maintenant le livre de Liszt et je l'ouvre à la page où l'imagination de l'illustre pianiste (qui est un artiste et un philosophe) traduit à sa manière le même morceau :

« Cette introduction renferme et révèle *l'élément mystique,* toujours présent et toujours caché dans la pièce... Pour nous apprendre l'inénarrable puissance de ce secret, Wagner nous montre d'abord *la beauté ineffable du sanctuaire,* habité par un Dieu qui venge les opprimés et ne demande qu'*amour et foi* à ses fidèles. Il nous initie au Saint-Graal; il fait miroiter à nos yeux le temple de bois incorruptible, aux murs odorants, aux portes d'*or,* aux

solives d'*asbeste*, aux colonnes d'*opale*, aux parois de *cymophane*, dont les splendides portiques ne sont approchés que de ceux qui ont le cœur élevé et les mains pures. Il ne nous le fait point apercevoir dans son imposante et réelle structure, mais, comme ménageant nos faibles sens, il nous le montre d'abord reflété dans quelque onde azurée ou reproduit *par quelque nuage irisé*.

« C'est au commencement une *large nappe dormante* de mélodie, *un éther vaporeux qui s'étend*, pour que le tableau sacré s'y dessine à nos yeux profanes; effet exclusivement confié aux violons, divisés en huit pupitres différents, qui, après plusieurs mesures de sons harmoniques, continuent dans les plus hautes notes de leurs registres. Le motif est ensuite repris par les instruments à vent les plus doux; les cors et les bassons, en s'y joignant, préparent l'entrée des trompettes et des trombones, qui répètent la mélodie pour la quatrième fois, *avec un éclat éblouissant de coloris*, comme si dans cet instant unique l'édifice saint *avait brillé* devant *nos regards aveuglés, dans toute sa magnificence lumineuse et radiante*. Mais *le vif étincellement* amené par degrés à *cette intensité de rayonnement solaire*, s'éteint avec rapidité, comme une *lueur céleste*. La *transparente vapeur* des nuées se referme, la vision disparaît peu à peu dans le même encens *diapré* au milieu duquel elle est apparue, et le morceau se termine par les premières six mesures, devenues *plus éthérées encore*. Son caractère d'*idéale mysticité* est surtout rendu sensible par le *pianissimo* toujours conservé dans l'orchestre, et qu'interrompt à peine le court moment où les *cuivres* font *resplendir* les merveilleuses lignes du seul motif de cette introduction. Telle est l'image qui, à l'audition de ce sublime *adagio*, se présente d'abord à nos sens émus. »

M'est-il permis à moi-même de raconter, de rendre avec des paroles la traduction inévitable que mon imagination fit du même morceau, lorsque je l'entendis pour la première fois, les yeux fermés, et que je me sentis pour

ainsi dire enlevé de terre? Je n'oserais certes pas parler avec complaisance de mes *rêveries*, s'il n'était pas utile de les joindre ici aux *rêveries* précédentes. Le lecteur sait quel but nous poursuivons : démontrer que la véritable musique suggère des idées analogues dans des cerveaux différents. D'ailleurs, il ne serait pas ridicule ici de raisonner *a priori*, sans analyse et sans comparaisons; car ce qui serait vraiment surprenant, c'est que le son *ne pût pas* suggérer la couleur, que les couleurs *ne pussent pas* donner l'idée d'une mélodie, et que le son et la couleur fussent impropres à traduire des idées; les choses s'étant toujours exprimées par une analogie réciproque, depuis le jour où Dieu a proféré le monde comme une complexe et indivisible totalité.

La nature est un temple où de vivants piliers
Laissent parfois sortir de confuses paroles;
L'homme y passe à travers des forêts de symboles
Qui l'observent avec des regards familiers.

Comme de longs échos qui de loin se confondent
Dans une ténébreuse et profonde unité,
Vaste comme la nuit et comme la clarté,
Les parfums, les couleurs et les sons se répondent.

Je poursuis donc. Je me souviens que, dès les premières mesures, je subis une de ces impressions heureuses que presque tous les hommes imaginatifs ont connues, par le rêve, dans le sommeil. Je me sentis délivré *des liens de la pesanteur*, et je retrouvai par le souvenir l'extraordinaire *volupté* qui circule dans *les lieux hauts* (notons en passant que je ne connaissais pas le programme cité tout à l'heure). Ensuite je me peignis involontairement l'état délicieux d'un homme en proie à une grande rêverie dans une solitude absolue, mais une solitude avec *un immense horizon* et une *large lumière diffuse*; *l'immensité* sans autre décor qu'elle-même. Bientôt j'éprouvai la sensation d'une *clarté* plus vive, *d'une intensité de lumière* croissant

avec une telle rapidité, que les nuances fournies par le dictionnaire ne suffiraient pas à exprimer *ce surcroît toujours renaissant d'ardeur et de blancheur.* Alors je conçus pleinement l'idée d'une âme se mouvant dans un milieu lumineux, d'une extase *faite de volupté et de connaissance,* et planant au-dessus et bien loin du monde naturel.

De ces trois traductions, vous pourriez noter facilement les différences. Wagner indique *une troupe d'anges qui apporte un vase sacré*; Liszt voit *un mouvement miraculeusement beau,* qui se reflète dans un mirage vaporeux. Ma rêverie est beaucoup moins illustrée d'objets matériels : elle est plus vague et plus abstraite. Mais l'important est ici de s'attacher aux ressemblances. Peu nombreuses, elles constitueraient encore une preuve suffisante; mais, par bonheur, elles sont nombreuses et saisissantes jusqu'au superflu. Dans les trois traductions nous trouvons la sensation de la *béatitude spirituelle et physique*; de *l'isolement*; de la contemplation de *quelque chose infiniment grand et infiniment beau*; d'*une lumière intense* qui réjouit *les yeux et l'âme jusqu'à la pâmoison*; et enfin la sensation de *l'espace étendu jusqu'aux dernières limites concevables.*

Aucun musicien n'excelle, comme Wagner, à *peindre* l'espace et la profondeur, matériels et spirituels. C'est une remarque que plusieurs esprits, et des meilleurs, n'ont pu s'empêcher de faire en plusieurs occasions. Il possède l'art de traduire, par des gradations subtiles, tout ce qu'il y a d'excessif, d'immense, d'ambitieux, dans l'homme spirituel et naturel. Il semble parfois, en écoutant cette musique ardente et despotique, qu'on retrouve, peintes sur le fond des ténèbres, déchiré par la rêverie, les vertigineuses conceptions de l'opium.

A partir de ce moment, c'est-à-dire du premier concert, je fus possédé du désir d'entrer plus avant dans l'intelligence de ces œuvres singulières. J'avais subi (du moins cela m'apparaissait ainsi) une opération spirituelle, une révélation. Ma volupté avait été si forte et si terrible, que je

ne pouvais m'empêcher d'y vouloir retourner sans cesse. Dans ce que j'avais éprouvé, il entrait sans doute beaucoup de ce que Weber et Beethoven m'avaient déjà fait connaître, mais aussi quelque chose de nouveau que j'étais impuissant à définir, et cette impuissance me causait une colère et une curiosité mêlées d'un bizarre délice. Pendant plusieurs jours, pendant longtemps, je me dis : « Où pourrai-je bien entendre ce soir de la musique de Wagner? » Ceux de mes amis qui possédaient un piano furent plus d'une fois mes martyrs. Bientôt, comme il en est de toute nouveauté, des morceaux symphoniques de Wagner retentirent dans les casinos ouverts tous les soirs à une foule amoureuse de voluptés triviales La majesté fulgurante de cette musique tombait là comme le tonnerre dans un mauvais lieu. Le bruit s'en répandit vite, et nous eûmes souvent le spectacle comique d'hommes graves et délicats subissant le contact des cohues malsaines, pour jouir, en attendant mieux, de la marche solennelle des *Invités au Wartburg* ou des majestueuses noces de *Lohengrin.*

Cependant, des répétitions fréquentes des mêmes phrases mélodiques, dans des morceaux tirés du même opéra, impliquaient des intentions mystérieuses et une méthode qui m'étaient inconnues. Je résolus de m'informer du pourquoi, et de transformer ma volupté en connaissance avant qu'une représentation scénique vînt me fournir une élucidation parfaite. J'interrogeai les amis et les ennemis. je mâchai l'indigeste et abominable pamphlet de M. Fétis. Je lus le livre de Liszt, et enfin je me procurai à défaut de *l'Art et la Révolution* et de *l'Œuvre d'Art de l'Avenir,* ouvrages non traduits, celui intitulé : *Opéra et Drame,* traduit en anglais.

II

Les plaisanteries françaises allaient toujours leur train, et le journalisme vulgaire opérait sans trêve ses gamineries professionnelles. Comme Wagner n'avait jamais cessé de

répéter que la musique (dramatique) devait *parler* le sentiment, s'adapter au sentiment avec la même exactitude que la parole, mais évidemment d'une autre manière, c'est-à-dire exprimer la partie indéfinie du sentiment que la parole, trop positive, ne peut pas rendre (en quoi il ne disait rien qui ne fût accepté par tous les esprits sensés), une foule de gens, persuadés par les plaisants du feuilleton, s'imaginèrent que le maître attribuait à la musique la puissance d'exprimer la forme positive des choses, c'est-à-dire qu'il intervertissait les rôles et les fonctions. Il serait aussi inutile qu'ennuyeux de dénombrer tous les quolibets fondés sur cette fausseté, qui venant, tantôt de la malveillance, tantôt de l'ignorance, avaient pour résultat d'égarer à l'avance l'opinion du public. Mais, à Paris plus qu'ailleurs, il est impossible d'arrêter une plume qui se croit amusante. La curiosité générale étant attirée vers Wagner, engendra des articles et des brochures qui nous initièrent à sa vie, à ses longs efforts et à tous ses tourments.

IV

On peut toujours faire momentanément abstraction de la partie systématique que tout grand artiste volontaire introduit fatalement dans toutes ses œuvres; il reste, dans ce cas, à chercher et à vérifier par quelle qualité propre, personnelle, il se distingue des autres. Un artiste, un homme vraiment digne de ce grand nom, doit posséder quelque chose d'essentiellement *sui generis,* par la grâce de quoi il est *lui* et non un autre. A ce point de vue, les artistes peuvent être comparés à des saveurs variées, et le répertoire des métaphores humaines n'est peut-être pas assez vaste pour fournir la définition approximative de tous les artistes connus et de tous les artistes *possibles.* Nous avons déjà, je crois, noté deux hommes dans Richard

Wagner, l'homme d'ordre et l'homme passionné. C'est de l'homme passionné, de l'homme de sentiment qu'il est ici question. Dans le moindre de ses morceaux il inscrit si ardemment sa personnalité, que cette recherche de sa qualité principale ne sera pas très difficile à faire. Dès le principe, une considération m'avait vivement frappé : c'est que dans la partie voluptueuse et orgiaque de l'ouverture de *Tannhäuser,* l'artiste avait mis autant de force, développé autant d'énergie que dans la peinture de la mysticité qui caractérise l'ouverture de *Lohengrin.* Même ambition dans l'une que dans l'autre, même escalade titanique et aussi mêmes raffinements et même subtilité. Ce qui me paraît donc avant tout marquer d'une manière inoubliable la musique de ce maître, c'est l'intensité nerveuse, la violence dans la passion et dans la volonté. Cette musique-là exprime avec la voix la plus suave ou la plus stridente tout ce qu'il y a de plus caché dans le cœur de l'homme. Une ambition idéale préside, il est vrai, à toutes ses compositions; mais si, par le choix de ses sujets et sa méthode dramatique, Wagner se rapproche de l'antiquité, par l'énergie passionnée de son expression il est actuellement le représentant le plus vrai de la nature moderne. Et toute la science, tous les efforts, toutes les combinaisons de ce riche esprit ne sont, à vrai dire, que les serviteurs très humbles et très zélés de cette irrésistible passion. Il en résulte, dans quelque sujet qu'il traite, une solennité d'accent superlative. Par cette passion il ajoute à chaque chose je ne sais quoi de surhumain; par cette passion il comprend tout et fait tout comprendre. Tout ce qu'impliquent les mots : *volonté, désir, concentration, intensité nerveuse, explosion,* se sent et se fait deviner dans ses œuvres. Je ne crois pas me faire illusion ni tromper personne en affirmant que je vois là les principales caractéristiques du phénomène que nous appelons *génie;* ou du moins, que dans l'analyse de tout ce que nous avons jusqu'ici légitimement appelé *génie,* on retrouve lesdites caractéristiques. En matière d'art, j'avoue que je ne hais pas l'outrance; la modération ne m'a jamais semblé le signe

d'une nature artistique vigoureuse. J'aime ces excès de santé, ces débordements de volonté qui s'inscrivent dans les œuvres comme le bitume enflammé dans le sol d'un volcan, et qui, dans la vie ordinaire, marquent souvent la phase, pleine de délices, succédant à une grande crise morale ou physique.

Quant à la réforme que le maître veut introduire dans l'application de la musique au drame, qu'en arrivera-t-il? Là-dessus, il est impossible de rien prophétiser de précis. D'une manière vague et générale, on peut dire, avec le Psalmiste, que, tôt ou tard, ceux qui ont été abaissés seront élevés, que ceux qui ont été élevés seront humiliés, mais rien de plus que ce qui est également applicable au train connu de toutes les affaires humaines. Nous avons vu bien des choses déclarées jadis absurdes, qui sont devenues plus tard des modèles adoptés par la foule. Tout le public actuel se souvient de l'énergique résistance où se heurtèrent, dans le commencement, les drames de Victor Hugo et les peintures d'Eugène Delacroix. D'ailleurs nous avons déjà fait observer que la querelle qui divise maintenant le public était une querelle oubliée et soudainement ravivée, et que Wagner lui-même avait trouvé dans le passé les premiers éléments de *la base pour asseoir son idéal*. Ce qui est bien certain, c'est que sa doctrine est faite pour rallier tous les gens d'esprit fatigués depuis longtemps des erreurs de l'Opéra, et il n'est pas étonnant que les hommes de lettres, en particulier, se soient montrés sympathiques pour un musicien qui se fait gloire d'être poète et dramaturge. De même les écrivains du XVIIIᵉ siècle avaient acclamé les ouvrages de Glück, et je ne puis m'empêcher de voir que les personnes qui manifestent le plus de répulsion pour les ouvrages de Wagner montrent aussi une antipathie décidée à l'égard de son précurseur.

Enfin le succès ou l'insuccès de *Tannhäuser* ne peut absolument rien prouver, ni même déterminer une quantité quelconque de chances favorables ou défavorables dans l'avenir, *Tannhäuser*, en supposant qu'il fût un ouvrage détestable, aurait pu *monter aux nues*. En le

supposant parfait, il pourrait révolter. La question, dans le fait, la question de la réformation de l'opéra n'est pas vidée, et la bataille continuera; apaisée, elle recommencera. J'entendais dire récemment que si Wagner obtenait par son drame un éclatant succès, ce serait un accident purement individuel, et que sa méthode n'aurait aucune influence ultérieure sur les destinées et les transformations du drame lyrique. Je me crois autorisé, par l'étude du passé, c'est-à-dire de l'éternel, à préjuger l'absolu contraire, à savoir qu'un échec complet ne détruit en aucune façon la possibilité de tentatives nouvelles dans le même sens, et que dans un avenir très rapproché on pourrait bien voir non pas seulement des auteurs nouveaux, mais même des hommes anciennement accrédités, profiter, dans une mesure quelconque, des idées émises par Wagner, et passer heureusement à travers la brèche ouverte par lui. Dans quelle histoire a-t-on jamais lu que les grandes causes se perdaient en une seule partie?

18 mars 1861.

XXII

RÉFLEXIONS SUR QUELQUES-UNS DE MES CONTEMPORAINS

I. VICTOR HUGO

. .

V ICTOR Hugo était, dès le principe, l'homme le mieux doué, le plus visiblement élu pour exprimer par la poésie ce que j'appellerai le *mystère de la vie*. La nature qui pose devant nous, de quelque côté que nous nous tournions, et qui nous enveloppe comme un mystère, se présente sous

plusieurs états simultanés dont chacun, selon qu'il est plus intelligible, plus sensible pour nous, se reflète plus vivement dans nos cœurs : forme, attitude et mouvement, lumière et couleur, son et harmonie. La musique des vers de Victor Hugo s'adapte aux profondes harmonies de la nature; sculpteur, il découpe dans ses strophes la forme inoubliable des choses; peintre, il les illumine de leur couleur propre. Et, comme si elles venaient directement de la nature, les trois impressions pénètrent simultanément le cerveau du lecteur. De cette triple impression résulte la *morale des choses*. Aucun artiste n'est plus universel que lui, plus apte à se mettre en contact avec les forces de la vie universelle, plus disposé à prendre sans cesse un bain de nature. Non seulement il exprime nettement, il traduit littéralement la lettre nette et claire; mais il exprime, avec *l'obscurité indispensable,* ce qui est obscur et confusément révélé. Ses œuvres abondent en traits extraordinaires de ce genre, que nous pourrions appeler des tours de force si nous ne savions pas qu'ils lui sont essentiellement naturels. Le vers de Victor Hugo sait traduire pour l'âme humaine, non seulement les plaisirs les plus directs qu'elle tire de la nature visible, mais encore les sensations les plus fugitives, les plus compliquées, les plus morales (je dis exprès sensations morales) qui nous sont transmises par l'être visible, par la nature inanimée ou dite inanimée; non seulement la figure d'un être extérieur à l'homme, végétal ou minéral, mais aussi sa physionomie, son regard, sa tristesse, sa douceur, sa joie éclatante, sa haine répulsive, son enchantement ou son horreur; enfin, en d'autres termes, tout ce qu'il y a d'humain dans n'importe quoi, et aussi tout ce qu'il y a de divin, de sacré ou de diabolique.

Ceux qui ne sont pas poëtes ne comprennent pas ces choses. Fourier est venu un jour, trop pompeusement, nous révéler les mystères de l'*analogie*. Je ne nie pas la valeur de quelques-unes de ses minutieuses découvertes, bien que je croie que son cerveau était trop épris d'exactitude matérielle pour ne pas commettre d'erreurs et pour atteindre

d'emblée la certitude morale de l'intuition. Il aurait pu tout aussi précieusement nous révéler tous les excellents poëtes dans lesquels l'humanité lisante fait son éducation aussi bien que dans la contemplation de la nature. D'ailleurs Swedenborg, qui possédait une âme bien plus grande, nous avait déjà enseigné que *le ciel est un très grand homme*; que tout, forme, mouvement, nombre, couleur, parfum, dans le *spirituel* comme dans le *naturel*, est significatif, réciproque, converse, *correspondant*. Lavater, limitant au visage de l'homme la démonstration de l'universelle vérité, nous avait traduit le sens spirituel du contour, de la forme, de la dimension. Si nous étendons la démonstration (non seulement nous en avons le droit, mais il nous serait infiniment difficile de faire autrement), nous arrivons à cette vérité que tout est hiéroglyphique, et nous savons que les symboles ne sont obscurs que d'une manière relative, c'est-à-dire selon la pureté, la bonne volonté ou la clairvoyance native des âmes. Or, qu'est-ce qu'un poëte (je prends le mot dans son acception la plus large), si ce n'est un traducteur, un déchiffreur? Chez les excellents poëtes, il n'y a pas de métaphore, de comparaison ou d'épithète qui ne soit d'une adaptation mathématiquement exacte dans la circonstance actuelle, parce que ces comparaisons, ces métaphores et ces épithètes sont puisées dans l'inépuisable fonds de l'*universelle analogie*, et qu'elles ne peuvent être puisées ailleurs. Maintenant, je demanderai si l'on trouvera, en cherchant minutieusement, non pas dans notre histoire seulement, mais dans l'histoire de tous les peuples, beaucoup de poëtes qui soient, comme Victor Hugo, un si magnifique répertoire d'analogies humaines et divines? Je vois dans la Bible un prophète à qui Dieu ordonne de manger un livre. J'ignore dans quel monde Victor Hugo a mangé préalablement le dictionnaire de la langue qu'il était appelé à parler; mais je vois que le lexique français, en sortant de sa bouche, est devenu un monde, un univers coloré, mélodieux et mouvant. Par suite de quelles circonstances historiques, fatalités philosophiques, conjonctions sidérales, cet homme est-il né parmi nous, je n'en

sais rien, et je ne crois pas qu'il soit de mon devoir de l'examiner ici. Peut-être est-ce simplement parce que l'Allemagne avait eu Gœthe, et l'Angleterre Shakspeare et Byron, que Victor Hugo était légitimement dû à la France. Je vois, par l'histoire des peuples, que chacun à son tour est appelé à conquérir le monde; peut-être en est-il de la domination poétique comme du règne de l'épée.

De cette faculté d'absorption de la vie extérieure, unique par son ampleur, et de cette autre faculté puissante de méditation, est résulté, dans Victor Hugo, un caractère poétique très particulier, interrogatif, mystérieux et, comme la nature, immense et minutieux, calme et agité. Voltaire ne voyait de mystère en rien, ou qu'en bien peu de choses. Mais Victor Hugo ne tranche pas le nœud gordien des choses avec la pétulance militaire de Voltaire; ses sens subtils lui révèlent des abîmes; il voit le mystère partout. Et, de fait, où n'est-il pas? De là dérive ce sentiment d'effroi qui pénètre plusieurs de ses beaux poëmes; de là ces turbulences, ces accumulations, ces écroulements de vers, ces masses d'images orageuses, emportées avec la vitesse d'un chaos qui fuit; de là ces répétitions fréquentes de mots, tous destinés à exprimer les ténèbres captivantes ou l'énigmatique physionomie du mystère.

III

Ainsi Victor Hugo possède non seulement la grandeur, mais l'universalité. Que son répertoire est varié! et, quoique toujours *un* et compact, comme il est multiforme! Je ne sais si parmi les amateurs de peintures beaucoup me ressemblent, mais je ne puis me défendre d'une vive mauvaise humeur lorsque j'entends parler d'un paysagiste (si parfait qu'il soit), d'un peintre d'animaux ou d'un peintre de fleurs, avec la même emphase qu'on mettrait à louer un peintre universel (c'est-à-dire un vrai peintre), tel que Rubens, Véronèse, Vélasquez ou Delacroix. Il me paraît en effet que celui qui ne sait pas tout peindre ne peut

pas être appelé peintre. Les hommes illustres que je viens de citer expriment parfaitement tout ce qu'exprime chacun des spécialistes, et de plus, ils possèdent une imagination et une faculté créatrice qui parle vivement à l'esprit de tous les hommes. Sitôt que vous voulez me donner l'idée d'un parfait artiste, mon esprit ne s'arrête pas à la perfection dans un genre de sujets, mais il conçoit immédiatement la nécessité de la perfection dans tous les genres. Il en est de même dans la littérature en général et dans la poésie en particulier. Celui qui n'est pas capable de tout peindre, les palais et les masures, les sentiments de tendresse et ceux de cruauté, les affections limitées de la famille et la charité universelle, la grâce du végétal et les miracles de l'architecture, tout ce qu'il y a de plus doux et tout ce qui existe de plus horrible, le sens intime et la beauté extérieure de chaque religion, la physionomie morale et physique de chaque nation, tout enfin, depuis le visible jusqu'à l'invisible, depuis le ciel jusqu'à l'enfer, celui-là, dis-je, n'est vraiment pas poëte dans l'immense étendue du mot et selon le cœur de Dieu. Vous dites de l'un : c'est un poëte d'*intérieurs,* ou de famille; de l'autre, c'est un poëte de l'amour, et de l'autre, c'est le poëte de la gloire. Mais de quel droit limitez-vous ainsi la portée des talents de chacun? Voulez-vous affirmer que celui qui a chanté la gloire était, *par cela même,* inapte à célébrer l'amour? Vous infirmez ainsi le sens universel du mot *poésie.* Si vous ne voulez pas simplement faire entendre que des circonstances, qui ne viennent pas du poëte, l'ont, *jusqu'à présent,* confiné dans une spécialité, je croirai toujours que vous parlez d'un pauvre poëte, d'un poëte incomplet, si habile qu'il soit dans *son* genre.

Ah! avec Victor Hugo nous n'avons pas à tracer ces distinctions; car c'est un génie sans frontières. Ici nous sommes éblouis, enchantés et enveloppés comme par la vie elle-même. La transparence de l'atmosphère, la coupole du ciel, la figure de l'arbre, le regard de l'animal, la silhouette de la maison sont peints en ses livres par le pinceau du paysagiste consommé. En tout il met la palpitation de la

vie. S'il peint la mer, aucune *marine* n'égalera les siennes. Les navires qui en rayent la surface ou qui en traversent les bouillonnements auront, plus que tous ceux de tout autre peintre, cette physionomie de lutteurs passionnés, ce caractère de volonté et d'animalité qui se dégage si mystérieusement d'un appareil géométrique et mécanique de bois, de fer, de cordes et de toile; animal monstrueux créé par l'homme, auquel le vent et le flot ajoutent la beauté d'une démarche.

Quant à l'amour, à la guerre, aux joies de la famille, aux tristesses du pauvre, aux magnificences nationales, à tout ce qui est plus particulièrement l'homme, et qui forme le domaine du peintre de genre et du peintre d'histoire, qu'avons-nous vu de plus riche et de plus concret que les poésies lyriques de Victor Hugo? Ce serait sans doute ici le cas, si l'espace le permettait, d'analyser l'atmosphère morale qui plane et circule dans ses poëmes, laquelle participe très sensiblement du tempérament propre de l'auteur. Elle me paraît porter un caractère très manifeste d'amour égal pour ce qui est très fort comme pour ce qui est très faible, et l'attraction exercée sur le poëte par ces deux extrêmes tire sa raison d'une origine unique, qui est la force même, la vigueur originelle dont il est doué. La force l'enchante et l'enivre; il va vers elle comme vers une parente : attraction fraternelle. Ainsi est-il emporté irrésistiblement vers tout symbole de l'infini, la mer, le ciel; vers tous les représentants anciens de la force, géants homériques ou bibliques, paladins, chevaliers; vers les bêtes énormes et redoutables. Il caresse en se jouant ce qui ferait peur à des mains débiles; il se meut dans l'immense, sans vertige. En revanche, mais par une tendance différente dont la source est pourtant la même, le poëte se montre toujours l'ami attendri de tout ce qui est faible, solitaire, contristé; de tout ce qui est orphelin : attraction paternelle. Le fort qui devine un frère dans tout ce qui est fort, voit ses enfants dans tout ce qui a besoin d'être protégé ou consolé. C'est de la force même et de la certitude qu'elle donne à celui qui la possède que dérive

l'esprit de justice et de charité. Ainsi se produisent sans cesse, dans les poëmes de Victor Hugo, ces accents d'amour pour les femmes tombées, pour les pauvres gens broyés dans les engrenages de nos sociétés, pour les animaux martyrs de notre gloutonnerie et de notre despotisme. Peu de personnes ont remarqué le charme et l'enchantement que la bonté ajoute à la force et qui se fait voir si fréquemment dans les œuvres de notre poëte. Un sourire et une larme dans le visage d'un colosse, c'est une originalité presque divine. Même dans ces petits poëmes consacrés à l'amour sensuel, dans ces strophes d'une mélancolie si voluptueuse et si mélodieuse, on entend, comme l'accompagnement permanent d'un orchestre, la voix profonde de la charité. Sous l'amant, on sent un père et un protecteur. Il ne s'agit pas ici de cette morale prêcheuse, qui, par son air de pédanterie, par son ton didactique, peut gâter les plus beaux morceaux de poésie, mais d'une morale inspirée qui se glisse, invisible, dans la matière poétique, comme les fluides impondérables dans toute la machine du monde. La morale n'entre pas dans cet art à titre de but; elle s'y mêle et s'y confond comme dans la vie elle-même. Le poëte est moraliste sans le vouloir, par abondance et plénitude de nature.

IV

L'excessif, l'immense, sont le domaine naturel de Victor Hugo; il s'y meut comme dans son atmosphère natale. Le génie qu'il a de tout temps déployé dans la peinture de *toute la monstruosité* qui enveloppe l'homme est vraiment prodigieux. Mais c'est surtout dans ces dernières années qu'il a subi l'influence métaphysique qui s'exhale de toutes ces choses; curiosité d'un Œdipe obsédé par d'innombrables Sphinx. Cependant qui ne se souvient de *La Pente de la rêverie*, déjà si vieille de date? Une grande partie de ses œuvres récentes semble le développement aussi régulier qu'énorme de la faculté qui a présidé à la génération de ce

poëme enivrant. On dirait que dès lors l'interrogation s'est dressée avec plus de fréquence devant le poëte rêveur, et qu'à ses yeux tous les côtés de la nature se sont incessamment hérissés de problèmes. Comment le père *un* a-t-il pu engendrer la dualité et s'est-il enfin métamorphosé en une population innombrable de nombres? Mystère! La totalité infinie des nombres doit-elle ou peut-elle se concentrer de nouveau dans l'unité originelle? Mystère! La contemplation suggestive du ciel occupe une place immense et dominante dans les derniers ouvrages du poëte. Quel que soit le sujet traité, le ciel le domine et le surplombe comme une coupole immuable d'où plane le mystère avec la lumière, où le mystère scintille, où le mystère invite la rêverie curieuse, d'où le mystère repousse la pensée découragée. Ah! malgré Newton et malgré Laplace, la certitude astronomique n'est pas, aujourd'hui même, si grande que la rêverie ne puisse se loger dans les vastes lacunes non encore explorées par la science moderne. Très légitimement, le poëte laisse errer sa pensée dans un dédale enivrant de conjectures. Il n'est pas un problème agité ou attaqué, dans n'importe quel temps ou par quelle philosophie, qui ne soit venu réclamer fatalement sa place dans les œuvres du poëte. Le monde des astres et le monde des âmes sont-ils finis ou infinis? L'éclosion des êtres est-elle permanente dans l'immensité comme dans la petitesse? Ce que nous sommes tentés de prendre pour la multiplication infinie des êtres ne serait-il qu'un mouvement de circulation ramenant ces mêmes êtres à la vie vers des époques et dans des conditions marquées par une loi suprême et omni-compréhensive?

La matière et le mouvement ne seraient-ils que la respiration et l'aspiration d'un Dieu, qui tour à tour profère des mondes à la vie et les rappelle dans son sein? Tout ce qui est multiple deviendra-t-il un, et de nouveaux univers, jaillissant de la pensée de Celui dont l'unique bonheur et l'unique fonction sont de produire sans cesse, viendront-ils un jour remplacer notre univers et tous ceux que nous voyons suspendus autour de nous? Et la conjecture sur

l'appropriation morale, sur la destination de tous ces mondes, nos voisins inconnus, ne prend-elle pas aussi naturellement sa place dans les immenses domaines de la poésie? Germinations, éclosions, floraisons, éruptions successives, simultanées, lentes ou soudaines, progressives ou complètes, d'astres, d'étoiles, de soleils, de constellations, êtes-vous simplement les formes de la vie de Dieu, ou des habitations préparées par sa bonté ou sa justice à des âmes qu'il veut éduquer et rapprocher progressivement de lui-même? Mondes éternellement étudiés, à jamais inconnus peut-être, oh! dites, avez-vous des destinations de paradis, d'enfers, de purgatoires, de cachots, de villas, de palais, etc.?... Que des systèmes et des groupes nouveaux, affectant des formes inattendues, adoptant des combinaisons imprévues, subissant des lois non enregistrées, imitant tous les caprices providentiels d'une géométrie trop vaste et trop compliquée pour le compas humain, puissent jaillir des limbes de l'avenir, qu'y aurait-il dans cette pensée de si *exorbitant,* de si monstrueux, et qui sortît des limites légitimes de la conjecture poétique? Je m'attache à ce mot *conjecture,* qui sert à définir passablement le caractère extra-scientifique de toute poésie. Entre les mains d'un autre poëte que Victor Hugo, de pareils thèmes et de pareils sujets auraient pu trop facilement adopter la forme didactique, qui est la plus grande ennemie de la véritable poésie. Raconter en vers les lois *connues,* selon lesquelles se meut un monde moral ou sidéral, c'est décrire ce qui est découvert et ce qui tombe tout entier sous le télescope ou le compas de la science, c'est se réduire aux devoirs de la science et empiéter sur ses fonctions, et c'est embarrasser son langage traditionnel de l'ornement superflu et dangereux ici de la rime; mais s'abandonner à toutes les rêveries suggérées par le spectacle infini de la vie sur la terre et dans les cieux est le droit légitime du premier venu, conséquemment du poëte, à qui il est accordé alors de traduire, dans un langage magnifique autre que la prose et la musique, les conjectures éternelles de la curieuse humanité.

JOURNAUX INTIMES

FUSÉES
(Choix)

I

Fusées. – Quand même Dieu n'existerait pas, la religion serait encore Sainte et *divine*.

Dieu est le seul être qui, pour régner, n'ait même pas besoin d'exister.

Ce qui est créé par l'esprit est plus vivant que la matière.

L'amour, c'est le goût de la prostitution. Il n'est même pas de plaisir noble qui ne puisse être ramené à la prostitution.

Dans un spectacle, dans un bal, chacun jouit de tous.

Qu'est-ce que l'art? Prostitution.

Le plaisir d'être dans les foules est une expression mystérieuse de la jouissance de la multiplication du nombre.

Tout est nombre. Le nombre est dans *tout*. Le nombre est dans l'individu. L'ivresse est un nombre.

Le goût de la concentration productive doit remplacer, chez un homme mûr, le goût de la déperdition.

L'amour peut dériver d'un sentiment généreux : le goût de la prostitution ; mais il est bientôt corrompu par le goût de la propriété.

L'amour veut sortir de soi, se confondre avec sa victime, comme le vainqueur avec le vaincu, et cependant conserver des privilèges de conquérant.

Les voluptés de l'entreteneur tiennent à la fois de l'ange et du propriétaire. Charité et férocité. Elles sont même indépendantes du sexe, de la beauté et du genre animal.

Les ténèbres vertes dans les soirs humides de la belle saison.

Profondeur immense de pensée dans les locutions vulgaires, trous creusés par des générations de fourmis.

Anecdote du chasseur, relative à la liaison intime de la férocité et de l'amour.

II

Fusées. – De la féminéité de l'Église, comme raison de son omnipuissance.

De la couleur violette (amour contenu, mystérieux, voilé, couleur de chanoinesse).

Le prêtre est immense, parce qu'il fait croire à une foule de choses étonnantes.

Que l'Église veuille tout faire et tout être, c'est une loi de l'esprit humain.

Les peuples adorent l'autorité.

Les prêtres sont les serviteurs et les sectaires de l'imagination.

Le trône et l'autel, maxime révolutionnaire.

E. G. *ou la séduisante Aventurière.*

Ivresse religieuse des grandes villes. – Panthéisme. Moi, c'est tous ; tous, c'est moi.

Tourbillon.

III

Fusées. – Je crois que j'ai déjà écrit dans mes notes que l'amour ressemblait fort à une torture ou à une opération chirurgicale. Mais cette idée peut être développée de la manière la plus amère. Quand même les deux amants seraient très épris et très pleins de désirs réciproques, l'un des deux sera toujours plus calme ou moins possédé que l'autre. Celui-là, ou celle-là, c'est l'opérateur ou le bourreau; l'autre, c'est le sujet, la victime. Entendez-vous ces soupirs, préludes d'une tragédie de déshonneur, ces gémissements, ces cris, ces râles? Qui ne les a proférés, qui ne les a irrésistiblement extorqués? Et que trouvez-vous de pire dans la question appliquée par de soigneux tortionnaires? Ces yeux de somnambule révulsés, ces membres dont les muscles jaillissent et se roidissent comme sous l'action d'une pile galvanique, l'ivresse, le délire, l'opium, dans leurs plus furieux résultats, ne vous en donneront certes pas d'aussi affreux, d'aussi curieux exemples. Et le visage humain, qu'Ovide croyait façonné pour refléter les astres, le voilà qui ne parle plus qu'une expression de férocité folle, ou qui se détend dans une espèce de mort. Car, certes, je croirais faire un sacrilége en appliquant le mot « extase » à cette sorte de décomposition.

– Épouvantable jeu où il faut que l'un des joueurs perde le gouvernement de soi-même!

Une fois il fut demandé devant moi en quoi consistait le plus grand plaisir de l'amour. Quelqu'un répondit naturellement : à recevoir, – et un autre : à se donner. – Celui-ci dit : plaisir d'orgueil! – et celui-là : volupté d'humilité! Tous ces orduriers parlaient comme l'*Imitation de Jésus-Christ*. – Enfin il se trouva un impudent utopiste qui affirma que le plus grand plaisir de l'amour était de former des citoyens pour la patrie.

Moi, je dis : la volupté unique et suprême de l'amour gît dans la certitude de faire le *mal*. – Et l'homme et la femme savent de naissance que dans le mal se trouve toute volupté.

VI

Fusées. Suggestions. – L'homme de lettres remue des capitaux et donne le goût de la gymnastique intellectuelle.

Le dessin arabesque est le plus idéal de tous.

Nous aimons les femmes à proportion qu'elles nous sont plus étrangères. Aimer les femmes intelligentes est un plaisir de pédéraste. Ainsi la bestialité exclut la pédérastie.

L'esprit de bouffonnerie peut ne pas exclure la charité, mais c'est rare.

L'enthousiasme qui s'applique à autre chose que les abstractions est un signe de faiblesse et de maladie.

La maigreur est plus nue, plus indécente que la graisse.

XI

Ces beaux et grands navires, imperceptiblement balancés (dandinés) sur les eaux tranquilles, ces robustes navires, à l'air désœuvré et nostalgique, ne nous disent-ils pas dans une langue muette : Quand partons-nous pour le bonheur?

Ne pas oublier dans le drame le côté merveilleux, la sorcellerie et le romanesque.

Les milieux, les atmosphères, dont tout un récit doit être trempé. (Voir *Usher,* et en référer aux sensations profondes du haschisch et de l'opium.)

XVI

Fusées. – J'ai trouvé la définition du Beau, – de mon Beau. C'est quelque chose d'ardent et de triste, quelque chose d'un peu vague, laissant carrière à la conjecture. Je vais, si l'on veut, appliquer mes idées à un objet sensible, à l'objet, par exemple, le plus intéressant dans la société, à un visage de femme. Une tête séduisante et belle, une tête de femme, veux-je dire, c'est une tête qui fait rêver à la fois, – mais d'une manière confuse, – de volupté et de tristesse; qui comporte une idée de mélancolie, de lassitude, même de satiété, – soit une idée contraire, c'est-à-dire une ardeur, un désir de vivre, associés avec une amertume refluante, comme venant de privation ou de désespérance. Le mystère, le regret sont aussi des caractères du Beau.

Une belle tête d'homme n'a pas besoin de comporter, excepté peut-être, aux yeux d'une femme, – aux yeux d'un homme bien entendu, – cette idée de volupté, qui dans un visage de femme, est une provocation d'autant plus attirante que le visage est généralement plus mélancolique. Mais cette tête contiendra aussi quelque chose d'ardent et de triste, – des besoins spirituels, des ambitions ténébreusement refoulées, – l'idée d'une puissance grondante, et sans emploi, – quelquefois l'idée d'une insensibilité vengeresse (car le type idéal du Dandy n'est pas à négliger dans ce sujet), – quelquefois aussi, – et c'est l'un des caractères de beauté les plus intéressants, – le mystère, et enfin (pour que j'aie le courage d'avouer jusqu'à quel point je me sens moderne en esthétique), le *malheur*. – Je ne prétends pas que la Joie ne puisse pas s'associer avec la Beauté, mais je dis que la Joie [en] est un des ornements les plus vulgaires; – tandis que la Mélancolie en est pour ainsi dire l'illustre compagne, à ce point que je ne conçois guère (mon cerveau serait-il un miroir ensorcelé?) un type de Beauté où il n'y ait du *Malheur*. – Appuyé sur – d'autres diraient : obsédé par – ces idées, on conçoit qu'il me serait

difficile de ne pas conclure que le plus parfait type de Beauté virile est *Satan,* – à la manière de Milton.

XVIII

Fusées. – Ne méprisez la sensibilité de personne. La sensibilité de chacun, c'est son génie.

Il n'y a que deux endroits où l'on paye pour avoir le droit de dépenser : les latrines publiques et les femmes.

Par un concubinage ardent, on peut deviner les jouissances d'un jeune ménage.

Le goût précoce des femmes. Je confondais l'odeur de la fourrure avec l'odeur de la femme. Je me souviens... Enfin, j'aimais ma mère pour son élégance. J'étais donc un dandy précoce.

Mes ancêtres, idiots ou maniaques, dans des appartements solennels, tous victimes de terribles passions.

Les pays protestants manquent de deux éléments indispensables au bonheur d'un homme bien élevé, la galanterie et la dévotion.

Le mélange du grotesque et du tragique est agréable à l'esprit, comme les discordances aux oreilles blasées.

Ce qu'il y a d'enivrant dans le mauvais goût, c'est le plaisir aristocratique de déplaire.

L'Allemagne exprime la rêverie par la ligne, comme l'Angleterre par la perspective.

Il y a dans l'engendrement de toute pensée sublime une secousse nerveuse qui se fait sentir dans le cervelet.

XXII

Fusées. – Je crois que le charme infini et mystérieux qui gît dans la contemplation d'un navire, et surtout d'un navire en mouvement, tient, dans le premier cas, à la régularité et à la symétrie, qui sont un des besoins primordiaux de l'esprit humain, au même degré que la complication et l'harmonie, – et, dans le second cas, à la multiplication successive et à la génération de toutes les courbes et figures imaginaires opérées dans l'espace par les éléments réels de l'objet.

L'idée poétique qui se dégage de cette opération du mouvement dans les lignes est l'hypothèse d'un être vaste, immense, compliqué, mais eurythmique, d'un animal plein de génie, souffrant et soupirant tous les soupirs et toutes les ambitions humaines.

MON CŒUR MIS À NU
(Choix)

XIX

Il y a dans tout homme, à toute heure, deux postulations simultanées, l'une vers Dieu, l'autre vers Satan.

L'invocation à Dieu, ou spiritualité, est un désir de monter en grade ; celle de Satan, ou animalité, est une joie de descendre. C'est à cette dernière que doivent être rapportées les amours pour les femmes et les conversations intimes avec les animaux, chiens, chats, etc. Les joies qui dérivent de ces deux amours sont adaptées à la nature de ces deux amours.

XXI

La question (torture) est, comme art de découvrir la vérité, une niaiserie barbare ; c'est l'application d'un moyen matériel à un but spirituel.

La peine de Mort est le résultat d'une idée mystique, totalement incomprise aujourd'hui. La peine de Mort n'a pas pour but de *sauver* la société, matériellement du moins. Elle a pour but de *sauver* (spirituellement) la société et le coupable. Pour que le sacrifice soit parfait, il faut qu'il y ait assentiment et joie de la part de la victime. Donner du chloroforme à un condamné à mort serait une impiété, car ce serait lui enlever la conscience de sa grandeur comme victime et lui supprimer les chances de gagner le Paradis.

Dandies.

L'envers de Claude Gueux. Théorie du sacrifice. Légitimation de la peine de mort. Le sacrifice n'est complet que par le *sponte sua* de la victime.

Un condamné à mort qui, raté par le bourreau, délivré par le peuple, retournerait au bourreau. Nouvelle justification de la peine de mort.

Quant à la torture, elle est née de la partie infâme du cœur de l'homme, assoiffé de voluptés. Cruauté et volupté, sensations identiques, comme l'extrême chaud et l'extrême froid.

XXXV

Il y a certaines femmes qui ressemblent au ruban de la Légion d'honneur. On n'en veut plus parce qu'elles se sont salies à de certains hommes.

C'est par la même raison que je ne chausserais pas les culottes d'un galeux.

Ce qu'il y a d'ennuyeux dans l'amour, c'est que c'est un crime où l'on ne peut pas se passer d'un complice.

XXXVI

Étude de la grande maladie de l'horreur du domicile. Raisons de la maladie. Accroissement progressif de la maladie.

Indignation causée par la fatuité universelle de toutes les classes, de tous les êtres, dans les deux sexes, dans tous les âges.

L'homme aime tant l'homme que, quand il fuit la ville, c'est encore pour chercher la foule, c'est-à-dire pour refaire la ville à la campagne.

XLV

Qu'est-ce que l'amour ?
Le besoin de sortir de soi.
L'homme est un animal adorateur.
Adorer, c'est se sacrifier et se prostituer.
Aussi tout amour est-il prostitution.

XLVI

· L'être le plus prostitué, c'est l'être par excellence, c'est
Dieu, puisqu'il est l'ami suprême pour chaque individu,
puisqu'il est le réservoir commun, inépuisable de
l'amour.
[...]

LVIII

Il n'y a de grands parmi les hommes que le poëte, le
prêtre et le soldat.
L'homme qui chante, l'homme qui sacrifie et se sacri-
fie.
Le reste est fait pour le fouet.
Défions-nous du peuple, du bon sens, du cœur, de
l'inspiration, et de l'évidence.

LV

Dans l'amour, comme dans presque toutes les affaires
humaines, l'entente cordiale est le résultat d'un malenten-
du. Ce malentendu, c'est le plaisir. L'homme crie : « Oh

mon ange! » La femme roucoule : « Maman! maman! » Et ces deux imbéciles sont persuadés qu'ils pensent de concert. – Le gouffre infranchissable, qui fait l'incommunicabilité, reste infranchi.

LVI

Pourquoi le spectacle de la mer est-il si infiniment et si éternellement agréable?

Parce que la mer offre à la fois l'idée de l'immensité et du mouvement. Six ou sept lieues représentent pour l'homme le rayon de l'infini. Voilà un infini diminutif. Qu'importe, s'il suffit à suggérer l'idée de l'infini total? Douze ou quatorze lieues (sur le diamètre), douze ou quatorze de liquide en mouvement suffisent pour donner la plus haute idée de beauté qui soit offerte à l'homme sur son habitacle transitoire.

LXXI

Plus l'homme cultive les arts, moins il bande.

Il se fait un divorce de plus en plus sensible entre l'esprit et la brute.

La brute seule bande bien, et la fouterie est le lyrisme du peuple.

Foutre, c'est aspirer à entrer dans un autre, et l'artiste ne sort jamais de lui-même.

J'ai oublié le nom de cette salope... Ah! bah! je le retrouverai au jugement dernier.

La musique donne l'idée de l'espace.

Tous les arts, plus ou moins, puisqu'ils sont *nombre* et que le nombre est une traduction de l'espace.

Vouloir tous les jours être le plus grand des hommes!

LXXII

Étant enfant, je voulais être tantôt pape, mais pape militaire, tantôt comédien.

Jouissances que je tirais de ces deux hallucinations.

LXXIII

Tout enfant, j'ai senti dans mon cœur deux sentiments contradictoires : l'horreur de la vie et l'extase de la vie. C'est bien le fait d'un paresseux nerveux.

LXXXV

Pour que la loi du progrès existât, il faudrait que chacun voulût la créer; c'est-à-dire que, quand tous les individus s'appliqueront à progresser, alors, et seulement alors, l'humanité sera en progrès.

Cette hypothèse peut servir à expliquer l'identité des deux idées contradictoires, liberté et fatalité. – Non seulement il y aura, dans le cas de progrès, identité entre la liberté et la fatalité, mais cette identité a toujours existé. Cette identité, c'est *l'histoire,* histoire des nations et des individus.

LA FANFARLO

Samuel Cramer, qui signa autrefois du nom de Manuela de Monteverde quelques folies romantiques, — dans le bon temps du Romantisme, — est le produit contradictoire d'un blême Allemand et d'une brune Chilienne. Ajoutez à cette double origine une éducation française et une civilisation littéraire, vous serez moins surpris, — sinon satisfait et édifié, — des complications bizarres de ce caractère. — Samuel a le front pur et noble, les yeux brillants comme des gouttes de café, le nez taquin et railleur, les lèvres impudentes et sensuelles, le menton carré et despote, la chevelure prétentieusement raphaélesque. — C'est à la fois un grand fainéant, un ambitieux triste, et un illustre malheureux ; car il n'a guère eu dans sa vie que des moitiés d'idées. Le soleil de la paresse, qui resplendit sans cesse au dedans de lui, lui vaporise et lui mange cette moitié de génie dont le ciel l'a doué. Parmi tous ces demi-grands hommes que j'ai connus dans cette terrible vie parisienne, Samuel fut, plus que tout autre, l'homme des belles œuvres ratées : — créature maladive et fantastique, dont la poésie brille plus dans sa personne que dans ses œuvres, et qui, vers une heure du matin, entre l'éblouissement d'un feu de charbon de terre et le tic tac d'une horloge, m'est toujours apparu comme le dieu de l'impuissance, — dieu moderne et hermaphrodite, — impuissance si colossale et si énorme qu'elle en est épique !

Comment vous mettre au fait, et vous faire voir bien clair dans cette nature ténébreuse, bariolée de vifs éclairs, — paresseuse et entreprenante à la fois, — féconde en desseins

difficiles et en risibles avortements ; — esprit chez qui le
paradoxe prenait souvent les proportions de la naïveté, et
dont l'imagination était aussi vaste que la solitude et la
paresse absolues ? — Un des travers les plus naturels de
Samuel était de se considérer comme l'égal de ceux qu'il
avait su admirer ; après une lecture passionnée d'un beau
livre, sa conclusion involontaire était : voilà qui est assez
beau pour être de moi ! — et de là à penser : c'est donc
de moi, — il n'y a que l'espace d'un tiret.

Dans le monde actuel, ce genre de caractère est plus fré-
quent qu'on ne le pense ; les rues, les promenades publi-
ques, les estaminets et tous les asiles de la flânerie four-
millent d'êtres de cette espèce. Ils s'identifient si bien avec
le nouveau modèle, qu'ils ne sont pas éloignés de croire
qu'ils l'ont inventé. — Les voilà aujourd'hui déchiffrant
péniblement les pages mystiques de Plotin ou de Porphyre ;
demain ils admireront comme Crébillon le fils a bien
exprimé le côté volage et français de leur caractère. Hier
ils s'entretenaient familièrement avec Jérôme Cardan ; les
voici maintenant jouant avec Sterne ou se vautrant avec
Rabelais dans toutes les goinfreries de l'hyperbole. Ils sont
d'ailleurs si heureux dans chacune de leurs métamorpho-
ses, qu'ils n'en veulent pas le moins du monde à tous ces
beaux génies de les avoir devancés dans l'estime de la pos-
térité. — Naïve et respectable impudence ! Tel était le
pauvre Samuel.

Fort honnête homme de naissance et quelque peu gre-
din par passe-temps, — comédien par tempérament —, il
jouait pour lui-même et à huit clos d'incomparables tra-
gédies, ou, pour mieux dire, tragi-comédies. Se sentait-il
effleuré et chatouillé par la gaieté, il fallait se le bien cons-
tater, et notre homme s'exerçait à rire aux éclats. Une larme
lui germait-elle dans le coin de l'œil à quelque souvenir,
il allait à sa glace se regarder pleurer. Si quelque fille, dans
un accès de jalousie brutale et puérile, lui faisait une égra-
tignure avec une aiguille ou un canif, Samuel se glorifiait
en lui-même d'un coup de couteau, et quand il devait quel-
ques misérables vingt mille francs, il s'écriait joyeusement :

— Quel triste et lamentable sort que celui d'un génie harcelé par un million de dettes !

D'ailleurs gardez-vous de croire qu'il fût incapable de connaître les sentiments vrais, et que la passion ne fît qu'effleurer son épiderme. Il eût vendu ses chemises pour un homme qu'il connaissait à peine, et qu'à l'inspection du front et de la main il avait institué hier son ami intime. Il apportait dans les choses de l'esprit et de l'âme la contemplation oisive des natures germaniques, — dans les choses de la passion l'ardeur rapide et volage de sa mère, — et dans la pratique de la vie tous les travers de la vanité française. Il se fût battu en duel pour un auteur ou un artiste mort depuis deux siècles. Comme il avait été dévot avec fureur, il était athée avec passion. Il était à la fois tous les artistes qu'il avait étudiés et tous les livres qu'il avait lus, et cependant, en dépit de cette faculté comédienne, restait profondément original. Il était toujours le doux, le fantasque, le paresseux, le terrible, le savant, l'ignorant, le débraillé, le coquet Samuel Cramer, la romantique Manuela de Monteverde. Il raffolait d'un ami comme d'une femme, aimait une femme comme un camarade. Il possédait la logique de tous les bons sentiments et la science de toutes les roueries, et néanmoins n'a jamais réussi à rien, parce qu'il croyait trop à l'impossible. — Quoi d'étonnant ? il était toujours en train de le concevoir.

Samuel, un soir, eut l'idée de sortir ; le temps était beau et parfumé. — Il avait, selon son goût naturel pour l'excessif, des habitudes de réclusion et de dissipation également violentes et prolongées, et depuis longtemps il était resté fidèle au logis. La paresse maternelle, la fainéantise créole qui coulait dans ses veines l'empêchait de souffrir du désordre de sa chambre, de son linge et de ses cheveux encrassés et emmêlés à l'excès. Il se peigna, se lava, sut en quelques minutes retrouver le costume et l'aplomb des gens chez qui l'élégance est chose journalière ; puis il ouvrit la fenêtre. — Un jour chaud et doré se précipita dans le cabinet poudreux. Samuel admira comme le printemps était venu vite en quelques jours et sans crier gare. Un air tiède et

imprégné de bonnes odeurs lui ouvrit les narines, — dont
une partie étant montée au cerveau, le remplit de rêverie
et de désirs, et l'autre lui remua libertinement le cœur,
l'estomac et le foie. — Il souffla résolument ses deux bou-
gies dont l'une palpitait encore sur un volume de Sweden-
borg, et l'autre s'éteignait sur un de ces livres honteux dont
la lecture n'est profitable qu'aux esprits possédés d'un goût
immodéré de la vérité.

Du haut de sa solitude, encombrée de paperasses, pavée
de bouquins et peuplée de ses rêves, Samuel apercevait sou-
vent, se promenant dans une allée du Luxembourg, une
forme et une figure qu'il avait aimée en province, — à l'âge
où l'on aime d'amour. — Ses traits, quoique mûris et
engraissés par quelques années de pratique, avaient la grâce
profonde et décente de l'honnête femme ; au fond de ses
yeux brillait encore par intervalles la rêverie humide de la
jeune fille. Elle allait et venait, habituellement escortée par
une bonne assez élégante, et dont le visage et la tournure
accusaient plutôt la confidente et la demoiselle de compa-
gnie que la domestique. Elle semblait rechercher les endroits
abandonnés, et s'asseyait tristement avec des attitudes de
veuve, tenant parfois dans sa main distraite un livre qu'elle
ne lisait pas.

Samuel l'avait connue aux environs de Lyon, jeune,
alerte, folâtre et plus maigre. A force de la regarder et
pour ainsi dire de la reconnaître, il avait retrouvé un à
un tous les menus souvenirs qui se rattachaient à elle
dans son imagination ; il s'était raconté à lui-même, détail
par détail, tout ce jeune roman, qui, depuis, s'était perdu
dans les préoccupations de sa vie et le dédale de ses
passions.

Ce soir-là, il la salua, mais avec plus de soin et plus de
regards. En passant devant elle, il entendit derrière lui ce
lambeau de dialogue :

— Comment trouvez-vous ce jeune homme, Mariette ?

Mais cela dit avec un ton de voix si distrait que l'obser-
vateur le plus malicieux n'y eût rien trouvé à redire contre
la dame.

— Mais je le trouve fort bien, madame. — Madame sait que c'est M. Samuel Cramer ?

Et sur un ton plus sévère :

— Comment se fait-il que vous sachiez cela, Mariette ?

. .

C'est pourquoi le lendemain Samuel eut grand soin de lui rapporter son mouchoir et son livre, qu'il trouva sur un banc, et qu'elle n'avait pas perdus, puisqu'elle était près de là, regardant les moineaux se disputer des miettes, ou ayant l'air de contempler le travail intérieur de la végétation. Comme il arrive souvent entre deux êtres dont les destinées complices ont élevé l'âme à un égal diapason, — engageant la conversation assez brusquement, — il eut néanmoins le bonheur bizarre de trouver une personne disposée à l'écouter et à lui répondre.

— Serais-je assez heureux, madame, pour être encore logé dans un coin de votre souvenir ? Suis-je tellement changé que vous ne puissiez reconnaître en moi un camarade d'enfance, avec qui vous avez daigné jouer à cache-cache et faire l'école buissonnière ?

— Une femme, — répondit la dame avec un demi-sourire, — n'a pas le droit de reconnaître aussi facilement les gens ; c'est pourquoi je vous remercie, monsieur, de m'avoir, le premier, offert l'occasion de me reporter vers ces beaux et gais souvenirs. — Et puis... chaque année de la vie contient tant d'événements et de pensées... et il me semble vraiment qu'il y a bien des années ?...

— Années, — répliqua Samuel, — qui pour moi ont été tantôt bien lentes, tantôt bien promptes à s'envoler, mais toutes diversement cruelles !

— Et la poésie ?... — fit la dame avec un sourire dans les yeux.

— Toujours, madame ! — répondit Samuel en riant. — Mais que lisiez-vous donc là ?

— Un roman de Walter Scott.

— Je m'explique maintenant vos fréquentes interruptions. — Oh ! l'ennuyeux écrivain ! — Un poudreux déterreur de chroniques ! un fastidieux amas de descriptions

de bric-à-brac, — un tas de vieilles choses et de défroques de tout genre : — des armures, des vaisselles, des meubles, des auberges gothiques et des châteaux de mélodrame, où se promènent quelques mannequins à ressort, vêtus de justaucorps et de pourpoints bariolés ; — types connus, dont nul plagiaire de dix-huit ans ne voudra plus dans dix ans ; des châtelaines impossibles et des amoureux parfaitement dénués d'actualité, — nulle vérité de cœur, nulle philosophie de sentiments ! Quelle différence chez nos bons romanciers français, où la passion et la morale l'emportent toujours sur la description matérielle des objets ! — Qu'importe que la châtelaine porte fraise ou paniers, ou sous-jupe Oudinot, pourvu qu'elle sanglote ou trahisse convenablement ? L'amoureux vous intéresse-t-il beaucoup plus pour porter dans son gilet un poignard au lieu d'une carte de visite, et un despote en habit noir vous cause-t-il une terreur moins poétique qu'un tyran bardé de buffle et de fer ?

Samuel, comme on le voit, rentrait dans la classe des gens *absorbants,* — des hommes insupportables et passionnés, chez qui le métier gâte la conversation, et à qui toute occasion est bonne, même une connaissance improvisée au coin d'un arbre ou d'une rue, — fût-ce d'un chiffonnier, — pour développer opiniâtrement leurs idées. — Il n'y a entre les commis voyageurs, les industriels errants, les allumeurs d'affaires en commandite et les poètes *absorbants,* que la différence de la réclame à la prédication ; le vice de ces derniers est tout à fait désintéressé.

Or, la dame lui répliqua simplement :

— Mon cher monsieur Samuel, je ne suis que public, c'est assez vous dire que mon âme est innocente. Aussi le plaisir est-il pour moi la chose du monde la plus facile à trouver. — Mais parlons de vous ; — je m'estimerais heureuse si vous me jugiez digne de lire quelques-unes de vos productions.

— Mais, madame, comment se fait-il ?... — fit la grosse vanité du poète étonné.

— Le maître de mon cabinet de lecture dit qu'il ne vous connaît pas.

Et elle sourit doucement comme pour amortir l'effet de cette taquinerie fugitive.

— Madame, — dit sentencieusement Samuel, — le vrai public du XIXᵉ siècle est les femmes ; votre suffrage me constituera plus grand que vingt académies.

— Eh bien, monsieur, je compte sur votre promesse.

— Mariette, l'ombrelle et l'écharpe ; *on* s'impatiente peut-être à la maison. Vous savez que monsieur revient de bonne heure.

Elle lui fit un salut gracieusement écourté, qui n'avait rien de compromettant, et dont la familiarité n'excluait pas la dignité.

Samuel ne s'étonna point de retrouver un ancien amour de jeunesse asservi au lien conjugal. Dans l'histoire universelle du sentiment, cela est de rigueur. — Elle s'appelait madame de Cosmelly, et demeurait dans l'une des rues les plus aristocratiques du faubourg Saint-Germain.

Le lendemain il la trouva, la tête inclinée par une mélancolie gracieuse et presque étudiée, vers les fleurs de la plate-bande, et lui offrit son volume des *Orfraies,* recueil de sonnets, comme nous en avons tous fait et tous lu, dans le temps où nous avions le jugement si court et les cheveux si longs.

Samuel était fort curieux de savoir si ses *Orfraies* avaient charmé l'âme de cette belle mélancolique, et si les cris de ces vilains oiseaux lui avaient parlé en sa faveur ; mais quelques jours après elle lui dit avec une candeur et une honnêteté désespérantes :

— Monsieur, je ne suis qu'une femme, et, par conséquent, mon jugement est peu de chose ; mais il me paraît que les tristesses et les amours de messieurs les auteurs ne ressemblent guère aux tristesses et aux amours des autres hommes. Vous adressez des galanteries, fort élégantes sans doute et d'un choix fort exquis, à des dames que j'estime assez pour croire qu'elles doivent parfois s'en effaroucher. Vous chantez la beauté des mères dans un style qui doit

vous priver du suffrage de leurs filles. Vous apprenez au monde que vous raffolez du pied et de la main de madame une telle, qui, supposons-le pour son honneur, dépense moins de temps à vous lire qu'à tricoter des bas et des mitaines pour les pieds ou les mains de ses enfants. Par un contraste des plus singuliers, et dont la cause mystérieuse m'est encore inconnue, vous réservez votre encens le plus mystique à des créatures bizarres qui lisent encore moins que les dames, et vous vous pâmez platoniquement devant des sultanes de bas lieu, qui doivent, ce me semble, à l'aspect de la délicate personne d'un poète, ouvrir des yeux aussi grands que des bestiaux qui se réveillent dans un incendie. De plus, j'ignore pourquoi vous chérissez tant les sujets funèbres et les descriptions d'anatomie. Quand on est jeune, qu'on a comme vous un beau talent et toutes les conditions présumées du bonheur, il me paraît bien plus naturel de célébrer la santé et les joies de l'honnête homme, que de s'exercer à l'anathème et de causer avec des *Orfraies*.

Voici ce qu'il lui répondit :

— Madame, plaignez-moi, ou plutôt plaignez-nous, car j'ai beaucoup de frères de ma sorte ; c'est la haine de tous et de nous-mêmes qui nous a conduits vers ces mensonges. C'est par désespoir de ne pouvoir être nobles et beaux suivant les moyens naturels, que nous nous sommes si bizarrement fardé le visage. Nous nous sommes tellement appliqués à sophistiquer notre cœur, nous avons tant abusé du microscope pour étudier les hideuses excroissances et les honteuses verrues dont il est couvert, et que nous grossissons à plaisir, qu'il est impossible que nous parlions le langage des autres hommes. Ils vivent pour vivre, et nous, hélas ! nous vivons pour savoir. Tout le mystère est là. L'âge ne change que la voix et n'abolit que les cheveux et les dents ; nous avons altéré l'accent de la nature, nous avons extirpé une à une les pudeurs virginales dont était hérissé notre intérieur d'honnête homme. Nous avons psychologisé comme les fous, qui augmentent leur folie en s'efforçant de la comprendre. Les années n'infirment que les membres, et nous avons déformé les passions. Malheur,

trois fois malheur aux pères infirmes qui nous ont faits rachitiques et mal venus, prédestinés que nous sommes à n'enfanter que des mots-nés !

— Encore des *Orfraies !* dit-elle ; voyons, donnez-moi votre bras et admirons ces pauvres fleurs que le printemps rend si heureuses !

Au lieu d'admirer les fleurs, Samuel Cramer, à qui la phrase et la période étaient venues, commença à mettre en prose et à déclamer quelques mauvaises stances composées dans sa première manière. La dame le laissait faire.

— Quelle différence, et combien il reste peu du même homme, excepté le souvenir ! mais le souvenir n'est qu'une souffrance nouvelle. Le beau temps que celui où le matin ne réveilla jamais nos genoux engourdis ou rompus par la fatigue des songes, où nos yeux clairs riaient à toute la nature, où notre âme ne raisonnait pas, mais où elle vivait et jouissait ; où nos soupirs s'écoulaient doucement sans bruit et sans orgueil ! que de fois, dans les loisirs de l'imagination, j'ai revu l'une de ces belles soirées automnales où les jeunes âmes font des progrès comparables à ces arbres qui poussent de plusieurs coudées par un coup de foudre. Alors je vois, je sens, j'entends ; la lune réveille les gros papillons ; le vent chaud ouvre les belles-de-nuit ; l'eau des grands bassins s'endort. — Ecoutez en esprit les valses subites de ce piano mystérieux. Les parfums de l'orage entrent par les fenêtres ; c'est l'heure où les jardins sont pleins de robes roses et blanches qui ne craignent pas de se mouiller. Les buissons complaisants accrochent les jupes fuyantes, les cheveux bruns et les boucles blondes se mêlent en tourbillonnant ! — Vous souviens-il encore, madame, des énormes meules de foin, si rapides à descendre, de la vieille nourrice si lente à vous poursuivre, et de la cloche si prompte à vous rappeler sous l'œil de votre tante, dans la grande salle à manger ?

Madame de Cosmelly interrompit Samuel par un soupir, voulut ouvrir la bouche, sans doute pour le prier de s'arrêter, mais il avait déjà repris la parole.

— Ce qu'il y a de plus désolant, dit-il, c'est que tout

amour fait toujours une mauvaise fin, d'autant plus mauvaise qu'il était plus divin, plus ailé à son commencement. Il n'est pas de rêve, quelque idéal qu'il soit, qu'on ne retrouve avec un poupard glouton suspendu au sein ; il n'est pas de retraite, de maisonnette si délicieuse et si ignorée, que la pioche ne vienne abattre. Encore cette destruction est-elle toute matérielle ; mais il en est une autre plus impitoyable et plus secrète qui s'attaque aux choses invisibles. Figurez-vous qu'au moment où vous vous appuyez sur l'être de votre choix, et que vous lui dites : Envolons-nous ensemble et cherchons le fond du ciel ! — une voix implacable et sérieuse penche à votre oreille pour vous dire que nos passions sont des menteuses, que c'est notre myopie qui fait les beaux visages et notre ignorance les belles âmes, et qu'il vient nécessairement un jour où l'idole, pour le regard plus clairvoyant, n'est plus qu'un objet, non pas de haine, mais de mépris et d'étonnement !

— De grâce, monsieur, dit madame de Cosmelly.

Elle était évidemment émue ; Samuel s'était aperçu qu'il avait mis le fer sur une ancienne plaie, et il insistait avec cruauté.

— Madame, dit-il, les souffrances salutaires du souvenir ont leurs charmes, et dans cet enivrement de la douleur, on trouve parfois un soulagement. — A ce funèbre avertissement, toutes les âmes loyales s'écrieraient : « Seigneur, enlevez-moi d'ici avec mon rêve intact et pur : je veux rendre à la nature ma passion avec toute sa virginité, et porter ailleurs ma couronne inflétrie. » — D'ailleurs les résultats du désillusionnement sont terribles. — Les enfants maladifs qui sortent d'un amour mourant sont la triste débauche et la hideuse impuissance : la débauche de l'esprit, l'impuissance du cœur, qui font que l'un ne vit plus que par curiosité, et que l'autre se meurt chaque jour de lassitude. Nous ressemblons tous plus ou moins à un voyageur qui aurait parcouru un très grand pays, et regarderait chaque soir le soleil, qui jadis dorait superbement les agréments de la route, se coucher dans un horizon plat. Il s'assied avec résignation sur de sales collines recouvertes

de débris inconnus, et dit aux senteurs de bruyères qu'elles ont beau monter vers un ciel vide ; aux graines rares et malheureuses, qu'elles ont beau germer dans un sol desséché ; aux oiseaux qui croient leurs mariages bénis par quelqu'un, qu'ils ont tort de bâtir des nids dans une contrée balayée de vents froids et violents. Il reprend tristement sa route vers un désert qu'il sait semblable à celui qu'il vient de parcourir, escorté par un pâle fantôme qu'on nomme Raison, qui éclaire avec une pâle lanterne l'aridité de son chemin, et, pour étancher la soif renaissante de passion qui le prend de temps en temps, lui verse le poison de l'ennui.

Tout d'un coup, entendant un profond soupir et un sanglot mal comprimé, il se retourna vers madame de Cosmelly ; elle pleurait abondamment et n'avait même plus la force de cacher ses larmes.

Il la considéra quelque temps en silence, avec l'air le plus attendri et le plus onctueux qu'il put se donner ; le brutal et hypocrite comédien était fier de ces belles larmes ; il les considérait comme son œuvre et sa propriété littéraire. Il se méprenait sur le sens intime de cette douleur, comme madame de Cosmelly, noyée dans cette candide désolation, se méprenait sur l'intention de son regard. Il y eut là un jeu singulier de malentendus, à la suite duquel Samuel Cramer lui tendit définitivement une double poignée de main, qu'elle accepta avec une tendre confiance.

— Madame, reprit Samuel après quelques instants de silence, — le silence classique de l'émotion, — la vraie sagesse consiste moins à maudire qu'à espérer. Sans le don tout divin de l'espérance, comment pourrions-nous traverser ce hideux désert de l'ennui que je viens de vous décrire ? Le fantôme qui nous accompagne est vraiment un fantôme de raison : on peut le chasser en l'aspergeant avec l'eau bénite de la première vertu théologale. Il y a une aimable philosophie qui sait trouver des consolations dans les objets les plus indignes en apparence. De même que la vertu vaut mieux que l'innocence, et qu'il y a plus de mérite à ensemencer un désert qu'à butiner avec insouciance dans un verger fructueux, de même il est vraiment digne d'une âme

d'élite de se purifier et de purifier le prochain par son contact. Comme il n'est pas de trahison qu'on ne pardonne, il n'est pas de faute dont on ne puisse se faire absoudre, pas d'oubli qu'on ne puisse combler ; il est une science d'aimer son prochain et de le trouver aimable, comme il est un savoir bien vivre.

Plus un esprit est délicat, plus il découvre de beautés originales ; plus une âme est tendre et ouverte à la divine espérance, plus elle trouve dans autrui, quelque souillé qu'il soit, de motifs d'amour ; ceci est l'œuvre de la charité, et l'on a vu plus d'une voyageuse désolée et perdue dans les déserts arides du désillusionnement reconquérir la foi et s'éprendre plus fortement de ce qu'elle avait perdu, avec d'autant plus de raison qu'elle possède alors la science de diriger sa passion et celle de la personne aimée.

Le visage de madame de Cosmelly s'était éclairé peu à peu ; sa tristesse rayonnait d'espérance comme un soleil mouillé, et à peine Samuel eut-il fini son discours, qu'elle lui dit vivement et avec l'ardeur naïve d'un enfant :

— Est-il bien vrai, monsieur, que cela soit possible, et y a-t-il pour les désespérés des branches aussi faciles à saisir ?

— Mais certainement, madame.

— Ah ! que vous me rendriez bien la plus heureuse des femmes, si vous daigniez m'enseigner vos recettes !

— Rien de plus facile, répliqua-t-il brutalement.

Au milieu de ce marivaudage sentimental, la confiance était venue et avait en effet uni les mains des deux personnages ; si bien qu'après quelques hésitations et quelques pruderies qui semblèrent de bon augure à Samuel, madame de Cosmelly à son tour lui fit ses confidences et commença ainsi :

— Je comprends, monsieur, tout ce qu'une âme poétique peut souffrir de cet isolement, et combien une ambition de cœur comme la vôtre doit se vite consumer dans sa solitude ; mais vos douleurs, qui n'appartiennent qu'à vous, viennent, autant que j'ai pu le démêler sous la pompe de vos paroles, de besoins bizarres toujours insatisfaits et

presque impossibles à satisfaire. Vous souffrez, il est vrai ;
mais il se peut que votre souffrance fasse votre grandeur
et qu'elle vous soit aussi nécessaire qu'à d'autres le bon-
heur. — Maintenant daignerez-vous écouter, et sympathi-
ser avec des chagrins plus faciles à comprendre, — une dou-
leur de province ? J'attends de vous, monsieur Cramer,
de vous, le savant, l'homme d'esprit, les conseils et peut-
être les secours d'un ami.

« Vous savez qu'au temps où vous m'avez connue, j'étais
une bonne petite fille, un peu rêveuse déjà comme vous,
mais timide et fort obéissante ; que je me regardais moins
souvent que vous dans la glace, et que j'hésitais toujours
à manger ou à mettre dans mes poches les pêches et le rai-
sin que vous alliez hardiment voler pour moi dans le ver-
ger de nos voisins. Je ne trouvais jamais un plaisir vrai-
ment agréable et complet qu'autant qu'il fût permis, et
j'aimais bien mieux embrasser un beau garçon comme vous
devant ma vieille tante qu'au milieu des champs. La coquet-
terie et le soin que toute fille à marier doit avoir de sa per-
sonne ne me sont venus que tard. Quand j'ai su à peu près
chanter une romance au piano, on m'a habillée avec plus
de recherche, on m'a forcée à me tenir droite ; on m'a fait
faire de la gymnastique, et l'on m'a défendu de gâter mes
mains à planter des fleurs ou à élever des oiseaux. Il me
fut permis de lire autre chose que Berquin, et je fus menée
en grande toilette au théâtre de l'endroit voir de mauvais
opéras. Quand M. de Cosmelly vint au château, je me pris
tout d'abord pour lui d'une amitié vive ; comparant sa jeu-
nesse florissante avec la vieillesse un peu grondeuse de ma
tante, je lui trouvai de plus l'air noble, honnête, et il usait
avec moi de la galanterie la plus respectueuse. Puis on citait
de lui les traits les plus beaux : un bras cassé en duel pour
un ami un peu poltron qui lui avait confié l'honneur de
sa sœur, des sommes énormes prêtées à d'anciens camara-
des sans fortune ; que sais-je, moi ? il avait avec tout le
monde un air de commandement à la fois affable et irré-
sistible, qui me dompta moi-même. Comment avait-il vécu
avant de mener auprès de nous la vie de château ; avait-il

connu d'autres plaisirs que de chasser avec moi ou de chanter de vertueuses romances sur mon mauvais piano ; avait-il eu des maîtresses ? je n'en savais rien, et je ne songeais pas à m'en informer. Je me mis à l'aimer avec toute la crédulité d'une jeune fille qui n'a pas eu le temps de comparer, et je l'épousai, — ce qui fit à ma tante le plus grand plaisir. Quand je fus sa femme devant la religion et devant la loi, je l'aimai encore plus. — Je l'aimai beaucoup trop, sans doute. — Avais-je tort, avais-je raison ? qui peut le savoir ? J'ai été heureuse de cet amour, j'ai eu tort d'ignorer qu'il pût être troublé. — Le connaissais-je bien avant de l'épouser ? Non, sans doute ; mais il me semble qu'on ne peut pas plus accuser une honnête fille qui veut se marier de faire un choix imprudent, qu'une femme perdue de prendre un amant ignoble. L'une et l'autre, — malheureuses que nous sommes ! — sont également ignorantes. Il manque à ces malheureuses victimes, qu'on nomme filles à marier, une honteuse éducation, je veux dire la connaissance des vices d'un homme. Je voudrais que chacune de ces pauvres petites, avant de subir le lien conjugal, pût entendre dans un lieu secret, et sans être vue, deux hommes causer entre eux des choses de la vie, et surtout des femmes. Après cette première et redoutable épreuve, elles pourraient se livrer avec moins de danger aux chances terribles du mariage, connaissant le fort et le faible de leurs futurs tyrans.

Samuel ne savait pas au juste où cette charmante victime en voulait venir ; mais il commençait à trouver qu'elle parlait beaucoup trop de son mari pour une femme désillusionnée.

Après avoir fait une pause de quelques minutes, comme si elle craignait d'aborder l'endroit funeste, elle reprit ainsi :

— Un jour, M. de Cosmelly voulut revenir à Paris ; il fallait que je brillasse dans mon jour et que je fusse encadrée selon mes mérites. Une femme belle et instruite, disait-il, se doit à Paris. Il faut qu'elle sache poser devant le monde et faire tomber quelques-uns de ses rayons sur son mari. — Une femme qui a l'esprit noble et du bon sens

sait qu'elle n'a de gloire à attendre ici-bas qu'autant qu'elle
fait une partie de la gloire de son compagnon de voyage,
qu'elle sert les vertus de son mari, et surtout qu'elle
n'obtient de respect qu'autant qu'elle le fait respecter. —
Sans doute, c'était le moyen le plus simple et le plus sûr
pour se faire obéir presque avec joie ; savoir que mes efforts
et mon obéissance m'embelliraient à ses yeux, à coup sûr,
il n'en fallait pas tant pour me décider à aborder ce terri-
ble Paris, dont j'avais instinctivement peur, et dont le noir
et éblouissant fantôme dressé à l'horizon de mes rêves fai-
sait se serrer mon pauvre cœur de fiancée. — C'était donc
là, à l'entendre, le vrai motif de notre voyage. La vanité
d'un mari fait la vertu d'une femme amoureuse. Peut-être
se mentait-il à lui-même avec une sorte de bonne foi, et
rusait-il avec sa conscience sans trop s'en apercevoir. —
A Paris, nous eûmes des jours réservés pour des intimes,
dont M. de Cosmelly s'ennuya à la longue, comme il s'était
ennuyé de sa femme. Peut-être s'était-il un peu dégoûté
d'elle, parce qu'elle avait trop d'amour ; elle mettait tout
son cœur en avant. Il se dégoûta de ses amis par la raison
contraire. Ils n'avaient rien à lui offrir que les plaisirs
monotones des conversations où la passion n'a aucune part.
Dès lors, son activité prit une autre direction. Après les amis
vinrent les chevaux et les jeux. Le bourdonnement du
monde, la vue de ceux qui étaient restés sans entraves et
qui lui racontaient sans cesse les souvenirs d'une jeunesse
folle et occupée, l'arrachèrent au coin du feu et aux lon-
gues causeries. Lui, qui n'avait jamais eu d'autre affaire
que son cœur, il eut des affaires. Riche et sans profession,
il sut se créer une foule d'occupations remuantes et frivo-
les qui remplissaient tout son temps ; les questions conju-
gales : « — Où vas-tu ? — A quelle heure te reverra-t-on ?
— Reviens vite », il fallut les refouler au fond de ma poi-
trine ; car la vie anglaise, — cette mort du cœur, — la vie
des clubs et des cercles, l'absorba tout entier. — Le soin
exclusif de sa personne et le dandysme qu'il affecta me cho-
quèrent tout d'abord ; il est évident que je n'en étais pas
l'objet. Je voulus faire comme lui, être plus que belle, c'est-

à-dire coquette, coquette pour lui comme il l'était pour le monde ; autrefois j'offrais tout, je donnais tout, je voulus désormais me faire prier. Je voulais ranimer les cendres de mon bonheur éteint, en les agitant et en les retournant ; mais il paraît que je suis bien malhabile à la ruse et bien gauche au vice ; il ne daigna pas s'en apercevoir. — Ma tante, cruelle comme toutes les femmes vieilles et envieuses, qui sont réduites à admirer un spectacle où jadis elles furent actrices, et à contempler les jouissances qu'on leur refuse, eut grand soin de me faire savoir, par l'entremise intéressée d'un cousin de M. de Cosmelly, qu'il s'était épris d'une fille de théâtre fort en vogue. Je me fis conduire dans tous les spectacles, et toute femme un peu belle que je voyais entrer en scène, je tremblais d'admirer en elle ma rivale. Enfin j'appris, par une charité du même cousin, que c'était la Fanfarlo, une danseuse aussi bête que belle. — Vous qui êtes auteur vous la connaissez sans doute. — Je ne suis pas très vaniteuse ni très fière de ma figure, mais je vous jure, monsieur Cramer, que maintes fois, la nuit, vers trois ou quatre heures du matin, fatiguée d'attendre mon mari, les yeux rouges de larmes et d'insomnies, après avoir fait de longues et suppliantes prières pour son retour à la fidélité et au devoir, j'ai demandé à Dieu, à ma conscience, à mon miroir, si j'étais aussi belle que cette misérable Fanfarlo. Mon miroir et ma conscience m'ont répondu : Oui. Dieu m'a défendu de m'en glorifier, mais non d'en tirer une légitime victoire. Pourquoi donc entre deux beautés égales, les hommes préfèrent-ils souvent la fleur que tout le monde a respirée, à celle qui s'est toujours gardée des passants dans les allées les plus obscures du jardin conjugal ? Pourquoi donc les femmes prodigues de leur corps, trésor dont un seul sultan doit avoir la clef, possèdent-elles plus d'adorateurs que nous autres, malheureuses martyres d'un amour unique ? De quel charme si magique le vice auréole-t-il certaines créatures ? Quel aspect gauche et repoussant leur vertu donne-t-elle à certaines autres ? Répondez donc, vous qui, par état, devez connaître tous les sentiments de la vie et leurs raisons diverses !

Samuel n'eut pas le temps de répondre, car elle conti-
nua ardemment :

— M. de Cosmelly a des choses bien graves sur la cons-
cience, si la perte d'une âme jeune et vierge intéresse le Dieu
qui la créa pour le bonheur d'une autre. Si M. de Cosmelly
mourait ce soir même, il aurait bien des pardons à implo-
rer ; car il a, par sa faute, enseigné à sa femme d'affreux
sentiments, la haine, la défiance de l'objet aimé et la soif
de la vengeance. — Ah ! monsieur, je passe des nuits bien
douloureuses, des insomnies bien inquiètes : je prie, je mau-
dis, je blasphème. Le prêtre me dit qu'il faut porter sa croix
avec résignation ; mais l'amour en démence, mais la foi
ébranlée, ne savent pas se résigner. Mon confesseur n'est
pas une femme, et j'aime mon mari ; je l'aime, monsieur,
avec toute la passion et toute la douleur d'une maîtresse
battue et foulée aux pieds. Il n'est rien que je n'aie tenté.
Au lieu des toilettes sombres et simples auxquelles son
regard se plaisait autrefois, j'ai porté des toilettes folles et
somptueuses comme les femmes de théâtre. Moi, la chaste
épouse qu'il était allé chercher au fond d'un pauvre châ-
teau, j'ai paradé avec lui avec des robes de fille ; je me suis
faite spirituelle et enjouée quand j'avais la mort dans le
cœur. J'ai pailleté mon désespoir avec des sourires étince-
lants. Hélas ! il n'a rien vu. J'ai mis du rouge, monsieur,
j'ai mis du rouge ! — Vous le voyez, c'est une histoire
banale, l'histoire de toutes les malheureuses, — un roman
de province !

Pendant qu'elle sanglotait, Samuel faisait la figure de
Tartuffe empoigné par Orgon, l'époux inattendu, qui
s'élance du fond de sa cachette, comme les vertueux san-
glots de cette dame qui s'élançaient de son cœur, et venaient
saisir au collet l'hypocrisie chancelante de notre poète.

L'abandon extrême, la liberté et la confiance de madame
de Cosmelly l'avaient prodigieusement enhardi, — sans
l'étonner. Samuel Cramer, qui a souvent étonné le monde,
ne s'étonnait guère. Il semblait dans sa vie vouloir mettre
en pratique et démontrer la vérité de cette pensée de Dide-
rot : « L'incrédulité est quelquefois le vice d'un sot, et la

crédulité le défaut d'un homme d'esprit. L'homme d'esprit voit loin dans l'immensité des possibles. Le sot ne voit guère de possible que ce qui est. C'est là peut-être ce qui rend l'un pusillanime et l'autre téméraire. » Ceci répond à tout. Quelques lecteurs scrupuleux et amoureux de la vérité vraisemblable trouveront sans doute beaucoup à redire à cette histoire, où pourtant je n'ai eu d'autre besogne à faire que de changer les noms et d'accentuer les détails ; comment, diront-ils, Samuel, un poète de mauvais ton et de mauvaises mœurs, peut-il aborder aussi prestement une femme comme madame de Cosmelly ? lui verser, à propos d'un roman de Scott, un torrent de poésie romantique et banale ? madame de Cosmelly, la discrète et vertueuse épouse, lui verser aussi promptement, sans pudeur et sans défiance, le secret de ses chagrins ? A quoi je réponds que madame de Cosmelly était simple comme une belle âme, et que Samuel était hardi comme les papillons, les hannetons et les poètes ; il se jetait dans toutes les flammes et entrait par toutes les fenêtres. La pensée de Diderot explique pourquoi l'une fut si abandonnée, l'autre si brusque et si impudent. Elle explique aussi toutes les bévues que Samuel a commises dans sa vie, bévues qu'un sot n'eût pas commises. Cette portion du public qui est essentiellement pusillanime ne comprendra guère le personnage de Samuel, qui était essentiellement crédule et imaginatif, au point qu'il croyait, — comme poète, à son public, — comme homme, à ses propres passions.

Dès lors il s'aperçut que cette femme était plus forte, plus escarpée qu'elle n'en avait l'air, et qu'il ne fallait pas heurter de front cette piété candide. Il lui défila de nouveau son jargon romantique. Honteux d'avoir été bête, il voulut être roué ; il lui parla quelque temps encore en patois séminariste de blessures à fermer ou à cautériser par l'ouverture de nouvelles plaies saignant largement et sans douleur. Quiconque a voulu, sans avoir en lui la force absolutrice de Valmont ou de Lovelace, posséder une honnête femme qui ne s'en souciait guère, sait avec quelle risible et emphatique gaucherie chacun dit en montrant son cœur :

prenez mon ours ; — cela me dispensera donc de vous expliquer combien Samuel fut bête. — Madame de Cosmelly, cette aimable Elmire qui avait le coup d'œil clair et prudent de la vertu, vit promptement le parti qu'elle pouvait tirer de ce scélérat novice, pour son bonheur et pour l'honneur de son mari. Elle le paya donc de la même monnaie ; elle se laissa presser les mains ; on parla d'amitié et de choses platoniques. Elle murmura le mot de vengeance ; elle dit que, dans ces douloureuses crises de la vie d'une femme, on donnerait volontiers à son vengeur le reste du cœur que le perfide a bien voulu vous laisser, — et autres niaiseries et marivaudages dramatiques. Bref, elle fit de la coquetterie pour le bon motif, et notre jeune roué, qui était plus nigaud qu'un savant, promit d'arracher la Fanfarlo à M. de Cosmelly, et de le débarrasser de la courtisane, — espérant trouver dans les bras de l'honnête femme la récompense de cette œuvre méritoire. — Il n'y a que les poètes qui soient assez candides pour inventer de pareilles monstruosités.

Un détail assez comique de cette histoire, et qui fut comme un intermède dans le drame douloureux qui allait se jouer entre ces quatre personnages, fut le quiproquo des sonnets de Samuel ; car, à l'endroit des sonnets, il était incorrigible, — l'un pour madame de Cosmelly, où il louait en style mystique sa beauté de Béatrix, sa voix, la pureté angélique de ses yeux, la chasteté de sa démarche, etc., l'autre pour la Fanfarlo, où il lui servait un ragoût de galanteries pimentées à faire venir le sang au palais le moins novice, genre de poésie, du reste, où il excellait, et où il avait de bonne heure bien dépassé toutes les andalouseries possibles. Le premier morceau arriva chez la créature qui jeta ce plat de concombres dans la boîte à cigares ; le second, chez la pauvre délaissée, qui ouvrit d'abord de grands yeux, finit par comprendre, et, malgré ses douleurs, ne put s'empêcher de rire aux éclats, comme en de meilleurs temps.

Samuel alla au théâtre et se mit à étudier la Fanfarlo sur les planches. Il la trouva légère, magnifique, vigoureuse,

pleine de goût pour ses accoutrements, et jugea M. de Cos-
melly bien heureux de pouvoir se ruiner pour un pareil
morceau.

Il se présenta deux fois chez elle, — une maisonnette à
l'escalier velouté, pleine de portières et de tapis, dans un
quartier neuf et verdoyant ; mais il ne pouvait s'y intro-
duire sous aucun prétexte raisonnable. Une déclaration
d'amour était chose profondément inutile et même dange-
reuse. Un échec lui aurait interdit d'y retourner. Quant à
s'y faire présenter, il apprit que la Fanfarlo ne recevait per-
sonne. Quelques intimes la voyaient de temps à autre. Que
venait-il dire ou faire chez une danseuse magnifiquement
appointée et entretenue, et adorée de son amant ? que
venait-il apporter, lui qui n'était ni tailleur, ni couturière,
ni maître de ballets, ni millionnaire ? — Il prit donc un
parti simple et brutal ; il fallait que la Fanfarlo vînt à lui.
A cette époque, les articles d'éloges et de critiques avaient
beaucoup plus de valeur que maintenant. Les *facilités* du
feuilleton, comme disait récemment un brave avocat dans
un procès tristement célèbre, étaient bien plus grandes
qu'aujourd'hui ; quelques talents ayant parfois capitulé
avec les journalistes, l'insolence de cette jeunesse étourdie
et aventureuse ne connut plus de bornes. Samuel entreprit
donc, — lui qui ne savait pas un mot de musique, — la
spécialité des théâtres lyriques.

Dès lors la Fanfarlo fut hebdomadairement éreintée au
bas d'une feuille importante. On ne pouvait pas dire ni faire
soupçonner même qu'elle eût la jambe, la cheville ou le
genou mal tourné ; les muscles jouaient sous le bas et toutes
les lorgnettes eussent crié au blasphème. Elle fut accusée
d'être brutale, commune, dénuée de goût, de vouloir
importer sur le théâtre des habitudes d'outre-Rhin et
d'outre-Pyrénées, des castagnettes, des éperons, des talons
de bottes, — sans compter qu'elle buvait comme un gre-
nadier, qu'elle aimait trop les petits chiens et la fille de sa
portière, — et autres linges sales de la vie privée, qui sont
la pâture et la friandise journalière de certains petits jour-
naux. On lui opposait, avec cette tactique particulière aux

journalistes, qui consiste à comparer des choses dissemblables, une danseuse éthérée, toujours habillée de blanc, et dont les chastes mouvements laissaient toutes les consciences en repos. Quelquefois la Fanfarlo criait et riait très-haut vers le parterre en achevant un bond sur la rampe ; elle osait marcher en dansant. Jamais elle ne portait de ces insipides robes de gaze qui laissent tout voir et ne font rien deviner. Elle aimait les étoffes qui font du bruit, les jupes longues, craquantes, pailletées, ferblantées, qu'il faut soulever très haut d'un genou vigoureux, les corsages de saltimbanque ; elle dansait, non pas avec des boucles, mais avec des pendants d'oreilles, j'oserais presque dire des lustres. Elle eût volontiers attaché au bas de ses jupes une foule de petites poupées bizarres, comme le font les vieilles bohémiennes qui vous disent la bonne aventure d'une manière menaçante, et qu'on rencontre en plein midi sous les arceaux des ruines romaines ; toutes drôleries, du reste, dont le romantique Samuel, l'un des derniers romantiques que possède la France, raffolait fort.

Si bien qu'après avoir dénigré pendant trois mois la Fanfarlo, il en devint éperdument amoureux, et qu'elle voulut enfin savoir quel était le monstre, le cœur d'airain, le cuistre, le pauvre esprit qui niait si opiniâtrément la royauté de son génie.

Il faut rendre cette justice à la Fanfarlo, qu'il n'y eut chez elle qu'un mouvement de curiosité, rien de plus. Un pareil homme avait-il réellement le nez au milieu du visage et était-il tout à fait conformé comme le reste de ses semblables ? Quand elle eut pris une ou deux informations sur Samuel Cramer, qu'elle eut appris que c'était un homme comme un autre, de quelque sens et de quelque talent, elle comprit vaguement qu'il y avait là quelque chose à deviner, et que ce terrible article du lundi pouvait fort bien n'être qu'une sorte particulière de bouquet hebdomadaire ou la carte de visite d'un opiniâtre illiciteur.

Il la trouva un soir dans sa loge. Deux vastes flambeaux et un large feu faisaient trembler leurs lumières sur les costumes bariolés qui traînaient dans ce boudoir.

La reine du lieu, au moment de quitter le théâtre, reprenait une toilette de simple mortelle, et, accroupie sur une chaise, chaussait sans pudeur sa jambe adorable ; ses mains, grassement effilées, faisaient se jouer à travers les œillets le lacet du brodequin comme une navette agile, sans songer au jupon qu'il fallait rabattre. Cette jambe était déjà, pour Samuel, l'objet d'un éternel désir. Longue, fine, forte, grasse et nerveuse à la fois, elle avait toute la correction du beau et tout l'attrait libertin du joli. Tranchée perpendiculairement à l'endroit le plus large, cette jambe eût donné une espèce de triangle dont le sommet eût été situé sur le tibia, et dont la ligne arrondie du mollet eût fourni la base convexe. Une vraie jambe d'homme est trop dure, les jambes de femmes crayonnées par Devéria sont trop molles pour en donner une idée.

Dans cette agréable attitude, sa tête, inclinée vers son pied, étalait un cou de proconsul, large et fort, et laissait deviner l'ornière des omoplates, revêtues d'une chair brune et abondante. Les cheveux lourds et serrés retombaient en avant des deux côtés, lui chatouillaient le sein et lui bouchaient les yeux, de sorte qu'à chaque instant il fallait les déranger et les rejeter en arrière. Une impatience mutine et charmante, comme d'un enfant gâté qui trouve que cela ne va pas assez vite, remuait toute la créature et ses vêtements, et découvrait à chaque instant de nouveaux points de vue, de nouveaux effets de lignes et de couleur.

Samuel s'arrêta avec respect, — ou feignit de s'arrêter avec respect ; car, avec ce diable d'homme, le grand problème est toujours de savoir où le comédien commence.

— Ah ! vous voilà, monsieur ! lui dit-elle sans se déranger, quoiqu'elle eût été prévenue quelques minutes auparavant de la visite de Samuel. — Vous avez quelque chose à me demander, n'est-ce pas ?

L'impudence sublime de cette parole alla droit au cœur du pauvre Samuel ; il avait bavardé comme une pie romantique pendant huit jours auprès de madame de Cosmelly ; ici, il répondit tranquillement :

— Oui, madame.

Et les larmes lui vinrent aux yeux.

Cela eut un succès énorme ; la Fanfarlo sourit.

— Mais quel insecte vous a donc piqué, monsieur, pour me mordre à si belles dents ? Quel affreux métier…

— Affreux, en effet, madame… c'est que je vous adore.

— Je m'en doutais, répliqua la Fanfarlo. Mais vous êtes un monstre ; cette tactique est abominable. — Pauvres filles que nous sommes ! ajouta-t-elle en riant. — Flore, mon bracelet. — Donnez-moi le bras jusqu'à ma voiture, et dites-moi si vous m'avez trouvée bien ce soir ?

Ils allèrent ainsi, bras dessus, bras dessous, comme deux vieux amis ; Samuel aimait, ou du moins sentait son cœur battre fort. — Il fut peut-être singulier, mais à coup sûr cette fois il ne fut pas ridicule.

Dans sa joie, il avait presque oublié de prévenir madame de Cosmelly de son succès et de porter un espoir à son foyer désert.

Quelques jours après, la Fanfarlo jouait le rôle de Colombine dans une vaste pantomime faite pour elle par des gens d'esprit. Elle y paraissait par une agréable succession de métamorphoses sous les personnages de Colombine, de Marguerite, d'Elvire et de Zéphirine, et recevait le plus gaiement du monde, les baisers de plusieurs générations de personnages empruntés à divers pays et diverses littératures. Un grand musicien n'avait pas dédaigné de faire une partition fantastique et appropriée à la bizarrerie du sujet. La Fanfarlo fut tour à tour décente, féerique, folle, enjouée ; elle fut sublime dans son art, autant comédienne par les jambes que danseuse par les yeux.

Chez nous, l'on méprise trop l'art de la danse, cela soit dit en passant. Tous les grands peuples, d'abord ceux du monde antique, ceux de l'Inde et de l'Arabie, l'ont cultivée à l'égal de la poésie. La danse est autant au-dessus de la musique, pour certaines organisations païennes toutefois, que le visible et le créé sont au-dessus de l'invisible et de l'incréé. — Ceux-là seuls peuvent me comprendre à qui la musique donne des idées de peinture. — La danse peut révéler tout ce que la musique recèle de mystérieux,

et elle a de plus le mérite d'être humaine et palpable. La danse, c'est la poésie avec des bras et des jambes, c'est la matière, gracieuse et terrible, animée, embellie par le mouvement. — Terpsichore est une Muse du Midi ; je présume qu'elle était très-brune, et qu'elle a souvent agité ses pieds dans les blés dorés ; ses mouvements, pleins d'une cadence précise, sont autant de divins motifs pour la statuaire. Mais Fanfarlo la catholique, non contente de rivaliser avec Terpsichore, appela à son secours tout l'art des divinités plus modernes. Les brouillards mêlent des formes de fées et d'ondines moins vaporeuses et moins nonchalantes. Elle fut à la fois un caprice de Shakespeare et une bouffonnerie italienne.

Le poète était ravi ; il crut avoir devant ses yeux le rêve de ses jours les plus anciens. Il eût volontiers gambadé dans sa loge d'une manière ridicule, et se fût cassé la tête contre quelque chose, dans l'ivresse folle qui le dominait. Une calèche basse et bien fermée emportait rapidement le poète et la danseuse vers la maisonnette dont j'ai parlé.

Notre homme exprimait son admiration par des baisers muets qu'il lui appliquait avec ferveur sur les pieds et les mains. — Elle aussi l'admirait fort, non pas qu'elle ignorât le pouvoir de ses charmes, mais jamais elle n'avait vu d'homme si bizarre, ni de passion si électrique.

Le temps était noir comme la tombe, et le vent qui berçait des monceaux de nuages faisait de leurs cahotements ruisseler une averse de grêle et de pluie. Une grande tempête faisait trembler les mansardes et gémir les clochers ; le ruisseau, lit funèbre où s'en vont les billets doux et les orgies de la veille, charriait en bouillonnant ses mille secrets aux égouts ; la moralité s'abattait joyeusement sur les hôpitaux, et les Chatterton et les Savage de la rue Saint-Jacques crispaient leurs doigts gelés sur leurs écritoires, — quand l'homme le plus faux, le plus égoïste, le plus sensuel, le plus gourmand, le plus spirituel de nos amis arriva devant un beau souper et une bonne table, en compagnie d'une des plus belles femmes que la nature ait formées pour le plaisir des yeux. Samuel voulut ouvrir la fenêtre pour

jeter un coup d'œil de vainqueur sur la ville maudite ; puis abaissant son regard sur les diverses félicités qu'il avait à côté de lui, il se hâta d'en jouir.

En compagnie de pareilles choses, il devait être éloquent ; aussi, malgré son front trop haut, ses cheveux en forêt vierge et son nez de priseur, la Fanfarlo le trouva presque bien.

Samuel et la Fanfarlo avaient exactement les mêmes idées sur la cuisine et le système d'alimentation nécessaire aux créatures d'élite. Les viandes niaises, les poissons fades étaient exclus des soupers de cette sirène. Le champagne déshonorait rarement sa table. Les bordeaux les plus célèbres et les plus parfumés cédaient le pas au bataillon lourd et serré des bourgognes, des vins d'Auvergne, d'Anjou et du Midi, et des vins étrangers, allemands, grecs, espagnols. Samuel avait coutume de dire qu'un verre de vrai vin devait ressembler à une grappe de raisin noir, et qu'il y avait dedans autant à manger qu'à boire. — La Fanfarlo aimait les viandes qui saignent et les vins qui charrient l'ivresse. — Du reste, elle ne se grisait jamais. — Tous deux professaient une estime sincère et profonde pour la truffe. — La truffe, cette végétation sourde et mystérieuse de Cybèle, cette maladie savoureuse qu'elle a cachée dans ses entrailles plus longtemps que le métal le plus précieux, cette exquise matière qui défie la science de l'agromane, comme l'or celle des Paracelse ; la truffe, qui fait la distinction du monde ancien et du moderne, et qui, avant un verre de chio, a l'effet de plusieurs zéros après un chiffre.

Quant à la question des sauces, ragoûts et assaisonnements, question grave et qui demanderait un chapitre grave comme un feuilleton de science, je puis vous affirmer qu'ils étaient parfaitement d'accord, surtout sur la nécessité d'appeler toute la pharmacie de la nature au secours de la cuisine. Piments, poudres anglaises, safraniques, substances coloniales, poussières exotiques, tout leur eût semblé bon, voire le musc et l'encens. Si Cléopâtre vivait encore, je tiens pour certain qu'elle eût voulu accommoder des filets de bœuf ou de chevreuil avec des parfums d'Arabie. Certes,

il est à déplorer que les *cordons bleus* d'à présent ne soient pas contraints par une loi particulière et voluptuaire à connaître les propriétés chimiques des matières, et ne sachent pas découvrir, pour les cas nécessaires, comme celui d'une fête amoureuse, des éléments culinaires presque inflammables, prompts à parcourir le système organique, comme l'acide prussique, à se volatiliser comme l'éther.

Chose curieuse, cet accord d'opinions pour le bien-vivre, cette similitude de goûts les lia vivement ; cette entente profonde de la vie sensuelle, qui brillait dans chaque regard et dans chaque parole de Samuel, frappa beaucoup la Fanfarlo. Cette parole tantôt brutale comme un chiffre, tantôt délicate et parfumée comme une fleur ou un sachet, cette causerie étrange, dont lui seul a connu le secret, acheva de lui gagner les bonnes grâces de cette charmante femme. Du reste, ce ne fut pas non plus sans une vive et profonde satisfaction qu'il reconnut, à l'inspection de la chambre à coucher, une parfaite confraternité de goûts et de sentiments à l'endroit des ameublements et des constructions intérieures. Cramer haïssait profondément, et il avait, selon moi, parfaitement raison, les grandes lignes droites en matière d'appartements et l'architecture importée dans le foyer domestique. Les vastes salles des vieux châteaux me font peur, et je plains les châtelaines d'avoir été contraintes à faire l'amour dans de grands dortoirs qui avaient un air de cimetière, dans de vastes catafalques qui se faisaient appeler des lits, sur de gros monuments qui prenaient le pseudonyme de fauteuils. Les appartements de Pompéi sont grands comme la main ; les ruines indiennes qui couvrent la côte de Malabar témoignent du même système. Ces grands peuples voluptueux et savants connaissaient parfaitement la question. Les sentiments intimes ne se recueillent à loisir que dans un espace très-étroit.

La chambre à coucher de la Fanfarlo était donc très-petite, très-basse, encombrée de choses molles, parfumées et dangereuses à toucher ; l'air, chargé de miasmes bizarres, donnait envie d'y mourir lentement comme dans une serre chaude. La clarté de la lampe se jouait dans un fouillis

de dentelles et d'étoffes d'un ton violent, mais équivoque. Çà et là, sur le mur, elle éclairait quelques peintures pleines d'une volupté espagnole : des chairs très blanches sur des fonds très noirs. C'est au fond de ce ravissant taudis, qui tenait à la fois du mauvais lieu et du sanctuaire, que Samuel vit s'avancer vers lui la nouvelle déesse de son cœur, dans la splendeur radieuse et sacrée de sa nudité.

Quel est l'homme qui ne voudrait, même au prix de la moitié de ses jours, voir son rêve, son vrai rêve, poser sans voile devant lui, et le fantôme adoré de son imagination faire tomber un à un tous les vêtements destinés à protéger contre les yeux du vulgaire ? Mais voilà que Samuel, pris d'un caprice bizarre, se mit à crier comme un enfant gâté : — Je veux Colombine, rends-moi Colombine ; rends-la-moi telle qu'elle m'est apparue le soir qu'elle m'a rendu fou avec son accoutrement fantasque et son corsage de saltimbanque !

La Fanfarlo, étonnée d'abord, voulut bien se prêter à l'excentricité de l'homme qu'elle avait choisi, et l'on sonna Flore ; celle-ci eut beau représenter qu'il était trois heures du matin, que tout était fermé au théâtre, le concierge endormi, le temps affreux, — la tempête continuait son tapage, — il fallut obéir à celle qui obéissait elle-même, et la femme de chambre sortit ; quand Cramer, pris d'une nouvelle idée, se pendit à la sonnette et s'écria d'une voix tonnante :

« Eh ! n'oubliez pas le rouge ! »

Ce trait caractéristique, qui a été raconté par la Fanfarlo elle-même, un soir que ses camarades l'interrogeaient sur le commencement de sa liaison avec Samuel, ne m'a nullement étonné ; j'ai bien reconnu en ceci l'auteur des *Orfraies*. Il aimera toujours le rouge et la céruse, le chrysocale et les oripeaux de toute sorte. Il repeindrait volontiers les arbres et le ciel, et si Dieu lui avait confié le plan de la nature, il l'aurait peut-être gâté.

Quoique Samuel fût une imagination dépravée, et peut-être à cause de cela même, l'amour était chez lui moins

une affaire des sens que du raisonnement. C'était surtout la reproduction comme un vice de l'amour, la grossesse comme une maladie d'araignée. Il a écrit quelque part : les anges sont hermaphrodites et stériles. — Il aimait un corps humain comme une harmonie matérielle, comme une belle architecture, plus le mouvement ; et ce matérialisme absolu n'était pas loin de l'idéalisme le plus pur. Mais, comme dans le beau, qui est la cause de l'amour, il y avait selon lui deux éléments : la ligne et l'attrait, — et que tout ceci ne regarde que la ligne, — l'attrait pour lui, ce soir-là du moins, c'était le rouge.

La Fanfarlo résumait donc pour lui la ligne et l'attrait ; et quand, assise au bord du lit dans l'insouciance et dans le calme victorieux de la femme aimée, les mains délicatement posées sur lui, il la regardait, il lui semblait voir l'infini derrière les yeux clairs de cette beauté, et que les siens à la longue planaient dans d'immenses horizons. Du reste, comme il arrive aux hommes exceptionnels, il était souvent seul dans son paradis, nul ne pouvant l'habiter avec lui ; et si, de hasard, il l'y ravissait et l'y traînait presque de force, elle restait toujours en arrière : aussi, dans le ciel où il régnait, son amour commençait à être triste et malade de la mélancolie du bleu, comme un royal solitaire.

Cependant, il ne s'ennuya jamais d'elle ; jamais, en quittant son réduit amoureux, piétinant lestement sur un trottoir, à l'air frais du matin, il n'éprouva cette jouissance égoïste du cigare et des mains dans les poches, dont parle quelque part notre grand romancier moderne.

A défaut de cœur, Samuel avait l'intelligence noble, et, au lieu d'ingratitude, la jouissance avait engendré chez lui ce contentement savoureux, cette rêverie sensuelle, qui vaut peut-être mieux que l'amour comme l'entend le vulgaire. Du reste, la Fanfarlo avait fait de son mieux et dépensé ses plus habiles caresses, s'étant aperçue que l'homme en valait la peine : elle s'était accoutumée à ce langage mystique, bariolé d'impuretés et de crudités énormes. — Cela vait pour elle du moins l'attrait de la nouveauté.

Le coup de tête de la danseuse avait fait son bruit. Il y

avait eu plusieurs relâches sur l'affiche ; elle avait négligé les répétitions ; beaucoup de gens enviaient Samuel.

Un soir que le hasard, l'ennui de M. de Cosmelly ou une complication de ruses de sa femme, les avait réunis au coin du feu, — après un de ces longs silences qui ont lieu dans les ménages où l'on n'a plus rien à se dire et beaucoup à se cacher, — après lui avoir fait le meilleur thé du monde, dans une théière bien modeste et bien fêlée, peut-être encore celle du château de sa tante, — après avoir chanté au piano quelques morceaux d'une musique en vogue il y a dix ans, — elle lui dit avec la voix douce et prudent de la vertu qui veut se rendre aimable et craint d'effaroucher l'objet de ses affections, — qu'elle le plaignait beaucoup, qu'elle avait beaucoup pleuré, plus encore sur lui que sur elle-même ; qu'elle eût au moins voulu, dans sa résignation toute soumise et toute dévouée, qu'il pût trouver ailleurs que chez elle l'amour qu'il ne demandait plus à sa femme ; qu'elle avait plus souffert de le voir trompé que de se voir délaissée ; que d'ailleurs il y avait beaucoup de sa propre faute, qu'elle avait oublié ses devoirs de tendre épouse, en n'avertissant pas son mari du danger ; que, du reste, elle était toute prête à fermer cette plaie saignante et à réparer à elle seule une imprudence commise à deux, etc., — et tout ce que peut suggérer de paroles mielleuses une ruse autorisée par la tendresse. — Elle pleurait et pleurait bien ; le feu éclairait ses larmes et son visage embelli par la douleur.

M. de Cosmelly ne dit pas un mot et sortit. Les hommes pris au trébuchet de leurs fautes n'aiment pas faire à la clémence une offrande de leurs remords. S'il alla chez la Fanfarlo, il y trouva sans doute des vestiges de désordre, des bouts de cigare et des feuilletons.

Un matin, Samuel fut réveillé par la voix mutine de la Fanfarlo, et leva lentement sa tête fatiguée de l'oreiller où elle reposait, pour lire une lettre qu'elle lui remit :

« Merci, monsieur, mille fois merci ; mon bonheur et ma reconnaissance vous seront comptés dans un meilleur monde. J'accepte. Je reprends mon mari de vos mains, et je l'emporte ce soir à notre terre de C..., où je vais retrouver

la santé et la vie que je vous dois. Recevez, monsieur, la promesse d'une amitié éternelle. Je vous ai toujours cru trop honnête homme pour ne pas préférer une amitié de plus à toute autre récompense. »

Samuel, vautré sur de la dentelle et appuyé sur une des plus fraîches et des plus belles épaules qu'on pût voir, sentit vaguement qu'il était joué, et eut quelque peine à rassembler dans sa mémoire les éléments de l'intrigue dont il avait amené le dénouement ; mais il se dit tranquillement :
— Nos passions sont-elles bien sincères ? qui peut savoir sûrement ce qu'il veut et connaître au juste le baromètre de son cœur ?

« Que murmures-tu là ? qu'est-ce que c'est que ça ? je veux voir, dit la Fanfarlo.

— Ah ! rien, fit Samuel. — Une lettre d'une honnête femme à qui j'avais promis d'être aimé de toi.

— Tu me le payeras », dit-elle entre ses dents.

Il est probable que la Fanfarlo a aimé Samuel, mais de cet amour que connaissent peu d'âmes, avec une rancune au fond. Quant à lui, il a été puni par où il avait péché. Il avait souvent singé la passion ; il fut contraint de la connaître ; mais ce ne fut point l'amour tranquille, calme et fort qu'inspirent les honnêtes filles, ce fut l'amour terrible, désolant et honteux, l'amour maladif des courtisanes. Samuel connut toutes les tortures de la jalousie, et l'abaissement et la tristesse où nous jette la conscience d'un mal incurable et constitutionnel, — bref, toutes les horreurs de ce mariage vicieux qu'on nomme le concubinage. — Quant à elle, elle engraisse tous les jours ; elle est devenue une beauté grasse, propre, lustrée et rosée, une espèce de lorette ministérielle. — Un de ces jours, elle fera ses pâques et rendra le pain bénit à sa paroisse. A cette époque peut-être, Samuel, mort à la peine, sera *cloué sur la lame*, comme il le disait en son bon temps, et la Fanfarlo, avec ses airs de chanoinesse, fera tourner la tête d'un jeune héritier. — En attendant, elle apprend à faire des enfants ; elle vient d'accoucher heureusement de deux jumeaux. — Samuel a mis bas quatre livres de science : un livre sur les

quatre évangélistes, — un autre sur la symbolique des couleurs, — un mémoire sur un nouveau système d'annonces, — et un quatrième dont je ne veux pas me rappeler le titre. — Ce qu'il y a de plus épouvantable dans ce dernier, c'est qu'il est plein de verve, d'énergie et de curiosités. Samuel a eu le front d'y établir pour épigraphe : *Auri sacra fames !* — La Fanfarlo veut que son amant soit de l'Institut, et elle intrigue au ministère pour qu'il ait la croix.

Pauvre chantre des *Orfraies !* Pauvre Manuela de Monteverde ! — Il est tombé bien bas. — J'ai appris récemment qu'il fondait un journal socialiste et voulait se mettre à la politique. — Intelligence malhonnête ! — comme dit cet honnête M. Nisard.

DOSSIER HISTORIQUE ET LITTÉRAIRE

NOTICE BIOGRAPHIQUE

C'est le 9 avril 1821 que naît Charles-Pierre Baudelaire, à Paris, rue Hautefeuille. Il fait donc partie de la génération qui succède aux puissants créateurs que sont Balzac, Hugo ou Delacroix. Avec Leconte de Lisle, Fromentin, Flaubert, Renan, Courbet et bien d'autres, Baudelaire appartient à ces artistes qui, comme honteux de venir après les grands maîtres, vont remplacer la grandeur par le cynisme, la révolte par le mépris.

Sur sa famille, d'origine champenoise, bien des légendes, peu de certitudes. Son père, François Baudelaire, aurait été prêtre et se serait défroqué sous la Révolution. Le poète aurait hérité de lui l'âme tourmentée d'un janséniste en proie au remords. En fait, une seule certitude : Charles est ce qu'on nomme « un enfant de vieux », du moins si l'on songe que son père est né en 1759. C'est un homme du XVIII^e siècle, lecteur des philosophes, amateur de peinture et peintre lui-même dans le style galant des petits-maîtres médiocres (lettre à sa mère du 30 décembre 1857). Précepteur, avant la Révolution, chez le duc de Praslin, il est devenu, sous l'Empire, un fonctionnaire important au Sénat. Il a hôtel particulier et mobilier bourgeois. Il épouse, pour faire une fin, une jeune fille de vingt-six ans ; il en a soixante. Coquette, on dirait aujourd'hui « sophistiquée », Caroline Archimbaut-Dufaÿs, s'est, sans doute, vite consolée d'un veuvage précoce (en 1827), puisque le 8 novembre 1828, elle épouse le chef de bataillon Jacques Aupick, dont l'âge (il est né en 1789) est plus assorti au sien.

Enfant hypersensible, habitué par son père à vivre dans un passé déjà artificiel, le jeune Baudelaire a dû reporter sur sa mère un trop-plein de tendresse, transformé bien vite, après son remariage, en une amère frustration. C'est près d'elle que le jeune enfant a eu sans doute la première révélation de cet artifice qu'il préféra à la nature. « Qu'est-ce que l'enfant aime si passionnément dans sa mère (...), écrit-il à Poulet-Malassis le 23 avril 1860 ? Il aime donc sa mère (...) pour le chatouillement agréable du satin et de la fourrure, pour le parfum de la gorge et des cheveux, pour le cliquetis des bijoux, pour le jeu des rubans... »

Pourtant, il faut se garder de faire du jeune Charles un révolté

emmuré dans une solitude boudeuse. Cette nouvelle vie, en compagnie d'un homme promu à un bel avenir (il deviendra général, gouverneur de Paris, ambassadeur, sénateur), et bientôt d'un demi-frère, Alphonse, n'est pas désagréable, du moins si l'on en juge par une lettre de 1833 adressée à son demi-frère. La fêlure vient sans doute plus tard, dans la prise de conscience d'une duplicité — au sens premier du terme — intérieure, dans l'impossibilité de trouver en son être une unité. Nervosité excessive, imagination débridée (« Étant enfant, je voulais être tantôt pape, mais pape militaire, tantôt comédien. Jouissance que je tirais de ces deux hallucinations. » *Mon cœur mis à nu*), sensiblité exacerbée. Il aime passionnément sa mère (« Il y a eu dans mon enfance une époque d'amour passionnée pour toi ») et souffre de la promiscuité au collège royal de Lyon, dès 1833, puis au lycée Louis-le-Grand, en 1836 (« Sentiment de la solitude, dès mon enfance, malgré la famille et au milieu des camarades surtout. — Sentiment de destinée éternellement solitaire. Cependant goût très vif de la vie et du plaisir. » *Mon cœur mis à nu*). Malgré ses succès scolaires (en 1837, en seconde, il obtient le deuxième prix de vers latins au concours général), le jeune homme se sent de plus en plus déchiré entre l'univers social, familial, scolaire et des aspirations confuses. Après un voyage dans les Pyrénées en famille, en 1837, la rupture est presque consommée : il est exclu du lycée en avril 1839. Son succès au baccalauréat la même année ne change en rien son refus obstiné de « faire carrière » : il ne sera pas attaché d'ambassade, comme le veut sa famille. Il va, au contraire, avoir de mauvaises fréquentations : de jeunes poètes, comme Gustave Le Vavasseur et Ernest Prarond, et des prostituées, comme Sarah la Louchette. Il s'est bien inscrit à l'école de Droit, mais hante plutôt la pension Bailly, rue des Fossés-Saint-Jacques, lieu de rendez-vous de l'école normande, quelques jeunes rimailleurs qui aiment à s'encanailler.

Pourtant la fissure est moins avec sa famille qu'entre les deux parties de lui-même. Le remords est contre son choix même. La haine du général Aupick ne sera sans doute qu'un moyen de se donner le change... et de le donner aux autres. Il voit trop bien en lui. D'où son élégance raffinée, son dandysme qui n'est qu'un masque (cf. le poème « le Masque » dans *les Fleurs du mal*). « Un gilet très long, des manchettes intactes, une légère canne à petite pomme d'or à la main », il fréquente les bas-fonds. Cela, c'est pour contenter le comédien qu'il porte en lui et dont on voit le reflet dans le personnage de Samuel Cramer dans *la Fanfarlo* (1847).

C'est le moment aussi où se forme son moi littéraire. Il se nourrit de Sainte-Beuve, se complaît à la lecture de *Joseph Delorme* et de *Volupté*, dont la morbidité l'enchante, à celle de *René* et des sulfureuses héroïnes de Sade, Justine et Juliette. Ajoutons à cela un goût pour les visionnaires comme Swedenborg, les « fantastiqueurs » comme Hoffmann, Mathurin et Lewis.

Pour tenter d'arracher son beau-fils à la délétère influence de la littérature, le général Aupick le fait embarquer à Bordeaux sur un navire qui part pour Calcutta (9 juin 1841). Le jeune homme ne dépassera pas l'île Maurice ; il aura eu le temps d'en rapporter un goût très vif pour la couleur ardente et les beaux corps souples. L'ennui qu'il éprouve dans l'île se mêlera inextricablement au thème du souvenir oriental du paradis perdu, des parfums exotiques, de la torpeur sensuelle. Si l'on y ajoute l'image obsédante de la mer, on retrouve là l'essentiel de son inspiration poétique.

Majeur à son retour en France (en 1842), Baudelaire prend possession de la fortune de son père et s'installe dans l'île Saint-Louis, au 17, quai d'Anjou. C'est là qu'il reçoit des peintres, comme Fernand de Boisdenier, son voisin, des écrivains, comme Théophile Gautier, de belles dames, comme Mme Sabatier. Très vite, il s'endette chez un marchand de tableaux, Arondel. Très vite (1842), il se livre à des extravagances, dont une liaison avec une mulâtresse, qui fait de la figuration au théâtre de la Porte Saint-Antoine, Jeanne Duval. Très vite aussi (1843), il écrit des vers. C'est beaucoup pour la très bourgeoise famille. On ne va pas le laisser dissiper ainsi le patrimoine ; on décide de le doter d'un conseil judiciaire en la personne de Me Ancelle, notaire à Neuilly. Ainsi le poète des *Fleurs du mal* traînera son existence en éternel assisté !

Dès lors, Baudelaire ne cesse d'écrire : il fait de la critique d'art, compose des poèmes, une nouvelle : *la Fanfarlo*, où il se dépeint lui-même. Puis va commencer cette errance de logement en logement (on ne compte pas moins de quarante-quatre adresses !) qui durera jusqu'à sa mort. La misère, sans doute. Mais aussi, le désir d'évasion, la soif d'oubli du monde et de soi-même. Revient sans cesse dans ses lettres un besoin de sommeil, un besoin de nier tout ce qu'il y a de honteux chez lui. Ainsi il écrit à sa mère, le 26 mars 1853 : « Il y a des moments où il me prend le désir de dormir infiniment, mais je ne peux pas dormir parce que je pense toujours. » Mot terrible, caractéristique de cette double volonté contradictoire : se détruire et être. Peut-être, se détruire pour être.

Pauvre vie de malade et d'intoxiqué. L'estomac détraqué par

le laudanum, il se plaint d'étouffement, de vomissements (lettre
à Ancelle, le 10 janvier 1850) ; il a « abominablement mal aux
nerfs à en crier » (lettre à Mme Sabatier).

Et puis, en contrepoids nécessaire, il éprouve un désir de jouis-
sance, de gloire et de puissance (lettre à sa mère du 4 novembre
1856). Et de révolte aussi : il lit des socialistes comme Quinet,
Lamennais, Leroux. En 1848, il est sur les barricades où peut-
être il a fait le coup de feu. Il se lance dans le journalisme, est
rédacteur au *Salut public* (1848), puis au *Représentant de l'Indre*
(la même année). Brève tentative. Il retourne à la littérature, rédige
les Paradis artificiels (1851), traduit Edgar Poe, dont le génie a
tant de points communs avec le sien (1852, 1854, 1856).

Et puis, dès 1851, une première ébauche des *Fleurs du mal* :
onze poèmes présentés comme faisant partie d'un recueil, *les
Limbes*.

Entre-temps, la vie va : le général Aupick est en poste à l'étran-
ger (Constantinople, Madrid), Baudelaire se débat entre les affres
de la création, sa passion charnelle pour Jeanne Duval et celle,
plus éthérée, pour Mme Sabatier (elle ne sera à lui, comme on
disait à l'époque, qu'en 1857). Un point d'ancrage cependant dans
son existence : la solide amitié qui le lie à l'éditeur Poulet-Malassis,
un des rares à croire au génie du poète.

L'année 1857 est une année faste : mort du général Aupick,
abandon de Mme Sabatier, publication des *Fleurs du mal* (on trou-
vera plus loin tous les détails là-dessus). Et le procès (cf. le dos-
sier littéraire final) qui se termine par la fameuse condamnation
du procureur Pinard.

Cet ouvrage des *Fleurs du mal*, méconnu de la plupart des écri-
vains contemporains (voyez le contresens de Sainte-Beuve, d'habi-
tude mieux inspiré, qui le considère comme une pagode située à
l'extrémité du « Kamtchatka romantique »), est en fait le plus
intime et le plus personnel qui soit.

Il semble que désormais Baudelaire ait dit tout ce qu'il avait
à dire. Il lui reste dix ans à vivre. Il a encore des ambitions : il
est candidat à l'Académie, au fauteuil de Lacordaire (en 1861)...
Il a encore des ennuis avec cette société qu'il méprise et qui le
rejette : il est arrêté pour dettes (1862) et doit bientôt se réfugier
en Belgique (1864). Il espère y être mieux compris qu'à Paris. La
violence de ses écrits contre les Belges sera à la hauteur de sa
déception.

Sa santé, déjà bien délabrée, se détériore complètement. Déjà
en 1862, le 23 janvier, il note dans *Fusées* : « Aujourd'hui, j'ai
subi un singulier avertissement, j'ai senti passer sur moi le vent

de l'aile de l'imbécillité. » Certes il commence à publier ses poè-mes en prose (*le Spleen de Paris*, 1864), certes la nouvelle géné-ration le reconnaît pour maître (article très élogieux de Verlaine, dans *l'Art*, 1865), mais ses troubles cardiaques et digestifs s'aggra-vent. En mars 1866, à Namur, Baudelaire est saisi d'un malaise dans une église : ce sont les premiers symptômes d'aphasie et d'hémiplégie. Son côté droit se paralyse, sa parole devient confuse. Le 2 juillet, Baudelaire, encore lucide, est ramené par sa mère à Paris. Le 4, il entre à la maison de santé du docteur Duval, rue du Dôme... avec la participation du ministère de l'Instruc-tion publique aux frais de pension !

Il vivra encore un an, toujours lucide, presque muet. Un récit célèbre de Jules Vallès [1] nous le montre égrenant une litanie de « crénom ». Il meurt le 31 août 1867. Quelques amis l'accompa-gnent au cimetière du Montparnasse où il est inhumé auprès du général Aupick.

1. « Charles Baudelaire », dans *La Situation*, 5 septembre 1867.

CHRONOLOGIE DES PRINCIPALES ŒUVRES DE BAUDELAIRE

FM = *Fleurs du mal* ; PP = *Petits Poèmes en prose*. Après le titre vient entre guillemets le nom de la revue où le texte fut publié pour la première fois.

1845 *A une créole* (FM), « L'Artiste ». Annonce d'un ouvrage intitulé *les Lesbiennes*.

1846 *L'Impénitent* (*Don Juan aux Enfers*, FM), « L'Artiste » ; *A une Indienne* (*A une Malabraise*, FM), *ibid*.

1847 *Les Chats* (FM), « Le Corsaire » ; *La Fanfarlo*.

1848 *Le Vin de l'assassin* (FM), « L'Écho des marchands de vin ». Annonce du recueil intitulé *les Limbes*.

1850 *Châtiments de l'orgueil, le Vin des honnêtes gens* (l'*Ame du vin*, FM), « Le Magasin des Familles » ; *Lesbos* (FM).

1851 *Du vin et du haschish*, « Le Messager de l'Assemblée » ; *les Limbes* (11 poèmes tous regroupés *in* FM), *ibid*.

1852 *Les Deux Crépuscules* (*le Crépuscule du matin, le Crépuscule du soir*, FM), « La Semaine théâtrale » ; *le Reniement de saint Pierre ; l'Homme libre et la Mer* (*l'Homme et la Mer*, FM), « Revue de Paris ».

1853 *Morale du joujou*, « Le Monde littéraire ».

1855 *Que diras-tu ce soir, pauvre âme solitaire...* (FM), « Revue de Paris » ; *le Crépuscule du soir ; la Solitude* (PP). *Les Fleurs du mal* (18 poèmes, « Revue des Deux Mondes »).

1857 *La Beauté, la Géante, le Flambeau vivant, Harmonie du soir, le Flacon, le Poison, Tout entière, Sonnet* (*Avec ses vêtements ondoyants et nacrés...*), *Sonnet* (*Je te donne ces vers afin que si mon nom...*), tous *in* FM, « Revue Française » ; *l'Héautontimorouménos, l'Irrémédiable, Francisca meae laudes*, tous *in* FM, « L'Artiste ».
Les Fleurs du mal (25 juin).

Poëmes [1] *nocturnes* (6 poèmes, PP), « Le Présent ».
Paysage Parisien (Paysage), Hymne, une gravure de Mortimer (Une gravure fantastique), la Rançon, tous *in* FM, « Le Présent ».

1858 *Duellum* (FM), « L'Artiste » ; *le Poème du haschisch,* « Revue Contemporaine ».

1859 *Le goût du néant, le Possédé* (FM), « Revue Française » ; *Danse macabre* (FM), « Revue Contemporaine » ; *Sisina, le Voyage, l'Albatros,* tous *in* FM, « Revue Française » ; *la Chevelure* (FM), *ibid. ; les Sept Vieillards, les Petites Vieilles, Sonnet d'automne, Chant d'automne, le Masque,* tous *in* FM, « Revue Contemporaine ».

1860 *Le Squelette laboureur, A une madone, le Cygne,* tous *in* FM, « La Causerie » ; *Rêve parisien, l'Amour du mensonge, le Rêve d'un curieux, Semper eadem, Obsession,* tous *in* FM, « Revue Contemporaine » ; *Horreur sympathique, les Aveugles, Alchimie de la douleur, A une passante, Un fantôme, Chanson d'après-midi, Hymne à la beauté, l'Horloge,* tous *in* FM, « L'Artiste ».

1861 *Les Fleurs du mal* (seconde édition augmentée de 35 poèmes nouveaux).
La Voix, le Calumet de paix (FM), « Revue Contemporaine » ; *Madrigal triste* (FM), « Revue fantaisiste » ; *Victor Hugo, ibid. ; la Prière d'un païen, le Rebelle, l'Avertisseur, Epigraphe pour un livre condamné,* tous *in* FM, « Revue Européenne » ; *Recueillement* (FM), *ibid. Poèmes en prose* (9 poèmes dont 3 inédits).

1862 *Le Couvercle, le Coucher du soleil romantique* (FM), « Le Boulevard » ; *la Lune offensée* (FM), « L'Artiste ». *Petits poëmes en prose* (26-27 août, 24 septembre ; 20 poèmes dont 14 inédits), tous *in* PP, « La Presse ». *La Plainte (les Plaintes) d'un Icare* (FM), « Le Boulevard ».

1863 *L'Imprévu, l'Examen de minuit* (PP), *ibid. Petits Poëmes en prose* (3 poèmes, PP), « Revue Nationale et Etrangère ». *Poëmes en prose* (2 poèmes, PP), « Le Boulevard ». *Lola de Valence* (FM), « La Société des Aquafortistes ». *L'Œuvre et la Vie d'Eugène Delacroix,*

1. Orthographe baudelairienne traditionnelle.

« L'Opinion Nationale ». *Petits poèmes en prose* (5 poèmes, PP), « Revue Nationale et Etrangère ».

1864 *Le Spleen de Paris, Poëmes en prose* (6 poèmes, PP), *ibid. Les Yeux de Berthe, Sur « Le Tasse en prison » d'Eugène Delacroix, Bien loin d'ici,* tous *in* FM, « Revue Nouvelle », *Les Yeux des pauvres* (PP), « La Vie Parisienne ». *Sur les débuts de Mademoiselle Armina Boschetti* (FM), *ibid. Petits Poëmes en prose* (3 poèmes, PP), « L'Artiste ». *Le Spleen de paris, Poëmes en prose* (6 poèmes, PP), « Revue de Paris ».

1865 *les Bons Chiens* (PP), « Indépendance Belge ». *Le Jet d'eau* (FM), « La Petite Revue ».

1866 *Les Épaves* (fin février ou début mars ; 23 poèmes dont les 6 pièces condamnées, 4 inédits).

1867 *Portraits de maîtresse* (PP), « Revue Nationale et Etrangère ». *« Any where out of the world » — N'importe où hors du monde, le Tir et le Cimetière* (PP), *ibid.*

1868 Edition posthume des « Œuvres complètes » de Baudelaire dont : *les Fleurs du mal* (151 poèmes) ; *Curiosités esthétiques ; l'Art romantique ; Petits Poëmes en prose* (50 poèmes) ; *les Paradis artificiels.*

LE VOCABULAIRE DES SENSATIONS DANS
LES FLEURS DU MAL [1]

« Le sonnet *Correspondances,* sorte de synthèse entre les différentes sensations, est un témoignage de la perception suraiguë de Baudelaire, et une introduction à son monde poétique. L'expérience personnelle, secrète et indicible, se dépasse dans la *métaphore* (le rôle du *comme* est ici très important), transposition dans un autre registre de l'impression de départ. On appelle parfois synesthésie l'intime contamination de ces registres pour lesquels la langue poétique, non sans une certaine mystique, essaie de restaurer une unité profonde. Loin cependant de constituer un accomplissement, la poésie ainsi comprise est une ''malédiction'', perte irréparable de l'origine, heureuse, où tout se mêlait. L'angoisse signe l'échec d'une destinée à laquelle ce monde révolu demeure inaccessible. Reste la magie du verbe poétique, recherche d'alchimiste pour isoler la quitessence du ''vécu''.

1. LE GOÛT. — Ce registre, nouveau pour la littérature, est parfois symboliquement appelé pour éclairer de l'intérieur une notation morale : l'amertume a le goût de l'eau salée *(Causerie).* Le vin, mainte fois présent, capiteux *(Sed non satiata)* ou amer *(le Serpent qui danse)* enivre moins que les yeux de l'amante. Parfois ce vin prend la parole *(l'Ame du vin)* ; et par-dessus tout, la bouche de l'aimée, haleine ou salive *(le Poison)* conserve un goût inoubliable.

2. L'ODORAT. — C'est la notation sensorielle la plus présente dans la poésie de l'''olfactif'' qu'était Baudelaire : odeur de la terre après l'orage *(Hymne à la beauté),* puanteur du cadavre *(une Charogne),* vapeurs d'encensoir *(la Muse vénale, Harmonie du soir),* ivresse des senteurs exotiques *(la Chevelure),* ''âcre odeur des temps, poudreuse et noire'' *(le Flacon),* le parfum de la

1. Ce texte est tiré de : C. AZIZA, R. SCTRICK et al., *Thèmes et manifestes du XIXᵉ siècle*, Bordas, 1976, p. 61.

Femme glorifiée en mainte poésie, car dans le désir, "Tout se fera Benjoin, Encens, Oliban, Myrrhe" *(A une Madone).*

3. L'OUÏE. — Bruits de la grande ville *(Tableaux parisiens),* de la nature, et singulièrement de la mer et du vent, du feu *(la Servante au grand cœur...),* musique *(le Vin des chiffonniers),* mais aussi le son sinistre des ossements *(le Vin de l'assassin).*

4. LA VUE. — Dans un univers noir et ténébreux *(Sed non satiata, Semper eadem, Spleen 4,* etc.), éclatent parfois le bleu des rêves lointains, le rose et le vert ("Le succube verdâtre et le rose lutin", dans *la Muse malade* ou "Mille pensers... Teintés d'azur, glacés de rose, lamés d'or" dans *le Flacon).*

5. LE TOUCHER. — Deux sensations contraires se partagent l'univers poétique de Baudelaire :

— du côté de l'agréable se trouvent le moelleux de l'oreiller *(les Phares, Amour du mensonge),* des étoffes ou du lit *(les Deux bonnes sœurs, la Mort des amants),* la volupté du nageur sillonnant l'onde *(Elévation),* la caresse de la main dans les cheveux *(la Chevelure)* ou dans la fourrure du chat *(le Chat)* ;

— à l'inverse, on trouvera les griffes et les dents du *Vampire,* le froissement du baiser *(Femmes damnées),* le corrosif remords *(Rêve parisien).* Parfois, le chaud *(la Vie antérieure)* est aussi pénible que le froid *(la Muse vénale* et également le sonnet sans titre *Avec ses vêtements ondoyants et nacrés...),* ou l'humide *(Spleen 3).* »

LES FLEURS DU MAL ET LE LATIN

Bien des textes de Baudelaire attestent, longtemps avant le structuralisme, l'importance que revêt à ses yeux pour le mystère alchimique de la poésie la forme du mot, en tant qu'elle déborde la simple traduction de l'idée, et brille par sa puissance évocatrice seconde. Il semblerait qu'on puisse traiter le recours au latin par l'auteur des *Fleurs du mal* dans l'optique d'une manifestation signifiante de deuxième niveau, ou, si l'on veut, d'une connotation supplémentaire.

Notre poésie, comme on sait, est fondée sur le nombre des syllabes à l'intérieur d'une structure de sens, le « vers » ; cela vient essentiellement de ce que le français accentue uniformément les mots sur la syllabe finale ; du coup, il n'est possible de se fonder ni sur la variété mélodiques (différences d'accents), ni sur les modulations de la quantité (longe/brève). Beaucoup d'autres langues, même en Europe, procèdent autrement. Elles n'accordent, ce faisant, qu'un intérêt très relatif à la rime, mais ont des « mètres poétiques » divers. Comment le latin procédait-il ?

Essentiellement en fondant deux critères, le nombre de « pieds », ou combinaison de syllabes et leur nature, fondée sur la quantité de syllabes (le type est l'hexamètre dactylique, ou vers de six pieds, dont chacun est un dactyle — longue, brève, brève — où, sauf le cinquième, un spondée, — longue, longue —). C'est le vers de l'épopée, glorieux et large.

Le genre poétique en effet s'accorde avec chaque métrique, prise comme une matrice musicale. Il serait long ici d'énumérer toutes les structures de la poésie en latin. De plus, personne ne sait vraiment, dans notre civilisation, prononcer le latin comme on le faisait à Rome, et composer des vers anciens ne peut que donner lieu à des approximations que notre oreille jugera plus ou moins selon ses habitudes françaises. Habitudes largement conditionnées par la liturgie aussi : dès le Moyen Age, des hymnes de toutes sortes étaient composées pour les besoins du rite et il est certain que le latin, vu par un moderne, est connoté de trois façons :

— la tendance humaniste classique va puiser dans les poètes anti-
ques le modèle, et son complément inévitable, la caricature ;
formées aux belles-lettres, des générations d'étudiants ont
appris à manier la citation et au besoin à pasticher l'auteur
qui la fournit. Victor Hugo s'est fait une spécialité d'aller cher-
cher dans Virgile des titres de poèmes, aussi bien dans sa veine
lyrique que dans sa veine bucolique ; la question de la cuis-
trerie ne se posait probablement pas du tout de la même façon
au siècle dernier ;
— l'influence de la liturgie est indéniable ; très près, on est guetté
par le blasphème, puisque la liturgie se définit par un canon
intouchable, et que toute tentative de la rendre profane est la
profaner, précisément ; mais il n'en est pas moins vrai qu'un
amour terrestre peut parfois trouver des accents que lui ins-
pire l'amour de Dieu ;
— la pudeur, depuis longtemps, utilise le latin pour voiler les
vérités anatomiques (langue des médecins) ; ce principe s'étend
fort largement à des domaines tels que l'habitude s'est prise,
aux âges classiques et notamment au XVIIIᵉ siècle, Sade exclu,
de grivoiser dans cette langue, où Martial, Juvénal et quel-
ques autres ont poussé aux limites l'usage d'une langue qui
peut tout dire ; on part du principe que parmi les lecteurs
modernes, seuls les lettrés comprendront, alors qu'un emploi
général de la langue ordinaire serait une provocation pure et
simple...

On retrouvera plus ou moins un intéressant dosage de ces ingré-
dients dans les poèmes des *Fleurs du mal* où apparaît le latin.
Il demeure que c'est fondamentalement la langue de l'ambiguïté
et de la polysémie.

• *Sed non satiata* (poème XXVI)

Le poète satirique Juvénal est l'auteur dans lequel (*Satires*, VI,
130), Baudelaire a puisé son titre, dont il fait citation ; le vers
complet dit, parlant de Messaline : « Fatiguée des hommes, mais
non rassasiée, elle quitte leurs bras » ; c'est sans doute par une
association d'idées qu'intervient dans le texte une autre double
réminiscence :
— mythologique, avec une allusion qui confine au jeu de mots,
le vers 11 *(Je ne suis pas le Styx pour t'embrasser neuf fois)*
jouant adroitement sur le double sens du verbe *embrasser*
« déposer un baiser » et « entourer avec ses bras » (le fleuve

des enfers a neuf bras, ou est censé faire neuf fois le tour du séjour des morts) ;
— littéraire, le nombre neuf étant un hommage au poète érotique latin Ovide (auteur de *l'Art d'aimer*, − 43, + 17), « je me souviens d'avoir été glorieux pendant neuf assauts ». On voit par ce dernier trait comment le graveleux, sous couvert de latinité, se fraie une voie licite (la référence à Proserpine doit au moins autant aux enfers qu'à la consonances du nom propre). C'est encore par contiguïté qu'apparaît le signifiant *enfer* (sens chrétien de géhenne, mais contaminé par le Styx).

• *De profundis clamavi* (poème XXX)

Cette fois, les paroles du psaume servent à exprimer la détresse. Pour certains, l'inspiration religieuse du poète va plus loin que la simple paraphrase de la liturgie (« Du fond de l'abîme j'ai crié »), et prononce un acte de foi dans la divinité. Il se peut bien que cette interprétation soit excessive, et qu'il s'agisse d'un de ces poèmes d'amour lancés à l'aimée idéale ou réelle, qu'importe, le sort du malheureux étant tout désigné d'avance (le terme *gouffre* le connote suffisamment).

• *Duellum* (poème XXXV)

L'ambiguïté des fondations du mot, décodable à deux registres pour ainsi dire, le savant et le plus spontané, redouble ici la valeur de l'affrontement, car le terme, qui n'a pas de rapport étymologique avec le fraçais *duel*, représente la forme archaïque du latin *bellum*, « guerre ». De la sorte, le signifiant du mot, dans sa tension même, souligne la violence barbare de l'évocation.

• *Semper eadem* (poème XL)

On ne peut pas savoir si le deuxième mot est un neutre pluriel ou un féminin, et si donc il signifie « C'est toujours la même chose », ou bien « C'est toujours la même ». Il est probable que la première interprétation est la plus satisfaisante, dans la mesure où le poète élève une plainte contre la vie plutôt que contre la femme. Mais une fois de plus, le latin, langue synthétique s'il en est, vole au secours de la langue poétique en concentrant en un

signe unique plusieurs significations possibles et, du coup, ouvre
à l'imaginaire des carrefours.

• *Franciscæ meæ laudes* (poème LX)

Dans l'édition de 1857, Baudelaire avait donné un sous-titre
à cette pièce : « Vers composés pour une modiste érudite et
dévote. » C'est dire qu'il voulait renouer, dans la complicité avec
une maîtresse de passage peut-être, avec la veine érotique des
anciens. Cette complicité était-elle fondée plutôt sur l'érudition
ou sur la dévotion ? Mystère du recours à la langue latine, qui
opère sans doute la fusion que notre âme moderne refuserait,
offusquée. Telle cependant était à peu près la chanson goliarde
médiévale, plus virulente, plus provocatrice, mais c'est parce que
la puissance de l'Eglise était plus vigilante, plus tâtillonne et plus
massive aussi. Quoi qu'il en soit, le poète avait d'ailleurs ajouté
cette note :

« La langue de la dernière décadence latine — suprême soupir
d'une personne robuste, déjà transformée et préparée pour la vie
spirituelle — est singulièrement propre à exprimer la passion telle
que l'a comprise et sentie le monde poétique moderne. Les mots,
pris dans une acception nouvelle, révèlent la maladresse charmante
du barbare du Nord, agenouillé devant la beauté romaine. Le
calembour lui-même, quand il traverse ces pédantesques bégaye-
ments, ne joue-t-il pas la grâce sauvage et baroque de l'enfance ? »

• *Mœsta et errabunda* (poème LXII)

La dualité de ce titre ne porte pas sur le genre de ces deux adjec-
tifs : on ne voit pas bien des inanimés se faire qualifier
d'« errants ». C'est plutôt le premier des deux qui comporte
l'ambiguïté : la femme dédicataire est-elle triste ou engendre-
t-elle la tristesse ? En tout état de cause, le poème vaut déjà par
les échos qu'engendre ce titre en/a/dans le prénom *Agathe*, « la
bonne », détermination générique s'appliquant à toutes les consola-
latrices (mais n'est-ce pas aussi un cœur de *pierre* ?). Le latin per-
met de plus dès le titre de lire entre les lignes deux éléments pour
ainsi dire éclatés sur la séquence des deux mots :

*M*œsta *E*t e*R*rabunda

mœs *T*a et *ERR*abunda

Il est piquant de remarquer que cet emploi du latin, qui nous ramène, dans tous les sens du terme, à l'archaïque (sans compter qu'il n'est pas interdit de jouer sur l'équivalence mer/mère) s'accompagne d'une tache moderne, et provocante par sa modernité, le mot *wagon*. Pris dans les affres du temps, l'homme ne peut jamais qu'aspirer à un paradis qui n'est ni l'autrefois, ni l'ailleurs dans un futur toujours impossible, mais dans l'acte souverain de l'émotion, créateur d'une identité à conquérir à chaque instant.

LE PROCÈS DES *FLEURS DU MAL*

Le 5 juillet 1857 on lit, sous la signature de Gustave Bourdin, dans *le Figaro,* à propos des *Fleurs du mal,* parues le 27 juin : « ... Ce livre est un hôpital ouvert à toutes les démences de l'esprit, à toutes les putridités du cœur... ». Dès le 7 juillet, le ministère de l'Intérieur signale le livre au Parquet. Le régime du Second Empire est alors très autoritaire et ne badine pas avec la morale. Ne vient-il pas d'assigner en justice Gustave Flaubert pour *Madame Bovary* ? *Le Figaro* continue sa campagne contre Baudelaire et, malgré un article élogieux dans *le Monsieur,* la saisie du livre est ordonnée le 16. Auteur et éditeurs (Poulet-Malassis et De Broise) sont envoyés devant le tribunal correctionnel de la Seine.

Certes, Flaubert avait été acquitté en février, mais les circonstances sont différentes : on reproche sans doute à Baudelaire d'avoir « beaucoup d'amis dans le camp républicain » (*Mémoires* du procureur Pinard). Le poète, qui a pris Me Chaix d'Est Ange comme avocat, s'agite beaucoup pour tenter de faire jouer ses relations. Il compose un dossier dont des notes restées célèbres : « *Le livre doit donc être jugé dans son ensemble et alors il en ressort une terrible moralité. (...) Il y a plusieurs morales, il y a la morale positive et pratique à laquelle tout le monde doit obéir mais il y a la morale des Arts. Celle-ci est autre et depuis le commencement du monde, les arts l'ont bien prouvé. Il y a plusieurs sortes de liberté, il y a la liberté pour le génie et il y a une liberté très restreinte pour les polissons...* ». L'audience a lieu le 20 août. Pinard, substitut du procureur impérial, parle le premier. Il avait déjà parlé contre Flaubert et il sait que « poursuivre un livre pour offense à la morale publique est toujours chose délicate. Si la poursuite n'aboutit pas, on a fait à l'auteur un succès, presque un piédestal ; s'il triomphe, on a assumé vis-à-vis de lui l'apparence de la persécution... » S'il passe rapidement sur l'offense à la morale religieuse, il insiste, en revanche, sur l'outrage fait à la morale publique. Il demande une condamnation et une réaction « contre ces tendances croissantes mais certaines, contre cette fièvre malsaine qui porte à tout peindre, à tout décrire,

à tout dire comme si le délit d'offense à la morale publique était abrogé, comme si cette morale n'existait pas ». Malgré les plaidoiries des avocats et les déclarations de Baudelaire (que nous n'avons plus), le jugement fut rendu sur-le-champ. En voici le principal attendu :

« *En ce qui touche la prévention d'offense à la morale publique et aux bonnes mœurs : Attendu que l'erreur du poète, dans le but qu'il voulait atteindre et dans la route qu'il a suivie, quelque effort de style qu'il ait pu faire, quel que soit le blâme qui précède ou qui suit ses peintures, ne saurait détruire l'effet funeste des tableaux qu'il présente aux lecteurs et qui dans les pièces incriminées conduisent nécessairement à l'excitation des sens par un réalisme grossier et offensant pour la pudeur...* »

Verdict : 300 F d'amende pour le poète, 200 F pour les éditeurs, suppression de six poèmes (*Lesbos, les Femmes damnées, le Léthé, A celle qui est trop gaie, les Bijoux, les Métamorphoses du Vampire*).

Baudelaire, ulcéré, n'a pourtant pas fait appel du jugement. Il semble qu'il ne pouvait plus soutenir les frais d'un long procès. Sans doute lui a-t-on fait espérer la remise de l'amende, s'il s'en tenait au jugement. De fait, après une supplique à l'impératrice, le 6 novembre, il obtient de ne payer que les cinq sixièmes, soit 250 F.

D'ailleurs, dès 1864, les éditeurs se risquent à publier les pièces interdites ; la justice ferme les yeux. Pourtant, en 1924 encore, elle retire d'une vente publique un exemplaire de l'édition de 1857 ! Cela explique la demande de révision du procès faite par la Société des Gens de Lettres, le 22 octobre 1946. Une loi toute récente (12 septembre 1946) venait d'être adoptée sur proposition du groupe communiste et ouvrait un recours en révision « contre les condamnations prononcées pour outrage aux bonnes mœurs commises par la voie de livre ».

Le 31 mai 1949 la Cour de Cassation casse le jugement de 1857. En fait, cet arrêté déçut tout le monde : il ne dit pas clairement si le jugement a été cassé parce qu'il était vicieux à son époque ou en désaccord avec l'opinion actuelle.

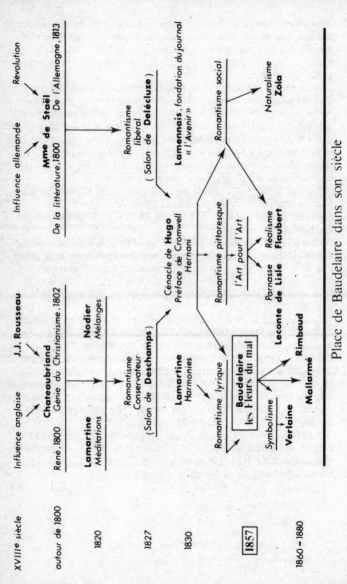

Place de Baudelaire dans son siècle

BAUDELAIRE
ET LES ÉCRIVAINS DE SON TEMPS

Nous donnons ici à la fois quelques exemples de l'influence qu'ont pu avoir sur le poète des écrivains comme Hugo et de celle qu'il exerça sur des écrivains comme Flaubert. Quelques témoignages nous montrent Baudelaire en visite chez ses confrères, Gautier, Théodore de Banville, Catulle Mendès.

I. BAUDELAIRE ET HUGO

L'idéal baudelairien défini dans la première partie des Fleurs du mal *est très proche de l'image romantique du poète inspiré, guide des peuples, telle qu'elle se trouve sublimée dans ce poème des* Contemplations *(VI, 23, 1856) :*

LES MAGES

Pourquoi donc faites-vous des prêtres
Quand vous en avez parmi vous ?
Les esprits conducteurs des êtres
Portent un signe sombre et doux.
Nous naissons tous ce que nous sommes.
Dieu de ses mains sacre des hommes
Dans les ténèbres des berceaux ;
Son effrayant doigt invisible
Ecrit sous leur crâne la bible
Des arbres, des monts et des eaux.

Ces hommes, ce sont les poètes ;
Ceux dont l'aile monte et descend ;
Toutes les bouches inquiètes
Qu'ouvre le verbe frémissant ;
Les Virgiles, les Isaïes ;

Toutes les âmes envahies
Par les grandes brumes du sort ;
Tous ceux en qui Dieu se concentre ;
Tous les yeux où la lumière entre,
Tous les fronts d'où le rayon sort.

Oui, grâce aux penseurs, à ces sages,
A ces fous qui disent : Je vois !
Les ténèbres sont des visages,
Le silence s'emplit de voix !
L'homme, comme âme, en Dieu palpite,
Et, comme être, se précipite
Dans le progrès audacieux ;
Le muet renonce à se taire ;
Tout luit ; la noirceur de la terre
S'éclaire à la blancheur des cieux.

Ils tirent de la créature
Dieu par l'esprit et le scalpel ;
Le grand caché de la nature
Vient hors de l'antre à leur appel ;
A leur voix, l'ombre symbolique
Parle, le mystère s'explique,
La nuit est pleine d'yeux de lynx ;
Sortant de force, le problème
Ouvre les ténèbres lui-même,
Et l'énigme éventre le sphinx.

Oui, grâce à ces hommes suprêmes,
Grâce à ces poètes vainqueurs,
Construisant des autels poèmes
Et prenant pour pierres les cœurs,
Comme un fleuve d'âme commune,
Du blanc pylône à l'âpre rune,
Du brahme au flamine romain,
De l'hiérophante au druide,
Une sorte de Dieu fluide
Coule aux veines du genre humain.

On retrouve, parfois d'une façon frappante, la même symbolique chez Baudelaire et Hugo. Il en est ainsi, par exemple, pour le navire, si l'on compare un texte de Fusées (XV, 22) et le poème liminaire des Contemplations :

Je crois que le charme infini et mystérieux qui gît dans la contemplation d'un navire, et surtout d'un navire en mouvement, tient, dans le premier cas à la régularité et à la symétrie qui sont un des besoins primordiaux de l'esprit humain, au même degré que la complication et l'harmonie, — et, dans le second cas, à la multiplication successive et à la génération de toutes les courbes et figures imaginaires opérées dans l'espace par les éléments réels de l'objet.

L'idée poétique qui se dégage de cette opération du mouvement dans les lignes est l'hypothèse d'un être vaste, immense, compliqué, mais eurythmique, d'un animal plein de génie, souffrant et soupirant tous les soupirs et toutes les ambitions humaines.

Baudelaire, *Fusées*, XV, 22.

Un jour je vis, debout au bord des flots mouvants,
 Passer gonflant ses voiles,
Un rapide navire enveloppé de vents,
 De vagues et d'étoiles.

Et j'entendis, penché sur l'abîme des cieux
 Que l'autre abîme touche,
Me parler à l'oreille une voix dont mes yeux
 Ne voyaient pas la bouche ;

— Poëte, tu fais bien ! poëte au triste front,
 Tu rêves près des ondes,
Et tu tires des mers bien des choses qui sont
 Sous les vagues profondes.

La mer, c'est le Seigneur, que, misère ou bonheur,
 Tout destin montre et nomme ;
Le vent, c'est le Seigneur ; l'astre, c'est le Seigneur ;
 Le navire, c'est l'homme.

15 juin 1839.

Hugo, *Les Contemplations*, 1856, pièce liminaire.

2. BAUDELAIRE ET FLAUBERT

« Ah ! vous comprenez l'embêtement de l'existence, vous ! » écrivait Flaubert à Baudelaire, après avoir lu* Les Fleurs du mal.

De fait, le spleen baudelairien, c'est celui que connaît Emma Bovary à Tostes :

La série des mêmes journées recommença.

Elles allaient donc maintenant se suivre ainsi à la file, toujours pareilles, innombrables, et n'apportant rien ! Les autres existences, si plates qu'elles fussent, avaient du moins la chance d'un événement. Une aventure amenait parfois des péripéties à l'infini, et le décor changeait. Mais, pour elle, rien n'arrivait, Dieu l'avait voulu ! L'avenir était un corridor tout noir, et qui avait au fond sa porte bien fermée. [...]

Et elle restait à faire rougir les pincettes, ou regardant la pluie tomber.

Comme elle était triste, le dimanche, quand on sonnait les vêpres ! Elle écoutait, dans un hébétement attentif, tinter un à un les coups fêlés de la cloche. Quelque chat sur les toits, marchant lentement, bombait son dos aux rayons pâles du soleil. Au vent, sur la grande route, soufflait des traînées de poussière. Au loin, parfois, un chien hurlait ; et la cloche, à temps égaux, continuait sa sonnerie monotone qui se perdait dans la campagne. [...]

L'hiver fut froid. Les carreaux, chaque matin, étaient chargés de givre, et la lumière, blanchâtre à travers eux, comme par des verres dépolis, quelquefois ne variait pas de la journée. Dès quatre heures du soir, il fallait allumer la lampe.

Les jours qu'il faisait beau, elle descendait dans le jardin. [...]

Puis elle remontait, fermait la porte, étalait les charbons et, défaillant à la chaleur du foyer, sentait l'ennui plus lourd qui retombait sur elle. [...]

Mais c'était surtout aux heures des repas qu'elle n'en pouvait plus, dans cette petite salle au rez-de-chaussée, avec le poêle qui fumait, la porte qui criait, les murs qui suintaient, les pavés humides ; toute l'amertume de l'existence lui semblait servie sur son assiette, et, à la fumée du bouilli, il montait du fond de son âme comme d'autres bouffées d'affadissement.

Flaubert, *Madame Bovary,* I, 9, 1857.

3. BAUDELAIRE ET GAUTIER

On sait toute l'admiration que Baudelaire portait à Théophile Gautier et toute l'indulgence que celui-ci avait pour les excentri-

*cités du poète. Voici un témoignage de Judith Gautier, la fille
de Théophile, alors qu'elle avait environ dix ans.*

[...] un personnage, très singulier, entra, sans aucun bruit et en
saluant de la tête. Il me fit l'effet d'un prêtre sans soutane.

C'était Charles Baudelaire.

— Ah ! voilà Baldelarius ! s'écria mon père, en tendant la main
au nouveau venu. [...]

Je le regardais avec ces yeux écarquillés et fixes que j'avais
devant toute chose nouvelle.

— Je te présente mon autre fille, dit mon père.

— Ah ! c'est ce mystérieux « *Ouragan* » dont on parle quel-
quefois et qu'on ne voit jamais ?... Tu l'as exécutée, à ce qu'il
me semble, sur le modèle de ton rêve, car elle a l'air d'une petite
fille grecque.

— Ma foi, je n'y pensais guère en la faisant, dit mon père en
riant.

Baudelaire se tourna vers moi.

— Mademoiselle, me dit-il d'un air solennel, défiez-vous de ce
nom d'Ouragan, je vous prédis que vous causerez des naufrages.

Là-dessus, il s'en alla, avec mon père, dans une autre pièce et
ma mère nous emmena coucher, ma sœur et moi.

Judith Gautier, *Le Collier des jours* — *Souvenirs de ma vie,*
Félix Juven, s. d., p. 239-242.

4. BAUDELAIRE ET THÉODORE DE BANVILLE

*Théodore de Banville (1823-1891), le plus doué des poètes par-
nassiens, a connu le jeune Baudelaire, alors qu'il n'était pas encore
le poète des* Fleurs du mal. *Il raconte une de leurs soirées :*

Presque chaque soir, dans ma chambrette encombrée de des-
sins et d'estampes, un divan de soie bleue que j'avais alors et que
Pierre Dupont a chanté, réunissait lui, moi, Baudelaire dont je
venais de faire la connaissance, et souvent aussi un jeune pein-
tre, Emile Deroy, qui est mort à vingt-trois ans et qui a laissé entre
autres ouvrages un portrait de Pierre Dupont et un portrait de
Baudelaire qui sont des chefs-d'œuvre. Là, nous échangions nos
rêves ! Moi, (je me débarrasse de moi tout de suite,) quoique très
romantique, je ne pouvais accepter la mythologie des sabbats et
des diables, ni la tristesse à l'état chronique ; je désirais à la fois

le retour des vrais dieux de la poésie, et la réunion de ces deux éléments ennemis ; le lyrisme exalté de Ronsard et la joie virile bue à la grande coupe de Rabelais. Comme notre maître Gautier en ses *Jeune-France*, j'étais préoccupé de voir trop disparaître la fleur d'esprit gaulois de Villon, de Marot, de la Fontaine. Baudelaire, lui, souffrait de la quantité de poncifs et de lieux communs que l'école romantique avait, comme l'école classique, accumulés ; il voulait que la douleur, que la beauté, que l'héroïsme modernes, qui ne ressemblent en rien à ceux des âges précédents, trouvassent une représentation qui leur fût propre et fussent exprimés par un art nouveau. Sage, prévoyant, d'esprit pratique et universel comme il l'était, il ne s'abusait pas sur l'avenir qui lui était réservé ; ne voulant ni copier, ni imiter personne, ni mentir surtout, il savait tout ce qu'il aurait à subir de la haine des envieux et des sots, et qu'il boirait le fiel jusqu'à la dernière goutte.

Th. de Banville, « Mort de Pierre Dupont »,
Le National, 1er août 1870.

5. BAUDELAIRE ET CATULLE MENDÈS

Fondateur de La Revue fantaisiste *(1861), en réaction contre la déclamation romantique, Catulle Mendès raconte une nuit (sans doute celle du 4 au 5 juillet 1865) passée à converser avec Baudelaire :*

Depuis beaucoup de mois, je n'avais pas vu Baudelaire. Un soir, vers dix heures, comme je revenais d'une visite à la campagne, je me trouvai tout à coup en face de lui ; il montait l'escalier de la gare du Nord, que je descendais.
[...]
Je vis la pauvreté de ses habits, strictement corrects sans doute, mais dont l'usure luisait çà et là ; et, le menton pas rasé de frais, il avait un air de maussaderie presque menaçante, son air des jours d'échéance, — car il avait des fins de mois, comme les gens d'affaires — où il allait de banquier en banquier pour obtenir des renouvellements de billets à ordre. Certainement, il eût préféré ne pas être rencontré. J'allais m'excuser, m'éloigner. Il se fit souriant, câlin, me prit par le bras. Nous descendîmes ensemble. Il m'expliqua qu'il était venu à Paris pour affaire, qu'il s'en retournait à Bruxelles, qu'il avait manqué le train du soir, qu'il coucherait dans n'importe quel hôtel, et partirait demain, à la

première heure. Nous passerions la soirée ensemble, à causer par les rues, comme nous avions coutume, l'an passé ; et il était très content de me voir. J'étais affreusement triste. Je sentais qu'il ne disait pas toute la vérité. Le soupçon me tourmentait que, venu à Paris, avec un permis de chemin de fer, pour chercher de l'argent, il n'en avait pas trouvé, et que, peut-être, il n'avait pas même la monnaie nécessaire pour payer la chambre dans l'hôtel. Mon cœur se serrait, griffé d'angoisse. J'étais comme un apprenti, pas bien riche, mais pas trop pauvre, établi à son tour, qui rencontrerait son ancien patron tombé en faillite, misérable. « Voilà une idée, dis-je, de coucher à l'hôtel ! Vous y serez fort mal, cette nuit d'automne, dans le froid de la chambre étrangère. Tenez, voulez-vous dormir chez moi ? J'ai un lit, et un canapé ; vous coucherez dans le lit, je coucherai sur le canapé ; et ma concierge vous réveillera à l'heure que vous voudrez. » Il ne répondit pas ; il avait détourné la tête, un peu. Je compris qu'il acceptait ; j'en étais content, — désolé aussi, d'avoir lieu d'être content. Nous allions, pas très vite, avec des paroles à propos des boutiques, des cafés, des passants. Je ne reconnaissais pas la précise abondance de son discours coutumier ; il parlait par saccades de mots, plutôt qu'à phrases rythmées et nettement longues. Je m'étonnais de ses brusques sautées d'une idée à une autre. D'ordinaire, il usait, même dans les propos familiers, d'une exacte rhétorique et d'une syntaxe irréprochable.

Je logeais alors, rue de Douai, au rez-de-chaussée sur une cour ronde et gaie qui avait l'air d'un décor d'opéra-comique. J'ai raconté ce logis folâtre où la jeunesse parnassienne venait, une fois la semaine, et même tous les jours, dire et entendre des vers. J'offris le lit à Baudelaire, qui n'en voulut point, assura qu'il serait à merveille sur le canapé. Il s'y étendit tout habillé, me demanda un livre, et commença de lire sous l'abat-jour de la lampe que j'avais placée à côté de lui. J'avais allumé un feu de papier et de fagots ; je lisais aussi, enfoncé dans un fauteuil. Mais il laissa tomber son livre, et, brusquement tourné vers moi, il me demanda : « Savez-vous, mon enfant, combien j'ai gagné d'argent depuis que je travaille, depuis que j'existe ? »

Il y avait dans sa voix une acerbité déchirante de reproche et comme de réclamation. J'avais frissonné. « Je ne sais, dis-je. — Je vais vous en faire le compte ! » cria-t-il. Et sa voix s'exaspérait comme de rage. Pourtant, il la scandait avec une décision d'industriel qui, en fureur, mais résolu, dicterait son bilan. Il énuméra, avec leurs prix, les articles, les poèmes en vers, les poèmes en prose, les traductions, les reproductions, et, l'addition faite,

de tête, avec la soudaineté des Inaudi qu'on exhibe dans les music-halls, il proclama : « Total des bénéfices de toute ma vie ; quinze mille huit cent quatre-vingt-douze francs et soixante centimes ! » Il ajouta, dans un claquement de mâchoires : « Notez ces soixante centimes — deux londrès ! » Ma tristesse, faite d'une respectueuse pitié, s'aggravait, s'encolérait. Je songeais aux romanciers fameux, aux mélodramaturges féconds, et je considérais — avec une envie, ah ! si puérile, de sauter au cou de la société, et de serrer très fort — ce grand poète, ce penseur terrible et délicat, cet artiste parfait qui, durant vingt-six années de laborieuse existence, avait gagné environ un franc soixante-dix centimes par jour ! Il éclata de rire. Puis il éteignit la lampe. « Maintenant, dit-il, dormons. » Il ne s'endormit pas.

Après un long silence où il y avait eu des soupirs, çà et là — les soupirs d'une âme surchargée d'angoisse — il se mit à parler, lentement, posément, comme on lit à voix haute. Il ne s'adressait plus à moi, mais à soi-même ; il disait son projet d'un vaste poème hindou où il ferait tenir toute « la mélancolie lumineuse du soleil. Leconte de Lisle a pris l'Inde ancienne, avec son placide néant. Mais l'Inde moderne c'est la misère, la torture, la détresse, la peste, l'accablement, et les langueurs de l'amour, et le serpentement des formes, dans l'éblouissement d'une furieuse lumière ! C'est le spleen radieux ! Je dirai la lamentable beauté de l'éternel Midi et les splendeurs squameuses des lèpres dans l'adorable et exécrable coruscation du jour ! » Il se tut. Ah ! que n'a-t-il écrit ce poème dont l'idéal me charmait et m'effrayait ! Le silence encore. Je crus, dans l'ombre, qu'il s'était endormi. Mais non, il se remit à bavarder, familièrement ; parla de Manet, qu'il admirait avec minutie ; de Wagner, qu'il admirait avec passion ; et de Vigny, et de Leconte de Lisle, et de Banville, ses préférés, me dit tout à coup, mais d'une voix contenue, presque pas articulée, d'une voix de confidence : « Est-ce que vous avez connu Gérard de Nerval ? — Non », dis-je. Il continua : « Il n'était pas fou. Parlez-en à Asselineau. Asselineau vous expliquera que Gérard n'a jamais été fou ; pourtant il s'est suicidé [sic], il s'est rendu. Vous savez, à la porte d'un bouge, dans une rue infâme. Pendu, il s'est pendu ! Pourquoi a-t-il choisi, décidé à mourir, la vilenie de ce lieu et d'une loque autour du cou ? Il y a des poisons subtils, caressants, ingénieux, grâce à quoi la mort commence par de la joie, du moins par du rêve... » Je ne disais rien, je n'osais pas parler. « Mais non, non, reprit-il, en haussant la voix, en criant presque, ce n'est pas vrai, il ne s'est pas tué, il ne s'est pas tué, on s'est trompé, on a menti ! Non, non, il n'était pas fou,

il n'était pas malade, il ne s'est pas tué ! Oh ! n'est-ce pas ? vous direz, vous direz à tout le monde qu'il n'était pas fou, et qu'il ne s'est pas tué — promettez-moi de dire qu'il ne s'est pas tué ! » Je promis tout ce qu'il voulait, en tremblant, dans les ténèbres. Il cessa de parler. Je songeais à gagner le lit pour m'étendre, prendre quelque repos. Je ne bougeais pas, de peur de me heurter à quelque meuble, et, aussi, j'attendais, je ne sais quoi. Soudain un sanglot éclata, sourd, contenu, comme d'un cœur qui crève sous un grand poids. Et il n'y eut qu'un seul sanglot. La peur me serrait dans l'immobilité. J'étais brisé, je fermai les yeux, pour ne pas voir l'ombre, devant moi, dans le miroir.

Quand je m'éveillai, Baudelaire n'était plus là. Un mot, sur une feuille, au coin de la table, me disait : « A bientôt. » Je n'ai pas revu Baudelaire, je veux dire le vrai Baudelaire, pensant et maître de soi. Il n'est revenu à Paris que pour y souffrir longuement, hagard, vague et veule, en proférant seulement le juron qu'on a pris pour un blasphème, qui n'était peut-être qu'un reproche — ou une invocation ?

Castulle Mendès, « *Belles-Lettres et les environs —
LXXI — Pour l'album de mélancolie* »,
Le Figaro, 2 novembre 1902.

BAUDELAIRE ET LES FEMMES

On connaît au poète de nombreuses liaisons mais deux femmes jouèrent un rôle important dans sa vie : Jeanne Duval et M^me Sabatier, celle à qui Gautier écrivit ses Lettres à la Présidente. *Voici quelques témoignages sur ces deux femmes et sur leurs liens avec Baudelaire, ceux de Théodore de Banville, pour Jeanne, et d'Ernest Feydeau, qui raconte une soirée chez M^me Sabatier. Nous citons, pour terminer, deux extraits de lettres de cette dernière à Baudelaire.*

1. JEANNE DUVAL :

C'était une fille de couleur, d'une très haute taille, qui portait bien sa brune tête ingénue et superbe, couronnée d'une chevelure violemment crespelée, et dont la démarche de reine, pleine d'une grâce farouche, avait quelque chose à la fois de divin et de bestial. Le hasard fit que l'ayant plusieurs fois rencontrée chez des amies à elle, je la connus avant d'avoir vu jamais le poète qui devait plus tard l'immortaliser, et qui lui-même était tout à fait inconnu. Coiffée, comme je la vois encore, d'un petit bonnet de velours qui lui seyait à ravir, et vêtue d'une robe faite d'une épaisse laine d'un bleu foncé et ornée d'un galon d'or, elle nous parlait longuement de *monsieur Baudelaire,* de ses beaux meubles, de ses collections, de ses *manies ;* et de vrai, combien devait paraître maniaque à cette belle ignorante un homme possédé par l'amour absolu de la perfection, qui mettait le même soin à toute chose, et qui s'appliquait à polir ses ongles aussi minutieusement qu'à achever un sonnet !

Ajoutez que parfois ce contemplateur faisait asseoir Jeanne devant lui dans un grand fauteuil ; il la regardait avec amour et l'admirait longuement, ou lui disait des vers écrits dans une langue qu'elle ne savait pas. Certes, c'est là peut-être le meilleur moyen de causer avec une femme, dont les paroles détonneraient sans doute dans l'enivrante symphonie que chante sa beauté ; mais il est naturel aussi que la femme n'en convienne pas, et s'étonne

d'être adorée au même titre qu'une belle chatte. De plus, Baude-
laire, extrêmement riche alors, et qui par goût habitait un appar-
tement très petit, avait adopté la coutume de faire emporter ses
meubles, lorsqu'il en trouvait chez les marchands d'autres plus
beaux, par lesquels il les remplaçait, de telle façon que ses por-
tiers ne manifestaient aucune surprise, lorsqu'ils voyaient l'esca-
lier encombré de commissionnaires occupés à exécuter ce démé-
nagement et cet emménagement perpétuel. Rien de plus naturel
assurément, chez un artiste, que cet appétit du beau et de la diver-
sité ; mais on comprendra que ces allées et venues devaient jeter
un trouble dans l'esprit de la belle fille noire.

Aussi ne tarissait-elle pas sur ce sujet ; mais elle avait tout à
fait négligé de nous rien dire sur la position sociale et sur l'âge
de *monsieur Baudelaire ;* c'est pourquoi, d'après ses fantasques
récits, je me le figurais comme un vieillard d'au moins soixante-
dix ans, à coup sûr vêtu d'une douillette de soie puce, blanc, rasé,
ironique, prenant du tabac d'Espagne dans une tabatière d'or,
et ayant vécu en plein dix-huitième siècle. Or, par un tiède et char-
mant soir d'été, plein de joie, de parfums, de brises amies, où
il faisait bon respirer et se sentir vivre, je me promenais au Luxem-
bourg avec Privat d'Anglemont qui, me montrant à deux pas de
nous un jeune homme de vingt ans, beau comme un dieu, me
dit d'un ton gai, comme heureux de rencontrer un camarade :

— « Tiens, voilà Baudelaire !

— Quoi ! fis-je, est-ce donc un parent de ce *monsieur Baude-
laire* dont la belle Jeanne parle si souvent ?

— Mais, dit Privat, en éclatant de rire, c'est lui-même ! »

Th. de Banville, *Petites Etudes — Mes Souvenirs.*
Charpentier, 1882, p. 74-76.

2. CHEZ Mᵐᵉ SABATIER :

La Présidente me convia à ses dîners du dimanche, dont elle
faisait les honneurs avec autant d'urbanité que de bonté. Lors-
que je me rappelle les histoires *truculentes* — pour me servir d'une
expression familière à Théophile Gautier, — les paradoxes abra-
cadabrants et les discussions subversives qui se succédaient à sa
table, je ne cesse de m'émerveiller du parfait sans-gêne de
quelques-uns des convives et de l'exquise tolérance de la maîtresse
de maison. Il fallait véritablement avoir le caractère des mieux
faits pour avaler toutes les couleuvres de Baudelaire. L'auteur

des *Fleurs du mal* se cassait constamment le cerveau pour se rendre absolument insupportable, et il y parvenait. Baudelaire avait su se glisser dans la petite phalange littéraire dont j'eus l'honneur de faire partie, grâce à son véritable talent de poëte ; mais il nous choquait presque tous, disons le mot, nous *assommait* par son insupportable vanité, sa manie de *poser,* l'aplomb imperturbable avec lequel il débitait, sans en penser un mot, les sottises les moins divertissantes. La peur folle, incessante, de ressembler jamais en rien à cette bête noire des artistes, qu'ils nomment entre eux le *bourgeois,* avait fait rapidement tomber le pauvre garçon au-dessous de Joseph Prudhomme lui-même.

[.]

L'une de ses *scies* habituelles, et qui, en somme, ne demandait pas grand effort d'esprit, consistait à ravaler, à mettre plus bas que terre les hommes du plus beau génie, ceux dont la gloire est consacrée par les applaudissements d'une longue suite de siècles.

Par exemple, il disait avec un sérieux de Guignol qu'Homère avait presque autant de talent que M. Barbey d'Aurevilly ; il comparait Léonard de Vinci à je ne sais quel caricaturiste anglais qu'il avait découvert, et qui faisait assez proprement des dessins à la plume. S'il ne traitait pas tout à fait Michel-Ange comme un polisson, c'était par pure bonté d'âme. Ces impertinences de Baudelaire lui valaient quelquefois d'assez dures leçons. Il n'était pas toujours prudent à lui, chétif, de se frotter à des hommes d'esprit de la force de Sainte-Beuve, Théophile Gautier, Paul de Saint-Victor, Louis Bouilhet et Jules de Goncourt. Les traiter comme des imbéciles, en tirant devant eux de piteux feux d'artifice qui n'étaient même pas bons à scandaliser des *bourgeois,* c'était une action outrecuidante.

Je me souviens qu'un jour, s'étant avisé de *tomber* Shakspeare, et de soutenir que l'auteur dramatique anglais avait été *inventé* par la critique, Sainte-Beuve, qui n'était cependant pas, dans ces derniers temps, fanatique de romantisme, releva le gant. L'affaire ne fut ni douteuse ni longue. En moins d'un tour de main, le pauvre Baudelaire fut aplati. Et il ne s'avisa jamais de s'en vanter.

Un autre jour, ce fut moi qu'il prit à partie. Nous dînions chez la *Présidente.* Je parlais de l'œuvre de lord Byron, que je crois connaître, l'ayant traduite. Aussitôt Baudelaire, pour m'éblouir sans doute, imagina d'improviser un parallèle entre le noble lord et M. Veuillot, parallèle, dans lequel, nécessairement, il ne manqua pas de mettre le journaliste cent pieds au-dessus du poète. J'étais mal disposé. Je pris la mouche. Je suis quelquefois un peu

vif. Baudelaire voulut faire quelques concessions ; mais il était trop tard. Je lui dis son fait.

Gautier était peut-être celui de nous qui se montra toujours le plus indulgent pour les impertinences de Baudelaire. Le faible qu'il n'avait jamais cessé de montrer, en horreur des conventions et du vulgaire, pour le rare, l'excentrique, le quintessencié, le baroque, le *faisandé,* disait Sainte-Beuve, devait nécessairement lui rendre moins désagréables qu'à nous autres les sempiternelles *balançoires* de l'auteur des *Fleurs du mal.* Et puis, le bon Théo ne haïssait pas absolument le paradoxe. Il le maniait avec esprit, en se jouant : l'expression de son visage démentait invariablement ce qu'il y avait d'excessif dans ses paroles. Flaubert et lui s'amusaient souvent à se renvoyer la balle, et le candide Baudelaire prenait nécessairement tout ce qu'ils disaient pour argent comptant. Les choses prirent enfin une telle importance que je ne pus me refuser le plaisir d'en tirer parti, et celui de mes romans qui porte le nom de *Sylvie* naquit des excentricités qui se débitaient à la table de *la Présidente.*

> Ernest Feydeau, *Théophile Gautier —*
> *Souvenirs intimes,* Plon, 1874, p. 155-164.

3. DEUX LETTRES :

La liaison de Baudelaire avec Jeanne Duval blessa M^me Sabatier et causa une brouille entre les amants. On en jugera par ces deux extraits de lettres d'avant et d'après la brouille.

Avant :

Aujourd'hui je suis plus calme. L'influence de notre soirée de jeudi se fait mieux sentir. Je peux te dire sans que tu me taxes d'exagération que je suis la plus heureuse des femmes, que jamais je n'ai mieux senti que je t'aime, que je ne t'ai jamais vu plus beau, plus adorable, mon divin ami, tout simplement. Tu peux faire la roue, si ceci te flatte, mais ne va pas te regarder ; car, quoi que tu fasses, tu n'arriveras jamais à te donner l'expression que je t'ai vue une seconde. Maintenant, quoi qu'il arrive, je te verrai toujours ainsi, c'est le Charles que j'aime ; tu pourras impunément serrer tes lèvres et rapprocher tes sourcils sans que j'en prenne souci, je fermerai les yeux et je verrai l'autre...

Après :

Je ne résiste pas au désir de vous dire quelques mots au sujet de notre brouille. Je m'étais cependant dicté une conduite pleine de dignité, et il ne s'est pas écoulé une journée entière que déjà la force manque à mon cœur, et cependant, Charles, ma colère était bien légitime. Que dois-je penser quand je te vois fuir mes caresses, si ce n'est que tu penses à l'autre, dont l'âme et la face noires viennent se placer entre nous ? Enfin, je me sens humiliée et abaissée. Sans le respect que j'ai pour moi, je te dirais des injures. Je voudrais te voir souffrir. C'est que la jalousie me brûle, et qu'il n'est pas de raisonnement possible dans de semblables moments. Ah ! cher ami, je souhaite que vous n'en souffriez jamais. Quelle nuit j'ai passée, et combien j'ai maudit cet amour cruel !

Je vous ai attendu toute la journée... Dans le cas où le caprice vous pousserait demain vers la maison, je dois vous prévenir que je ne serai jamais chez moi que d'une heure à trois, ou, le soir, de huit jusqu'à minuit.

Bonjour, mon Charles. Comment se comporte ce qui vous reste de cœur ? Le mien est plus tranquille. Je le raisonne fortement afin de ne pas trop vous ennuyer de ses faiblesses. Vous verrez ! Je saurai le contraindre à descendre à la température que vous avez rêvée. Je souffrirai très certainement, mais, pour vous plaire, je me résignerai à supporter toutes les douleurs possibles.

Lettres de M^{me} Sabatier à Baudelaire, 1857.

BAUDELAIRE
VU PAR SES CONTEMPORAINS

PORTRAITS

Baudelaire à 23 ans, vu par le photographe Nadar :

Un jeune homme de bonne taille moyenne, élégant, tout de noir vêtu sauf la cravate sang de bœuf, en habit, — ça se rencontrait encore de jour, par-ci par-là ; — l'habit, qui dut être médité, démesurément évasé du torse en un cornet d'où émergeait comme bouquet la tête, et à basques infinitésimales, en sifflet ; — l'étroit pantalon sanglé par le sous-pied sur la botte irréprochablement vernie. Col de chemise largement rabattu, manchettes non moins amples en linge très blanc de fine toile protestaient par la proscription du moindre empois contre le supplice d'encarcanement dont l'étrange goût s'obstine à ankyloser nos générations présentes dans les roideurs du calicot silicaté [...] — A la main, gantée de rose pâle, — je dis de « rose », — il portait son chapeau, superflu de par la surabondance d'une chevelure bouclée et très noire qui retombait sur les épaules.

> *Charles Baudelaire intime - Le poète vierge,* 1911.

Baudelaire à 24 ans, vu par son ami Asselineau :

Je le vis pour la première fois à l'exposition de 1845, au Louvre, en compagnie de Deroy, peintre qui nous présenta l'un à l'autre. Il faisait un Salon, moi aussi ; nous nous promenâmes ensemble dans les galeries.

Il avait le costume noir qu'il a longtemps porté, le gilet très long, le pantalon étroit, l'habit en queue de sifflet ; et par-dessus un paletot droit en bure, dont il avait *le secret*.

La tête complètement rasée. Sa figure était très frappante et inoubliable.

Cité par J. Crépet et C. Pichois in *Baudelaire et Asselineau, 1953.*

Baudelaire à la fin de sa vie, vu par Théophile Gautier :

Sa figure s'était amaigrie et comme spiritualisée ; les yeux semblaient plus vastes, le nez s'était finèment accentué et était devenu plus ferme ; les lèvres s'étaient serrées mystérieusement et dans leurs commissures paraissaient garder des secrets sarcastiques. Aux nuances jadis vermeilles des joues se mêlaient des tons jaunes de hâle ou de fatigue. Quant au front, légèrement dépouillé, il avait gagné en grandeur et pour ainsi dire en solidité ; on l'eut dit taillé par méplats dans quelque marbre particulièrement dur. Des cheveux fins, soyeux et longs, déjà plus rares et presque tout blancs, accompagnaient cette physionomie à la fois vieillie et jeune et lui prêtaient un aspect presque sacerdotal.

Notice de l'édition des *Fleurs du mal* de 1868.

IMAGES ET RÉCITS

Baudelaire sur le Paquebot des Mers du Sud, en route vers l'île Bourbon (1841) :

En 1841, Beaudelaire [*sic*] partit pour l'île Bourbon, à bord d'un navire bordelais, le *Paquebot des Mers du Sud,* capitaine Salis [*sic*]. Pendant toute la traversée, il se signala par des allures très excentriques, des relations s'établirent entre lui et une Laya (nom indien des bonnes d'enfant), belle et ardente négresse qui avait accompagné une famille créole en France et se rapatriait.

Cette liaison fut cause de scènes étranges à bord, et la négresse poursuivait Baudelaire d'une tendresse tellement ardente que, d'accord avec le capitaine, on consigna cette femme pour toute la traversée dans la cabine étroite qu'elle occupait à bord.

Baudelaire, entre autres excentricités, se croyait une maladie de l'estomac et pour se guérir se tenait couché dans un canot suspendu le long des bastingages, le sternum mis à nu sous le soleil des tropiques. Il prétendait n'obtenir de soulagement que de cette manière, mais je vous donne à penser dans quel état il s'était mis la peau.

Baudelaire montra beaucoup de sang-froid dans des circonstances terribles. En doublant au large le cap de Bonne-Espérance, le navire fut assailli par un coup de vent épouvantable. L'ouragan et la foudre avaient enlevé les voiles et brisé les mâts, et le navire, renversé sur le flanc, complètement *engagé,* comme on

dit en marine, ne fut sauvé que par une manœuvre habile auquel [*sic*] prit part Baudelaire. Au milieu des vagues passant par-dessus le navire, qui n'était presque plus qu'une épave, Baudelaire aida le second du bord à dérouler un prélard (toile goudronnée) qui, projeté par la violence du vent contre ce qui restait de haubans tendus releva le navire comme par miracle.

A l'arrivée à Bourbon, il se passa un fait qui peint bien les allures de Baudelaire. On sait qu'à Saint-Denis de Bourbon, à cause de la rudesse habituelle de la mer et des difficultés qu'offre le seul point possible d'attérissage [*sic*], le débarquement s'opérait jadis au moyen d'une échelle de corde suspendue à l'extrémité d'une jetée en pilotis, à une sorte de gigantesque potence. Cette échelle était maintenue perpendiculaire, rigide et plongée dans la mer par deux énormes boulets attachés à son extrémité inférieure. Pour débarquer, il faut saisir les échelons au moment où la vague qui se soulève et s'abaisse alternativement est à sa plus grande élévation.

Bien que renseigné sur cette précaution nécessaire Baudelaire s'obstina à monter à l'échelle avec des livres sous le bras (c'était assurément original, mais embarrassant), et gravit l'échelle lentement, gravement, poursuivi par la vague remontante. Bientôt la vague l'atteint, le submerge, le couvre de douze à quinze pieds d'eau et l'arrache à l'échelle. On le repêche à grand-peine ; mais, chose inouïe, il avait toujours ses livres sous le bras. Alors seulement il consentit à les laisser dans le canot qui se tenait au pied de l'échelle.

> Notes anonymes publiées dans « La Chronique de Paris »
> le 13 septembre 1868.

Baudelaire pendant la Révolution de 1848 :

… en 1848, le 24 février au soir, je le rencontrai au carrefour de Buci, au milieu d'une foule qui venait de piller une boutique d'armurier. Il portait un beau fusil à deux coups luisant et vierge, et une superbe cartouchière de cuir jaune tout aussi immaculée ; je le hélai, il vint à moi simulant une grande animation : « Je viens de faire le coup de fusil ! » me dit-il. Et comme je souriais, regardant son artillerie tout brillant neuve — « Pas pour la République, par exemple ! » — Il ne me répondait pas, criait beaucoup ; et toujours son refrain : il fallait aller fusiller le général Aupick.

> Lettre de J. Buisson à E. Crépet, 1886.

Baudelaire récitant ses vers (1852) :

Quand il avait composé une nouvelle pièce de vers, il nous réunissait en petit cénacle, dans quelque crémerie de la rue Saint-André-des-Arts ou dans quelque modeste café de la rue Dauphine, [...]

Le poète commençait par commander un punch ; puis, quand il nous voyait disposés à la bienveillance par suite de ce régal extra, il nous récitait d'une voix précieuse, douce, flûtée, onctueuse, et cependant mordante, une énormité quelconque, *le Vin de l'Assassin* ou la *Charogne*. Le contraste était réellement saisissant entre la violence des images et la placidité affectée, l'accentuation suave et pointue du débit.

J. Levallois, *Mémoires d'un critique,* 1895.

Baudelaire paralysé, un an avant sa mort (1866) :

Il ne lit ni ne parle, mais il peut marcher, mais il reconnaît les visiteurs et il exprime par signes qu'il les comprend. Son visage est changé par la croissance d'une barbe tout à fait grise, — il l'avait toujours complètement rasée, — et par l'aspect bronzé du crâne, qu'il laisse exposé au soleil de juillet sans paraître en souffrir. La paralysie a frappé un œil qui n'y voit plus, et la langue, qui, dans certains moments pénibles, — ceux des douches, par exemple, — articule avec effort une petite queue de jurons, — quelque chose comme le *cré nom !* classique.

Ne l'en croyez pas pour cela moins accessible aux émotions douces. Jamais, au contraire, il n'a tant aimé la musique et les fleurs. Le son d'un piano le plonge dans le ravissement. Il passera quinze minutes à contempler amoureusement la dernière rose épanouie dans le jardin de la maison de santé.

Mairobert, « Le Pour et le Contre », « Figaro », 19 juillet 1866.

LÉGENDES BAUDELAIRIENNES

Un original aux cheveux verts :

Malgré la réserve naturelle à une première rencontre, notre entrevue fut cordiale. Le début de notre dialogue fut étrange. Baudelaire me dit : « Monsieur, j'ai soif. » Je lui offris de la bière, du thé, un grog. Il me répondit : « Monsieur, je vous remercie, je ne bois que du vin. » Je lui proposai à son choix du vin de Bordeaux ou du vin de Bourgogne. « Monsieur, si vous le permettez, je boirai de l'un et de l'autre. » On apporta deux bouteilles, un verre, une carafe ; il dit : « Monsieur, veuillez faire enlever cette carafe ; la vue de l'eau m'est désagréable. » Pendant une heure que dura notre entretien, il but les deux bouteilles de vin, par larges lampées, lentement, comme un charretier. Je restai d'autant plus impassible que je le voyais, toutes les fois qu'il vidait son verre, chercher du coin de l'œil à lire l'impression que j'éprouvais.

Son originalité, qui était grande, se trouvait souvent atténuée par le mal qu'il se donnait pour la faire ressortir. Longtemps après notre première entrevue, un dimanche, qui est le jour où mes amis veulent bien venir me voir, il entra chez moi avec les cheveux teints en vert. Je fis semblant de ne pas le remarquer. Il se plaçait devant la glace, se contemplait, se passait la main sur la tête et s'évertuait à attirer les regards. N'y tenant plus, il me dit : « Vous ne trouvez rien d'anormal en moi ? — Mais non. — Cependant j'ai des cheveux verts, et ça n'est pas commun. » Je répliquai : « Tout le monde a des cheveux plus ou moins verts ; si les vôtres étaient bleu de ciel, ça pourrait me surprendre : mais des cheveux verts, il y en a sous bien des chapeaux à Paris. » Presque immédiatement il s'en alla et, rencontrant un de mes amis dans la cour, il lui dit : « Je ne vous engage pas à entrer chez Du Camp ; il est aujourd'hui d'une humeur massacrante. »

Maxime Du Camp, *Souvenirs littéraires,* 1892.

Le goût de l'humour noir :

Baudelaire avait dans la répartie une franchise redoutable. Un jour, son propriétaire de l'île Saint-Louis lui reprochait de faire du bruit dans un immeuble respectable :

— Je ne sais monsieur, ce que vous voulez dire, répondit Baudelaire d'un air gracieux ; on ne fait chez moi que ce qui se fait chez tous les gens comme il faut.

— Pardon, réplique le propriétaire, nous entendons remuer les meubles, frapper à terre, crier, à toutes les heures du jour et de la nuit.

— Encore une fois, continua Baudelaire en prenant un ton sec, je vous donne ma parole que rien d'extraordinaire ne s'y passe. Je fends du bois dans le salon, je traîne à terre ma maîtresse par les cheveux : cela se fait chez tout le monde, et vous n'avez nullement le droit de vous en préoccuper...

Ange-Bénigne, « Le moins connu parmi les célèbres »,
« Le Gaulois », 30 septembre 1886.

Une après-midi, aux Tuileries, Baudelaire demande, de son ton le plus doux, à une jeune femme assise à côté de lui :

— C'est à vous, cet enfant qui joue à quelques pas ?

— Mais oui, monsieur, répond la pauvre femme avec l'orgueil accoutumé de la mère.

— Grand dieux ! madame, il est horrible !

Un soir, dans un restaurant où il était connu, Baudelaire commande un filet cuit à point, tendre surtout. Le filet servi, le patron lui-même, brave père de famille, monte voir si son client est satisfait.

— C'est bien le filet que je désirais, répond celui-ci : il est tendre comme de la cervelle de petit enfant.

— Comme de la cervelle ?...

— De petit enfant, reprend le mystificateur en relevant la tête avec son regard le plus fixe et le plus aigu.

Le restaurateur descendit l'escalier en toute hâte pour garer ses enfants de ce client qui lui paraissait déjà un monomane féroce.

Baudelaire, du reste, n'aimait pas les enfants.

— Ça dérange les papiers, disait-il, et ça poisse les livres.

M. Rude, *Confidences d'un journaliste,* 1876.

BIBLIOGRAPHIE PRATIQUE

Il n'est pas possible, on le comprendra aisément, de donner même un aperçu de l'immense bibliographie baudelairienne. Notre dessein se veut plus pratique en retenant surtout, sauf exceptions majeures, les études accessibles actuellement.

Œuvres complètes

La grande édition de Baudelaire est celle qui a paru à la librairie Conard (19 volumes).

On peut lui préférer la plus maniable édition de Cl. Pichois, Gallimard, « Bibliothèque de la Pléiade », 2 vol., 1975-1976.

Pour *Les Fleurs du mal,* l'édition la meilleure reste celle de J. Crépet et G. Blin, Corti, 1942, rééd. 1950. Epuisée, elle a été refondue par G. Blin et Cl. Pichois, Corti, 1968, tome I (le tome II n'a jamais paru).

On pourra aussi consulter, dans des éditions de poche ; les éditions d'Y. Florenne (Le Livre de poche), de Cl. Pichois (Gallimard, « Poésie »), de J. Delabroy (Magnard, « Textes et contextes »), la plus récente (1987).

Etudes (ordre chronologique) :

1) Etudes d'ensemble sur Baudelaire :

BLIN G., *Baudelaire,* Gallimard, 1939.

SARTRE J.-P., *Baudelaire,* Gallimard, 1947, rééd. Folio, Essais, n° 105.

DECAUNES L., *Charles Baudelaire,* Seghers, « Poètes d'aujourd'hui », n° 31, 1952, rééd. 1982.

PIA P., *Baudelaire*, Le Seuil, « Ecrivains de toujours », n° 9, 1952, nouv. éd. 1975.

RUFF M., *Baudelaire, l'homme et l'œuvre*, Hatier, « Connaissance des lettres », n° 41, 1955, nouv. éd. 1966. *L'esprit et l'esthétique baudelairienne,* Armand Colin, 1955.

MAURON C., *Le Dernier Baudelaire*, Corti, 1966.

AGUETTANT L., *Baudelaire*, Le Cerf, 1978.

BERSANI L., *Baudelaire et Freud*, Le Seuil, « Poétique », 1977, tr. fr., 1981.

AMIOT A.-M., *Baudelaire et l'illuminisme*, Nizet, 1982.

PICHOIS C. et ZIEGLER J., *Baudelaire*, Julliard, « Les Vivants », 1987.

2) Etudes sur *Les Fleurs du mal* :

CHÉRI R.-B., *Essai d'une critique intégrale. Commentaire des « Fleurs du mal »*, Pierre Cailler, Genève, 1949.

BONNEVILLE G., *« Les Fleurs du mal » de Baudelaire*, Hatier, « Profil d'une œuvre », n° 21, 1972.

MATHIEU J.-C., *« Les Fleurs du mal » de Baudelaire*, Hachette, « Poche critique », 1972.

CASSOU-HAGER H., *La Polyvalence du thème de la mort dans « Les Fleurs du mal » de Baudelaire,* Nizet, 1979.

JACKSON J.-E., *La Mort Baudelaire. Essai sur les « Fleurs du mal »*, A la Baconnière, « Langages », « Études baudelairiennes », nouvelle série, II, Neuchâtel, 1982.

GIUSTO J.-P., *Charles Baudelaire, « Les Fleurs du mal »*, P.U.F., « Études littéraires », 1984.

QUESNEL M., *Baudelaire solaire et clandestin. Les données singulière de la sensibilité et de l'imaginaire dans « Les Fleurs du mal »*, P.U.F., « Écrivains », 1987.

RINCÉ D., *Baudelaire. « Les Fleurs du mal » et autres écrits*, Nathan, « Intertextes », 1988.

« Les Fleurs du mal ». *L'intériorité de la forme,* Préface de M. Milner, « Société des Etudes romantiques, SEDES, 1989. (Actes du colloque du 7 janvier 1989).

Notons enfin l'*Album Baudelaire* de la Pléiade, le n° 456-457 d'*Europe,* avril-mai 1967 et la biographie romancée de B.-H. Lévy, *Les derniers jours de Charles Baudelaire,* Grasset, 1988. Sans oublier le très intéressant *Baudelaire devant ses contemporains,* témoignages rassemblés et présentés par W.-T. Brandy et Cl. Pichois, UGE, 10/18, n° 364-365, 1967, reprise en poche de l'Edition du Rocher, 1957, malheureusement épuisé et auquel nous devons beaucoup.

INDEX

I. POÈMES EN VERS

II. POÈMES EN PROSE

III. TEXTES EN PROSE

TABLE

LIRE ET VOIR LES CLASSIQUES

Mai 1989

LA PRINCESSE DE CLÈVES, Madame de La Fayette.
LE HORLA, Guy de Maupassant
LA CHARTREUSE DE PARME, Stendhal
EUGÉNIE GRANDET, Balzac
CANDIDE, Voltaire.

Septembre 1989

LES FLEURS DU MAL, Charles Baudelaire.
TROIS CONTES, Gustave Flaubert.
L'ÉDUCATION SENTIMENTALE, Gustave Flaubert.
CYRANO DE BERGERAC, Edmond Rostand.
LA MARE AU DIABLE, George Sand.
FABLES, La Fontaine.

Octobre 1989

COLOMBA ET MATEO FALCONE/NOUVELLES CORSES,
Prosper Mérimée
LES LIAISONS DANGEREUSES, Choderlos de Laclos.
JACQUES LE FATALISTE ET SON MAÎTRE, Denis Diderot.

Novembre 1989

PIERRE ET JEAN, Guy de Maupassant.
LE PETIT CHOSE, Alphonse Daudet.
LETTRES PERSANES, Montesquieu.

Décembre 1989

L'ODYSSÉE, Homère.
HISTOIRES EXTRAORDINAIRES, E.A. Poe.
LA PEAU DE CHAGRIN, Balzac.

IMPRIMÉ EN FRANCE PAR BRODARD ET TAUPIN
Usine de La Flèche (Sarthe), le 25-07-1989.
1758B-5 - Dépôt légal, juillet 1989.

PRESSES POCKET - 8, rue Garancière - 75006 Paris
Tél. 46.34.12.80